小林青樹 著

倭人の祭祀考古学

新泉社

倭人の祭祀とは、その起源と系譜は、そしてその行方は、どのようなものだったのだろうか。物語の舞台は、弥生時代から古墳時代にかけての日本列島で、特に弥生時代の話が中心となる。そして、縄文時代にさかのぼり、広大な東アジアにまで目をむける。

弥生文化のはじまりとともに渡来人が大陸系の祭祀を日本列島にもたらし、一方、在来の縄文文化の祭祀のなかから弥生時代に引き継がれるものもあり、大陸系と縄文系の祭祀が融合して倭人の祭祀はできあがった。

ただし大陸系の祭祀といっても複数の系統がある。東アジア各地で青銅器にかかわる祭祀を調査してみると、倭人の青銅器祭祀には、ユーラシア中部から中国北方にかけての北方遊牧民文化の影響が認められ、東方の果ての倭人の祭祀は、東アジアを舞台に縄文系・中国中原（農耕民）系・北方遊牧民系の大きく三つの文化系統の祭祀が融合した独特な祭祀文化であることがわかってきた。稲作農耕を根本とした祭祀であるという従来の考え方は見直しが必要なのである。

そして、古墳時代になってもこの三系統の祭祀の影響は残存し、古代日本においても、たとえば「相撲の力士」や、追儺《ついな》で仮面をかぶり戈と盾をもって邪気や厄気をはらう「方相氏」のなかに、大陸系のほか縄文系などの要素をみいだすことができる。

縄文文化から古墳文化、そして東アジアの各地を行き来しながら、倭人の祭祀の起源と系譜をさぐっていく冒険の旅におつきあい願いたい。

倭人の祭祀考古学　もくじ

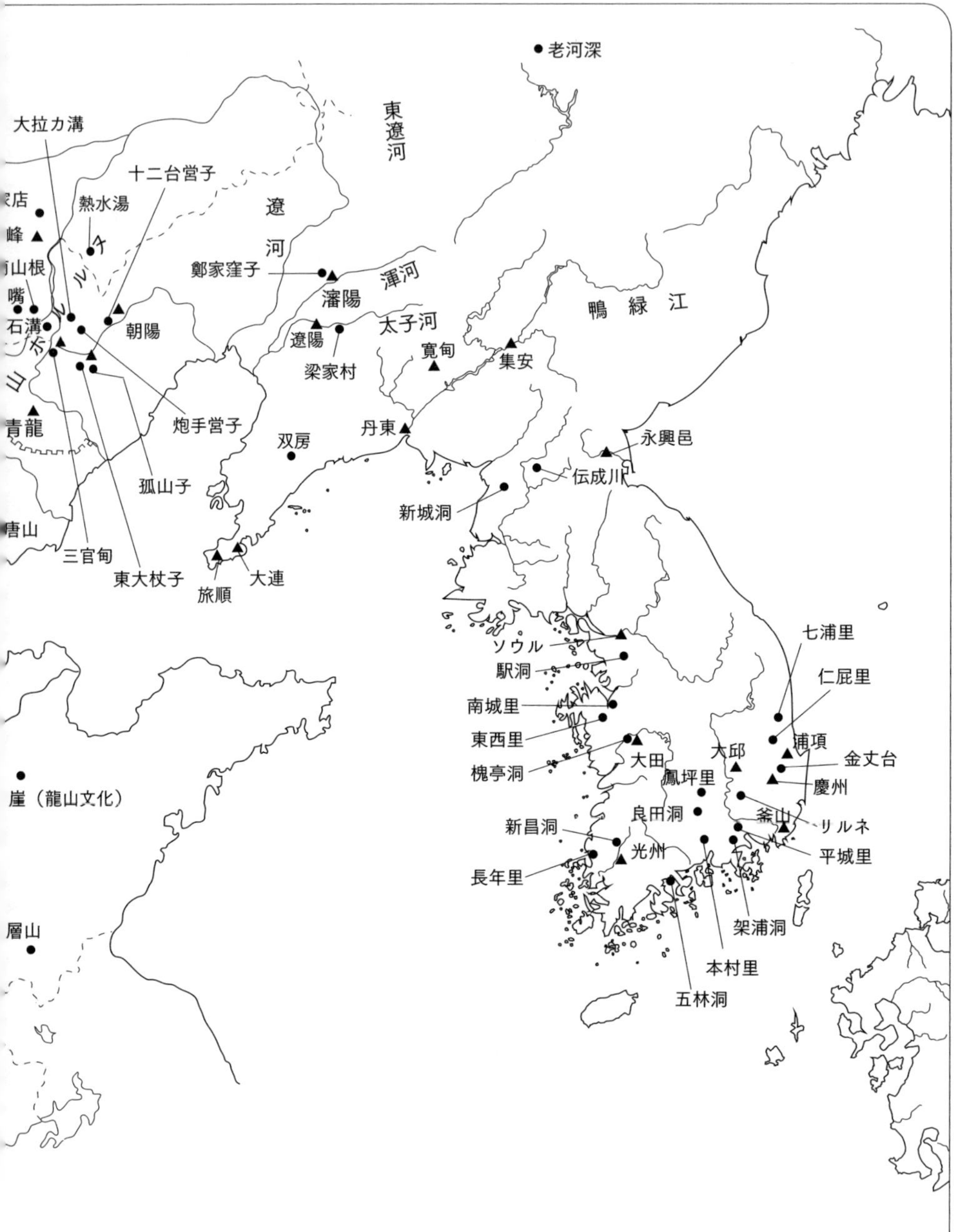

地図１　本書に登場する東北アジアの遺跡

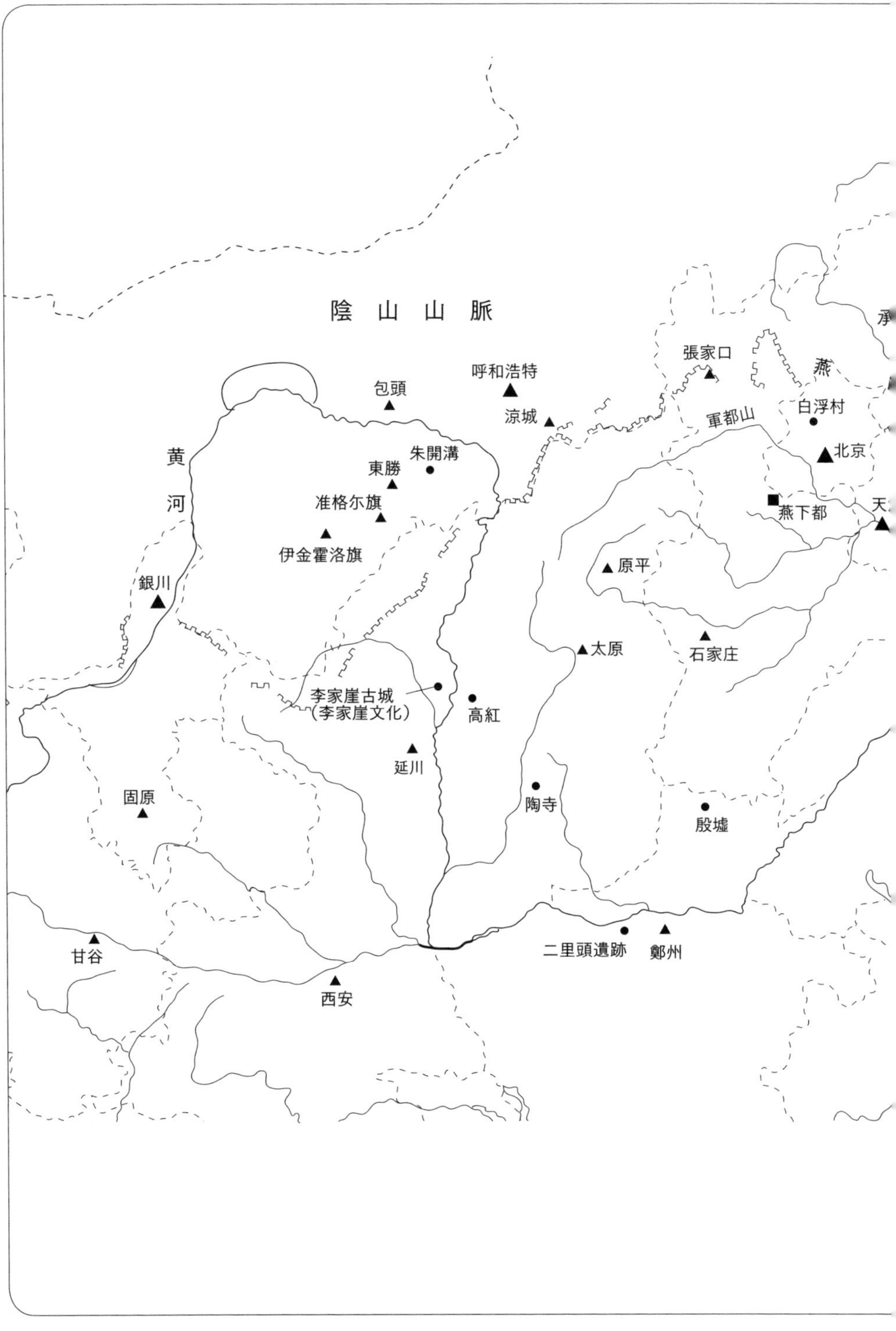

陰山山脈
張家口
承
燕
呼和浩特
包頭
涼城
白浮村
軍都山
黄
河
朱開溝
東勝
北京
准格尔旗
燕下都
天
伊金霍洛旗
原平
銀川
太原
石家庄
李家崖古城
(李家崖文化)
高紅
延川
陶寺
固原
殷墟
甘谷
二里頭遺跡
鄭州
西安

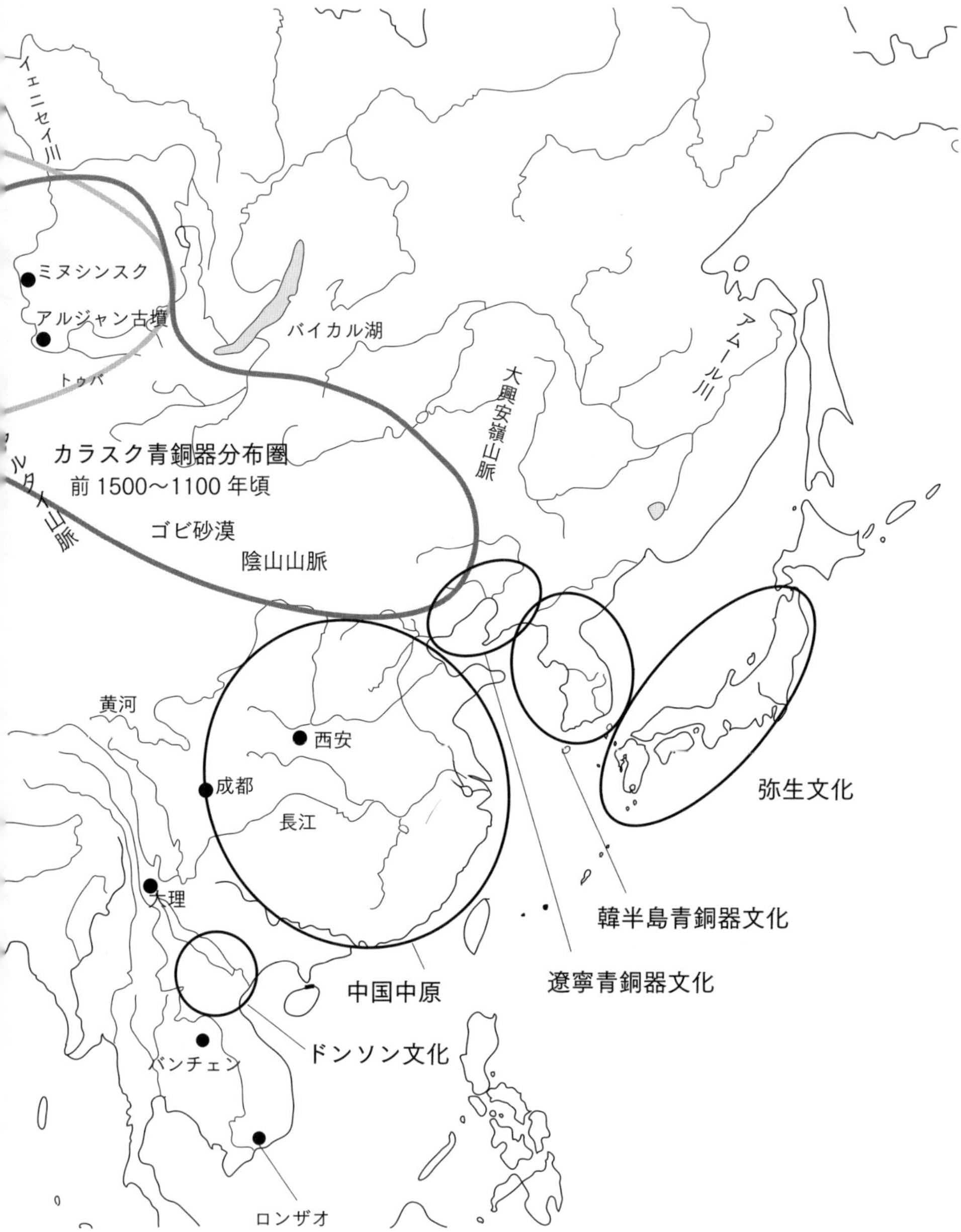

地図2　本書に登場するユーラシア東部の文化圏

オビ川
ウラル山脈
イルティシュ川
モスクワ
カマ川
ヴォルガ川
ドン川
アスタナ
セイマ・トルビノ青銅器分布圏
前 2000〜1800 年頃
黒海
カスピ海
アラル海
ビシュケク
天山山脈
タリム川
テヘラン
タクラマカン砂漠
崑崙山脈

倭人の祭祀考古学

小林青樹 著

プロローグ

祭祀と象徴の考古学

倭人の祭祀をめぐって

古代から現在まで日本人は、神や仏に祈り生活してきた。この営みは、先史時代にまでさかのぼる。しかし、先史時代の人々が、何を祈り、何を願ったのかを知ることは難しい。考古学では、遺跡からそれまでの知識や経験をこえた特殊な遺物が出土すると、「祭祀的なもの」として片づけることが多い。本書は、そうした「祭祀的なもの」を対象に、できるかぎりその意味を明らかにすることを試み、倭人の心性の世界に近づこうとするものである。

倭人の祭祀を考察する上で、本書は、縄文時代にまでさかのぼって議論する。それは、弥生時代以降の祭祀のなかに縄文文化の要素が生き続けているからである。たとえば、石棒などの祭祀具の多くは弥生時代には消えるが、土偶にみられる顔面装飾は、縄文時代から古墳時代にいたるまで数千年間その伝統が引き継がれた。倭人の祭祀のはじまりは、縄文時代の祭祀を考えなければ理解できないであろう。

同時に、弥生時代以降の祭祀の起源は大陸にたどることができる。日本人の信仰世界の基層は、この縄文と大陸の系譜の融合によってかたちづくられたといってよいであろう。ただし、「はじめに」でも述べたように、倭人の青銅器祭祀には、ユーラシア中部から中国北方にかけての北方遊牧民文化の影響が認められ、倭人の祭祀には縄文系・中国中原（農耕民）系・北方遊牧民系の大きく三つの文化系統の祭祀が融合した可能性が高まっている。したがって、本書では倭人の祭祀を東アジアのなかで見直すことにした。読者には土地勘のない地域かもしれないが、本書に登場する東アジアの諸遺跡をプロットした地図を掲載している（六〜九頁）ので、随時、参照願いたい。

この大陸で熟成された祭祀のなかで筆者が注目するのは、戦争で用いられた武器である。縄文時代の人々は、家族や親族などにかかわる問題や、火山の噴火や地震、洪水などの自然災害、そして病気など、人としての存在を不安定にするものへの恐怖や不安を解消するため祈りを捧げたと考えるが、弥生時代の開始とともに戦争がはじまり、人々の不安は極致に達した。その結果、武器にまつわる祭祀が社会内部に浸透し、倭人の祭祀を形成していったのである。

このように倭人の祭祀のはじまりを考えることは、倭人の祭祀の意味を考えることにつながる。たとえば、弥生時代から古墳時代にかけてさまざまな器物につけられた「鋸歯文」という文様は抽象的で、それだけでは意味などわからない。しかし、その系譜を大陸にたどり、そのデザインの起源に迫れば、文様の意味を理解するヒントを手に入れることができるかもしれない。同じことは、縄文時代にたどりうる祭祀具についてもいえることである。こうした倭人の祭祀のはじまりを考えることは、祭祀研究の有効な方法なのだ。

祭祀の概念

「祭祀」とは、神や霊あるいは祖先を祀ることであり、広義には宗教的な儀礼一般をいう。日本考古学では、そうした宗教的な儀礼をおこなった場所を「祭祀遺跡」や「祭祀遺構」と呼び、そこで使われた道具を「祭祀遺物」あるいはたんに「祭祀具」と呼ぶ。一方、文化人類学では、儀礼とは、ある世界観のもとで、超自然的なさまざまな存在との関係が織りなす一定のまとまった観念をもとしておこなわれる文化的な行動のことをいい、身体的あるいは言説的に定型化された行動からなっているとされる。そして、儀礼はいくつかが結合し、連結して儀礼的複合を形成し、反復しておこなわれるとされる。

祭祀は、広義には儀礼一般をさすが、考古学研究では、祭祀や儀礼の内容を復元し仮説を提示する際に、文化人類学の成果を援用することも多く、儀礼すべてを祭祀に置き換えると、考古学と文化人類学のあいだで概念の混同を招きかねない。そこで本書では、「祭祀」と表現する場合は、儀礼的複合や個々の儀礼が連なったものの総称として用いる。

さて、儀礼において表現される個々の道具や事物、振る舞いや発せられる祈りなどは、「象徴（シンボル）」であり、祭祀具はまさにこの象徴に相当する。一方、日本考古学では、特に狩猟採集社会などにおいて超自然的な現象によって種々の問題解決をはかる宗教的行為を「呪術」、そのとき用いられる道具を「呪術具」と呼ぶこともある。しかし、本書では、石棒や土偶などの祭祀で用いられたと考えられるものを、すべて「祭祀具」と呼ぶことにする。縄文時代の祭祀のすべてを呪術といいきれず、超自然的な現象、制度や信仰、儀礼・慣行は、呪術か宗教ではなく、呪術でもあると考えられるからである。

このように祭祀にかかわる用語は、その用い方や考え方を厳密に考えれば考えるほど窮屈になることは明らかである。したがって筆者は、それがアニミズムか祭祀か儀礼か、また呪術なのか、という個別の概念規定に拘泥せずに、前述したように、宗教的な行為全般を祭祀と考え、話を進めることにしたい。

象徴媒体と象徴伝統

さて、以上のような祭祀で用いられた象徴である祭祀具を考古学的にどのようにとらえるか、その方法的なアイデアが必要となる。

縄文時代の祭祀具の研究では、小林達雄が「第二の道具」という概念を提示し、じつに多くの詳細な分析がおこなわれている。「第二の道具」とは、「第一の道具では果たし得ない機能を分担し、あるときは第一の道具の効果を保証するもの」で、儀器や呪術具であると定義され、石棒や土偶などが該当する。しかし、祭祀・儀礼の対象となるものは、石皿のように小林が第一の道具とするもののなかにもあり、周知の「第二の道具」の概念だけでは収まりきらない。また、縄文時代以外にも普遍的に用いることができる考え方が必要である。そこで「第二の道具」の考え方を発展させたアイデアを提示したい。

対象となるものは、日常・非日常に関係なく、人々が「特別なもの」とみなしたものは、すべて祭祀・儀礼の対象になる。具体的に例をあげれば、特殊な形状の山などの景観や雷などの自然現象、日食などの天体現象も含まれるであろう。また、特別な体つきや容貌、身体動作・身のこなし、奇声、変わった音、見た目や生態が特徴的な動植物なども対象になったはずである。

なぜ、これほどまでに祭祀・儀礼の対象を拡張して考えるかといえば、文字をもたない先史時代の人々にとって、身のまわりの景観やさまざまなものに特別な意味を重ね合わせ、また連想し、祭祀・儀礼の対象にしたと考えるからである。こうした行為は、認知考古学で多用される「アナロジー」や「メタファー」「比喩的類縁性」などと説明される概念で、また国文学・民俗学者の折口信夫が「類似点を直感する傾向」として用いた「類化」という考え方に近い。縄文人の祭祀・儀礼にかかわる世界観には、こうした「類化」などによって織りなす概念世界がまずあると考える。

このように考えることができるとすれば、「第二の道具」や「祭祀具」「儀礼具」という呼び方は、特別な道具のみに限定してしまい、日常の道具類などは含まれなくなってしまう。そこで筆者は、祭祀・儀礼の対象を、日常・非日常にかかわらず、人がメタファーや類化によって特別な意味を連想させる対象（指示対象）ということで「象徴媒体」と呼び、この「象徴媒体」を媒介としてさまざまな祭祀行為が実践されたものと考える。そして、こうした個々の象徴媒体を横断し、同一のメタファーや類化により共通してみられる特徴的な形や色、動きといったさまざまな共通性を「象徴伝統」と呼ぶことにする。

象徴媒体となりうる対象は、じつに多様である。「もの」と「人」に分けて説明すると、まず「もの」の場合は、その「もの」の形や色があり、そのほかに、文様や絵画、装飾などを付加する場合がある。土器に描かれた絵画や壺に顔面や仮面を装着する例は後者にあたる。

一方、「人」が象徴媒体となりうるケースは、まず実体としての生体を対象とするものとして抜歯・入れ墨など、「身体加工」がある（仮面・装身具などの「身体装着」もその一部と考える）。また、何らかの素材

(粘土や石、木など)に人の姿を表象した「人形形象」や、人の姿を表象せずにたとえば女性の体型を連想するようなくびれをもつ瓢箪を女性にみたてるような「擬人化」も考えられる。なお、こうした「もの」や「人」に付加される装飾や文様、絵画、色などは、異なる器物をこえて連鎖していく。

さらに、人の特定の動作も象徴媒体になる。特徴的な手足の動きをあらわした土偶や、弥生時代の土製人形、絵画に表現されている「手を挙げる動作」はその代表であろう。また、人は亡くなり遺骸となっても象徴媒体になる。墓で祖先を祀るのは、そこに遺骸が埋められ、あるいは遺骨が納められているからであり、遺骸を操作することで再葬墓が生まれた。

そのほか象徴媒体には、異なる素材をこえて同じ形のものが連鎖する場合がある。同形異材の象徴媒体である。弥生時代には、剣などの青銅武器の形を木や石で模すことがある。こうした現象は、先に述べた象徴伝統に相当する象徴媒体の機能的側面といえる。

このように象徴媒体というものを考えると、祭祀・儀礼・信仰・呪術は、一つには象徴媒体や象徴伝統の創出過程(象徴化過程)であり、また象徴媒体を用いた行為でもあり、象徴媒体の指示対象が織りなす概念世界・世界観・神話(生と死の儀礼、通過儀礼、辟邪の儀礼、祖先祭祀、性的儀礼など)である、といえる。

その考察は、具体的に、〝何々〟の祭祀、儀礼と特定するのはきわめて難しい、結論のみえない解釈であり、そう簡単に神や精霊、宗教といった解釈を導くことができるものではないが、こうした象徴伝統を社会のさまざまな場面でみることができれば、それを当時の祭祀・信仰の一端ととらえることができるかもしれない。このような見通しをもって本書の具体的な検討に進むことにしよう。

第1章

性と身体

石棒と石皿　男女の対立

本書で最初に議論するテーマは、「性」に関する問題である。縄文時代に祭祀・儀礼で使用したと考えられる遺物、「ものとしての象徴媒体」の多くは、男女の性象徴にかかわるものばかりである。男根を模した石棒のように、人間の身体の一部をものとしての象徴媒体として切り離し、祭祀行為におよんだ。性象徴の場合は、その形状から何を表現したかはある程度推定可能であり、縄文人が象徴媒体に何を連想したのかを推定するのは難しいことではない。

こうした性象徴に特別な意味をみいだしていた縄文時代であったが、縄文時代が終わりをむかえると性象徴の種類と数は激減し、最後には消失してしまう。それら性象徴は、縄文時代を特徴づける象徴であったことがわかる。本章では、こうした性象徴遺物の意味を考えることにしたい。

縄文人は、現在のわれわれの理解をこえた性象徴を多数創造した。小形のものもあれば超大形のものもある。現在のわれわれからみれば、その存在自体が異形であるが、その多さからみて、当時の社会にとってはなくてはならない存在だったのだろう。

縄文人は、なぜこのような性象徴を特別なものとみなし、祭祀具に表現したのであろうか。性象徴とされるものは、代表的な石棒〔図1－2～5〕のほかに、石棒から派生した石刀〔図1－6・7〕や石剣〔図1－8〕、また男女の生殖器が交合する状態を表現したもの〔図1－1・9〕、性器を表現した注口土器〔図1－10〕など種類が豊富である。これらは、これまで「第二の道具」の典型とされてきたものであるが、日常道具のなかにも性象徴が存在することが指摘されている。それは石皿である。

縄文時代研究者の谷口康浩は、縄文時代中期末から晩期にかけて、石棒と石皿が対になって出土する事例、特に竪穴住居内に石棒と石皿を対向する位置に立ててある事例〔図2〕から、男性器の象徴である石棒に対して、石皿が女性器の象徴とみなされていたと判断した。そして、石棒と石皿を対にした象徴的な生殖行為が墓域や墓の直上、廃屋葬のなかで実施され、生殖行為が死や祖先をめぐる信仰・祭儀と結びついていると指摘した。石皿の丸い形状や凹んだ状態といった特徴が女性器のメタファーであると想定し、石皿のさす対象を女性と考えたわけである。

ここで石皿に関して興味深い事例を紹介しておきたい。近年、鹿児島県の大隅半島から種子島にかけての地域で、縄文時代後期の遺跡から石皿が大量に出土している。特に注目されるのは鹿児島県鹿屋市の小牧遺跡で、被熱し破壊された石皿が配石をなし、それらが群をなして環状に配置された状態でみつかっている。石皿が配石から出土するのは東日本ではめずらしいことではないが、石皿が主体となって配石を構成するのは当地域の特殊性として興味深い。こうした事例から、石皿は祭祀性をもち、石棒に

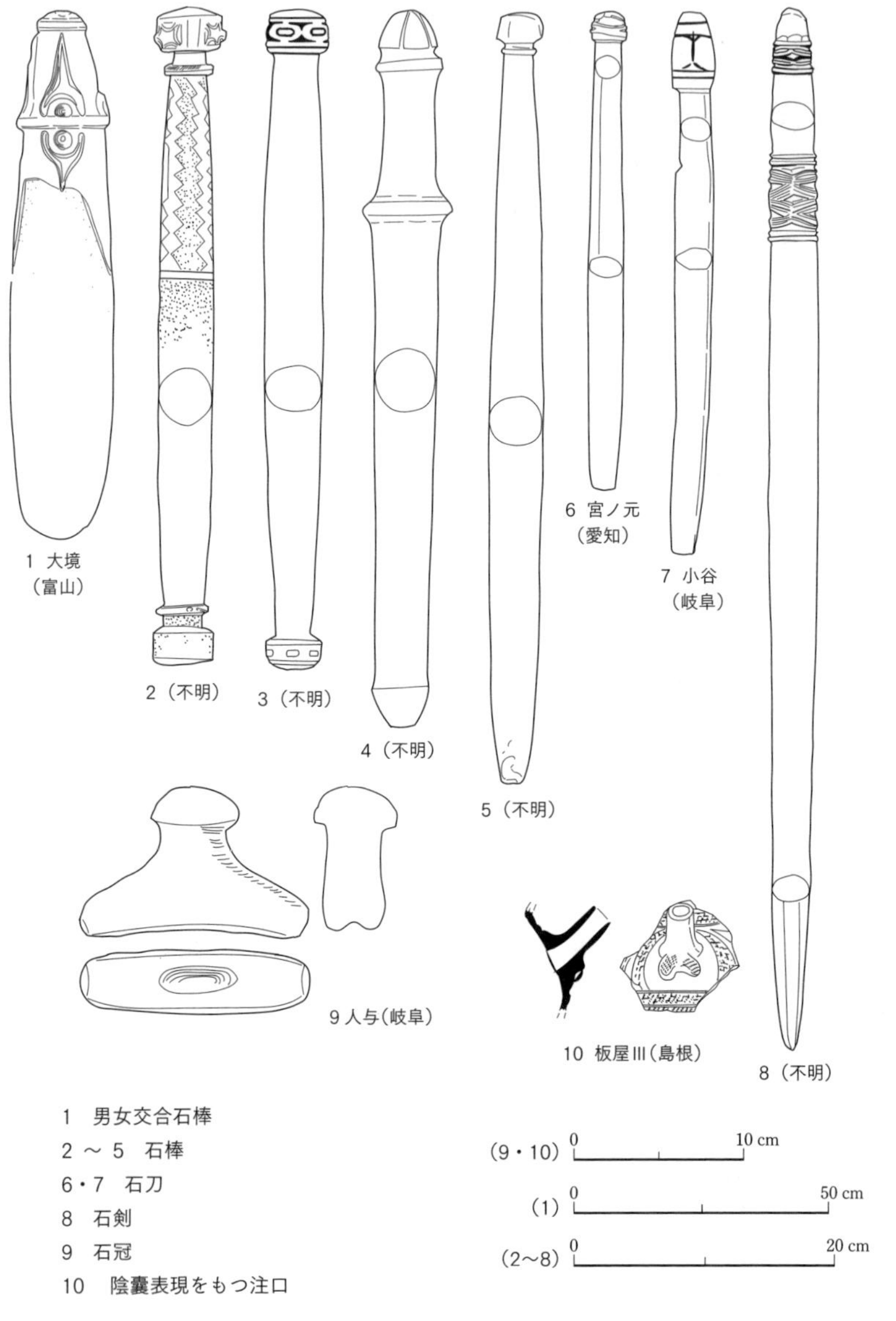
1 大境
（富山）
2（不明）
3（不明）
4（不明）
5（不明）
6 宮ノ元
（愛知）
7 小谷
（岐阜）
8（不明）
9 人与（岐阜）
10 板屋III（島根）
1　男女交合石棒
2 ～ 5　石棒
6・7　石刀
8　石剣
9　石冠
10　陰嚢表現をもつ注口
(9・10) 0 10 cm
(1) 0 50 cm
(2～8) 0 20 cm

図１　縄文時代の性象徴

図2　穴場遺跡（長野）の石棒・石皿出土状態

匹敵するようなものであったことがわかる。

また石棒については、石皿と同じ使用痕をもつものがある点が注目される。東日本の大形石棒の使用痕跡には敲打・磨き・凹み・剥離／分割・被熱の各パターンがみられるが、これらの痕跡のうち石皿との関係で注目されるのは「磨き」である。石棒にみられる磨きは頭部よりも胴部に顕著で、断面の形状が変化したものもある。これは石皿で木の実などを「擦る」動作と石棒を「磨く」動作が意味の上で同じ関係にあることを示している。あるいは擦る動作に儀礼的な生殖行為の意味を重ね合わせている可能性もある。

石棒のなかには胴部に大きな凹みを設けて石皿と折衷したような形のものもある。胴部を擦ることによって、男根の象徴でありながら対極的な女性的な意味を付加し、同居させているのである。

また石棒については、敲打とそれによる凹みについても注意が必要である［図3］。石棒の敲打痕は頭頂部と胴部にみられるものが多く、なかには文様のように凹ませているものもある。そして凹みは頭部よりも胴部において圧倒的に顕著である。こうした特徴を積極的に評価すれば、石棒は堅果類を叩きつぶす道具である凹み石とも関連性をもつ可能性がある。

そのほか石棒は意図的に分割され、破壊されているものが多いが、この特徴は石皿にもみられる。お

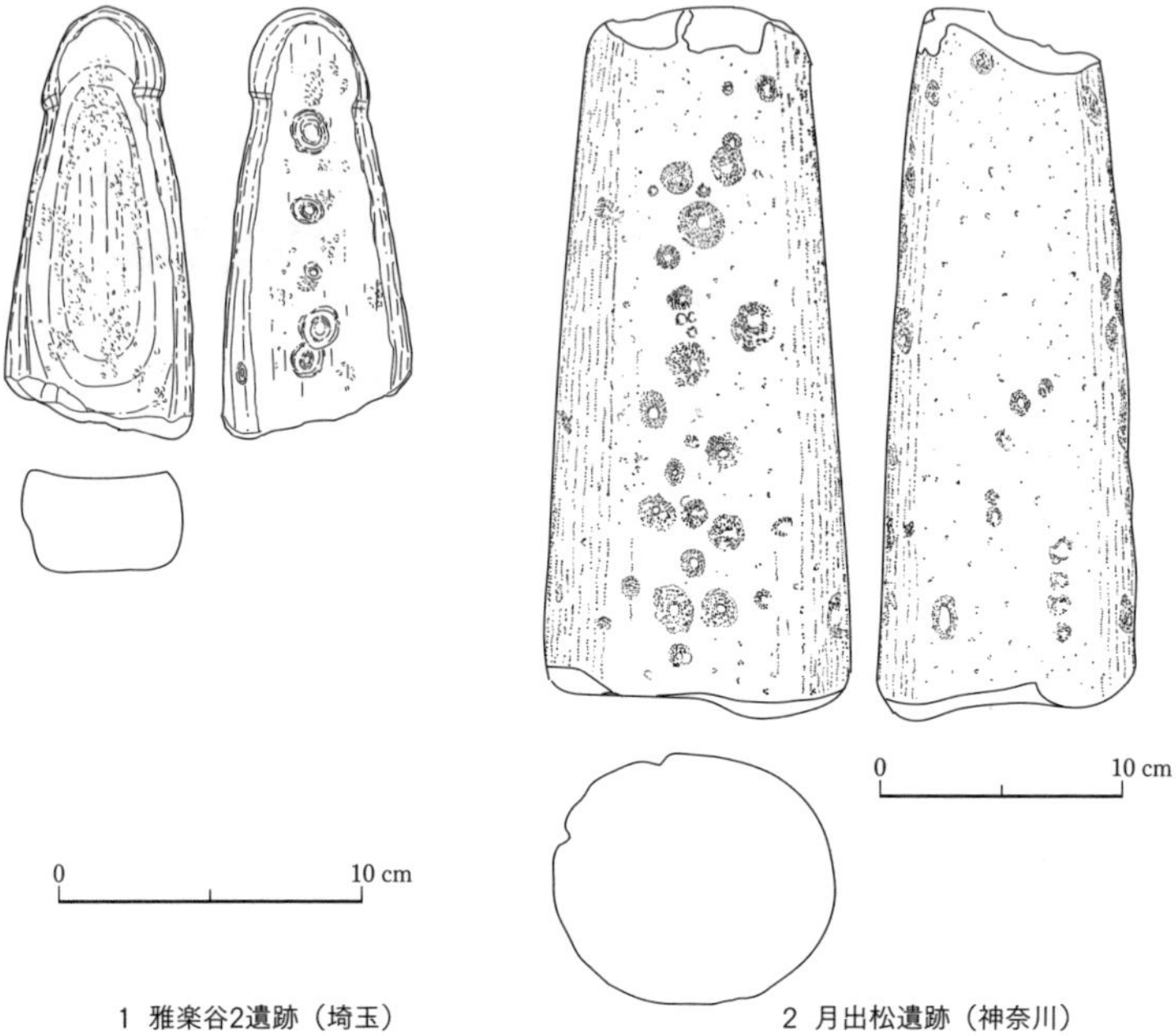

図３　凹みをもつ石棒

そらく破壊により遺棄され、祭祀・儀礼での役割を終えたのであろう。

以上のように、石棒と石皿は使用痕跡の特徴において関係があり、石棒は男性、石皿は女性を象徴するものであるが、祭祀の過程で石棒と石皿は共存し、あるいは石皿のように「擦る」「凹ませる」といった特徴を加味することで男女の共存関係が生まれると理解するのである。

以上、石棒と石皿の関係性についてみてきたが、石棒は縄文祭祀具の代表格であり、一方の石皿は縄文の食生活に欠かせない日常の生活道具である。前述のように、まわりのあらゆるものが特別なものであるとみなされれば祭祀具となる、という象徴媒体の考え方を展開した理由は、このような事例を理解することにある。

女性の性象徴

「三角形」の性象徴伝統

次に土偶をみていこう。土偶も縄文時代に特徴的な性象徴である。

土偶は、人をかたどってはいるが、たんなる人形ではない。土偶がいったい何であるかはこれまで、たとえば女性神をあらわすという説や精霊であり女性でもなく中性的存在であるという見解など多数の説が提出されてきた。土偶の性別に関して、男性か女性かと問われれば、乳房の表現や体つき、また出産にかかわる状態の表現などからみて、女性であるとすることは間違いではないだろう。

こうした女性格をもつと考えられる土偶について、象徴伝統の問題で注目されるのは、縄文時代後期初頭の東北北部にみられる三角形土偶である。図4－1は、秋田県北秋田市の伊勢堂岱遺跡出土の典型的な三角形土偶の完形品である。胴部が三角形で、四肢がなく、仮面らしきものをかぶった頭部が取り付く。乳房の表現、そして逆三角形の凹みの中央に性器にかかわる表現があることから女性格をもつと考えられるが、人類学的には女性はナデ肩で、逆三角形は女性的というより男性的な表現である。したがって、この土偶の形状は、本来の人の特徴とは別の概念により形成されている可能性が高い。

この土偶の形状ともっとも深く関係しそうなのが、同時期にみられる線刻をもつ三角形岩版〔図4－2〕や三脚石器〔図4－3〕、あるいはこれらを模倣した三角形土版〔図4－4〕である。筆者が注目するのは、東北北部では一貫して「三角形」の形状の作出にこだわりをもっているということである。新潟県村上市のアチヤ平遺跡からも、線刻を施し、女性器を表現したような三角形土版が出土しており、東北北部のものと関係があるだろう。

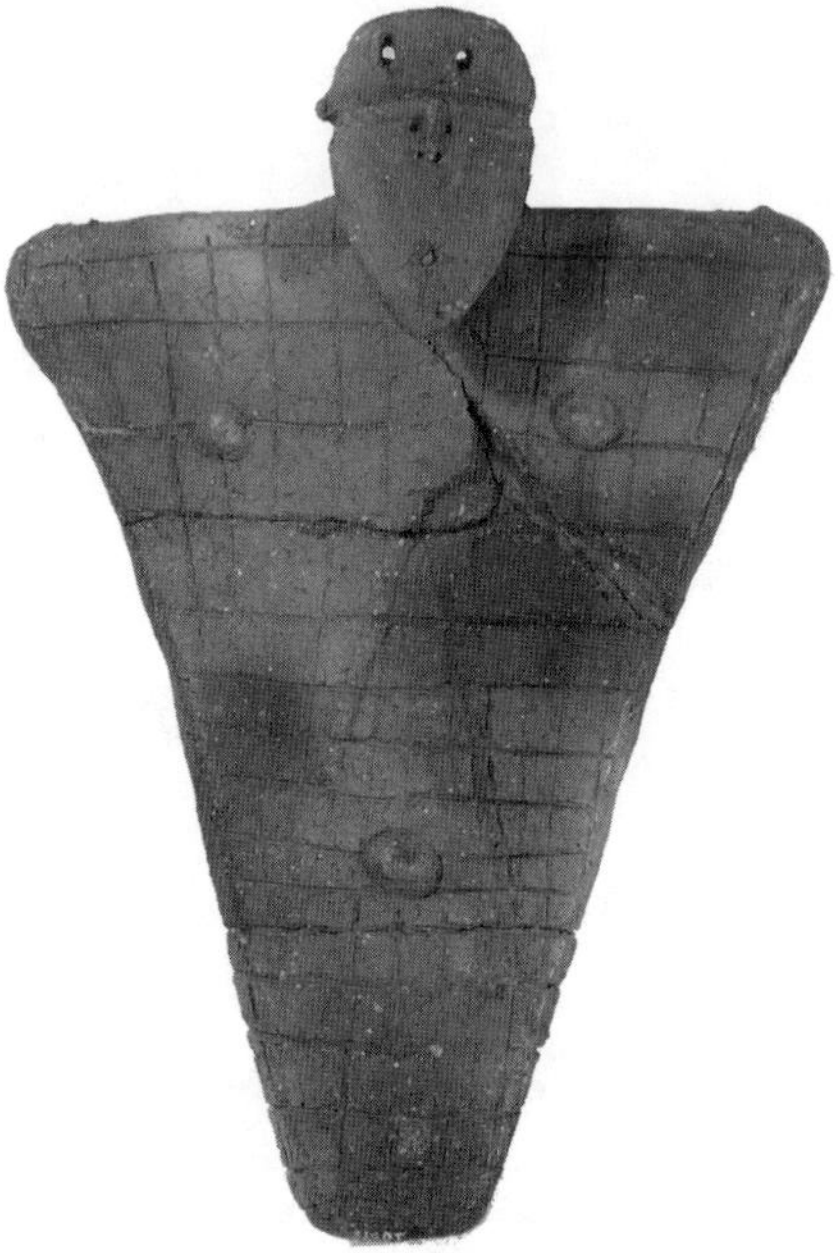

1　三角形土偶（伊勢堂岱遺跡、秋田）

2　三角形岩版（伊勢堂岱遺跡、秋田）

3　三脚石器（伊勢堂岱遺跡、秋田）

4　三角形土版（伊勢堂岱遺跡、秋田）

図４　東北北部にみられる三角形の伝統

こうした「三角形」の象徴伝統が土偶に表現されたのが三角形土偶である、と筆者は考える。つまり、東北北部には土偶や岩版、土版のあいだに共通した女性器を象徴化した「三角形」の伝統があり、それが素材をこえた象徴媒体となったのである。

以上のように、東北北部の三角形土偶が女性器の象徴と重なり合うと考えた場合、縄文時代後期に日本列島の西半分に広がった手足のない省略形土偶との関係が問題となる。西日本の土偶を研究する伊藤正人は、三角形土偶を省略形土偶の祖型と考え、省略形土偶の仲間は九州にまでおよぶとした。また、この動きに関し、伊藤によれば、北越から関東では「楕円形」か「隅丸方形」で生殖器を表現する線刻を胴部にもち、そしてより西では、胴に「くびれ形」を表現し女性性を強調している。先ほど筆者は、東北北部の場合は女性器の象徴化から「三角形」を形成していると考えたが、土偶に女性性の象徴を表現するという特徴は、東北から西へ行くにしたがい形などを変えながら、日本列島の広い範囲で展開していることがわかる。

このように縄文時代後期に、女性を象徴化した土偶や土製品などの象徴媒体が続々と登場し、東北、関東といった大地域内で象徴伝統を形成した。さらに、大地域間でも意味の連鎖が生じ、結果的に日本列島を大きくつなげる象徴伝統となったのである。

なお、三角形土偶・三角形岩版・三角形土版は、環状列石から多く出土する。そして伊勢堂岱遺跡では、三角形土偶の頭部と胴部が分かれて別々の場所から出土しており、土偶を破壊する儀礼の存在が指摘されている。また三角形岩版の場合は、伊勢堂岱遺跡などをみるかぎり、環状列石内部からの出土はきわめて少なく、周辺の廃棄場からまとまって出土することから、環状列石内部での祭祀・儀礼の後、破壊して環状列石外部に廃棄したと想定されている。このように出土状態でも、「三角形」伝統のアイテムは同じような扱いをされている。くわえて石棒から変化した男性の象徴媒体である石剣〔図1－8〕や石刀〔図1－6・7〕も環状列石において同様な出土状態を示すので、環状列石で遺棄される段階には男女の象徴媒体が同じ扱いを受けていた可能性が高い。

男女の両義性

以上のように、石棒は男性、石皿と凹み石は女性を象徴するものと考えたが、祭祀・儀礼の過程で石棒と石皿は共存関係を形成し、しかもこの関係性は、形状だけではなく「擦る」「敲く」「凹ませる」という一定の動作にもおよんでいると考えた。しかし、縄文人の考える男女の関係の概念は想像以上に複雑である。男性の象徴である石棒に女性の象徴である石皿を組み合わせて男女の共存や対立関係を操作的に演出するとともに、その両者を分かつような祭祀行為が存在しているのである。

縄文時代中期の中部高地にみられる土器の顔面把手は、女性を象徴した土偶と同じ顔面を配し、その裏面ないし口縁部の反対側に男性の象徴である蛇体文を配す〔図5－1〕。そして、釣手土器は、この顔面把手の顔面部を取り除いた形態をかたどって成立した器種であり、器全体が「女神の首」とされ、背面に蛇体文を施す〔図5－2〕。この釣手土器について縄文時代研究者の中村耕作は、器には男女の象徴が共存し、全体として女性格をもつと想定した。また縄文時代研究者の渡辺誠の指摘をふまえて、縄文時代後晩期の注口土器のなかに、注口部を男性器にかたどり、下部にしばしば陰嚢が表現され、全体として男性格をもつものがあることに注目している〔図5－3〕。

1　土器の顔面把手（宮ノ上遺跡、神奈川、縄文中期）

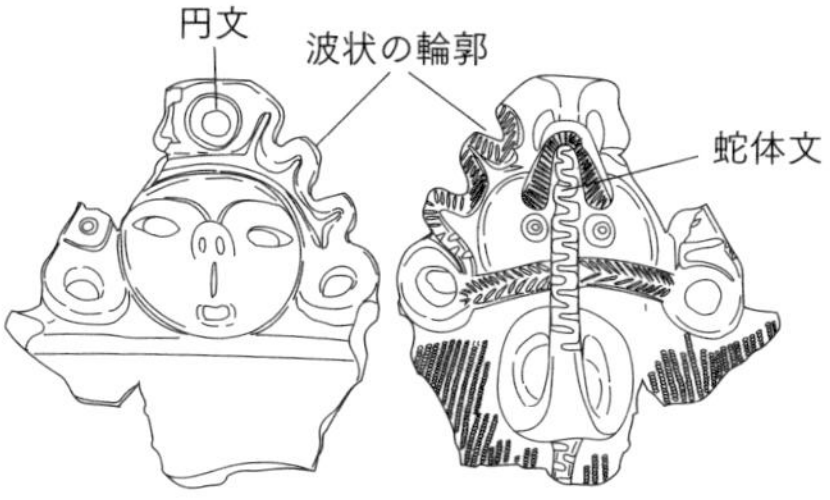

背面に蛇体装飾をもち、土偶と同じ顔をもった女神頭部像としての顔面把手（土器全体としては女神像）

⇓ 共通する装飾の一例

2　釣手土器（御伊勢森遺跡、神奈川、縄文中期）

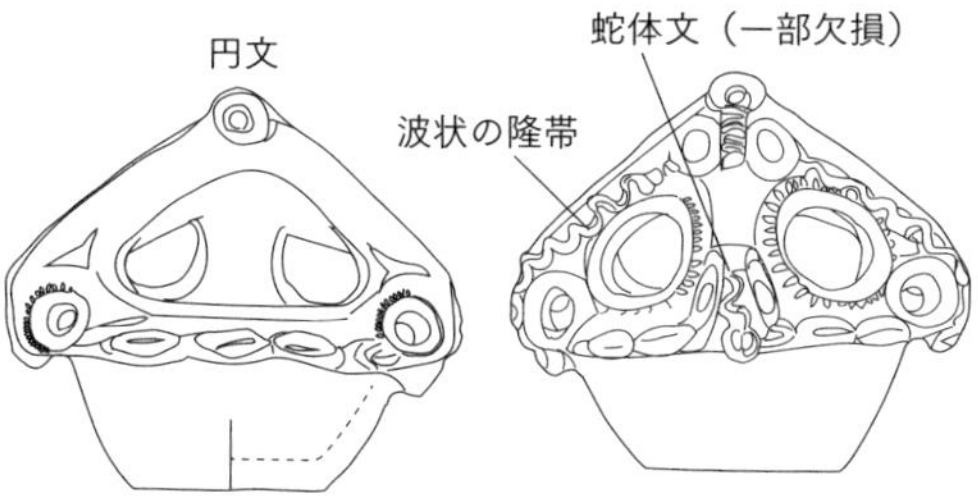

背面に蛇体装飾をもち、顔面を打ち欠いた形態の釣手土器＝女神頭部像

3　注口土器（玉清水遺跡、青森、縄文晩期）

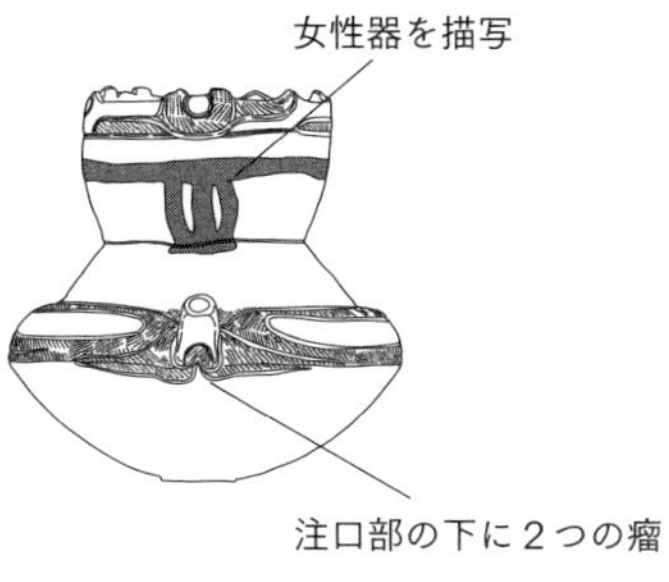

男女の性象徴を表現した典型例

（縮尺不同）

図５　同一個体における異質な二者の共存

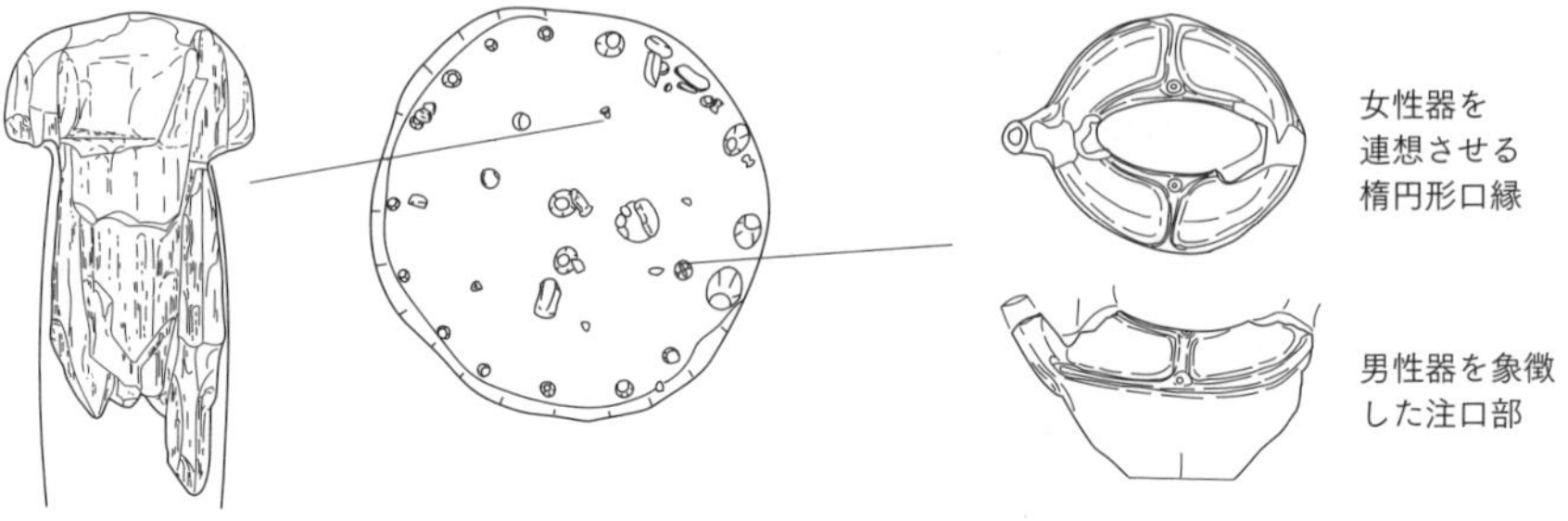

図６　異質な二者の対置の複合例

このように縄文時代には、しばしば一つの個体に男女の要素が共存する事例があり、個体として男女の両義性が分離しない、なんらかの世界観が存在していた。そして、さらに興味深いのは、こうした土器を用いた住居廃絶儀礼である。

縄文時代中期中葉の長野県諏訪市の穴場遺跡では、廃絶した住居から釣手土器が石棒と接して出土しており〔図2参照〕、男女の象徴が共存しつつも、全体として女性格をもつ釣手土器と男性格の石棒の対立関係が生じている。またこれも渡辺が指摘しているが、後期前葉の栃木県宇都宮市の御城田遺跡では、炉をはさんで石棒と口縁部が楕円形を呈する注口土器が向き合って出土している（図６）。この注口土器は男性器をかたどった注口部と女性器を表現した楕円形口縁部が共存した土器で、これが石棒と対峙していたのである。

中村は、こうした男女のあり方から、（１）製作段階で両者を同じ道具に作り込む共存、（２）遺棄段階で異個体を対置させる結合、（３）使用段階で象徴的部位を打ち欠く除去、という三つの行為を指摘し、いずれも対極にある男女の関係を操作的に中和・融和・中性化していると解釈した。そして、穴場遺跡例や御城田遺跡例のようにしばしばそれが複合することも指摘した。中村は、こうした現象を象徴人類学における「境界性」の概念化にあたるとしている。いずれにしても、縄文人がしばしば男女の象徴媒体を意図的に共存させ、あるいは対立関係を操作する祭祀行為があったことは興味深い。次に、この問題を絵画からみてみよう。

縄文絵画のなかの男女像

縄文時代中期から後期にかけて、中部高地を中心に、粘土紐などを用いて立体的に絵画表現したものが存在する。図7はそうした絵画の一例で、カエルとサンショウウオ（蛇という説もある）、いわゆる「半人半蛙」の絵画とされるものである。筆者が注目するのは、こうした絵画とよく似たものが東北に存在することである。遠く離れた二つの地域の絵画の類似性と関係性はいかなるものであろうか。

縄文時代中期の絵画については、まず藤内1式段階にカエルとサンショウウオが同居する土器がみられ［図7－1］、この組み合わせは2・3・4のように「半人半蛙」の表現に連なる。これらは「半人半蛙」とされるが、図像をよくみると、1長野県駒ヶ根市の丸山南遺跡例のサンショウウオとするものの胴部に取り付く二つの渦巻き状の「ひれ」のようなものが、2山梨県笛吹市・甲州市の釈迦堂遺跡例から4長野県富士見町の藤内遺跡例では腕や胴部に取り付いており、カエルとサンショウウオが結合して擬人化した可能性がある。手の表現も興味深く、1丸山南遺跡例では右手をかじられ、2釈迦堂遺跡例

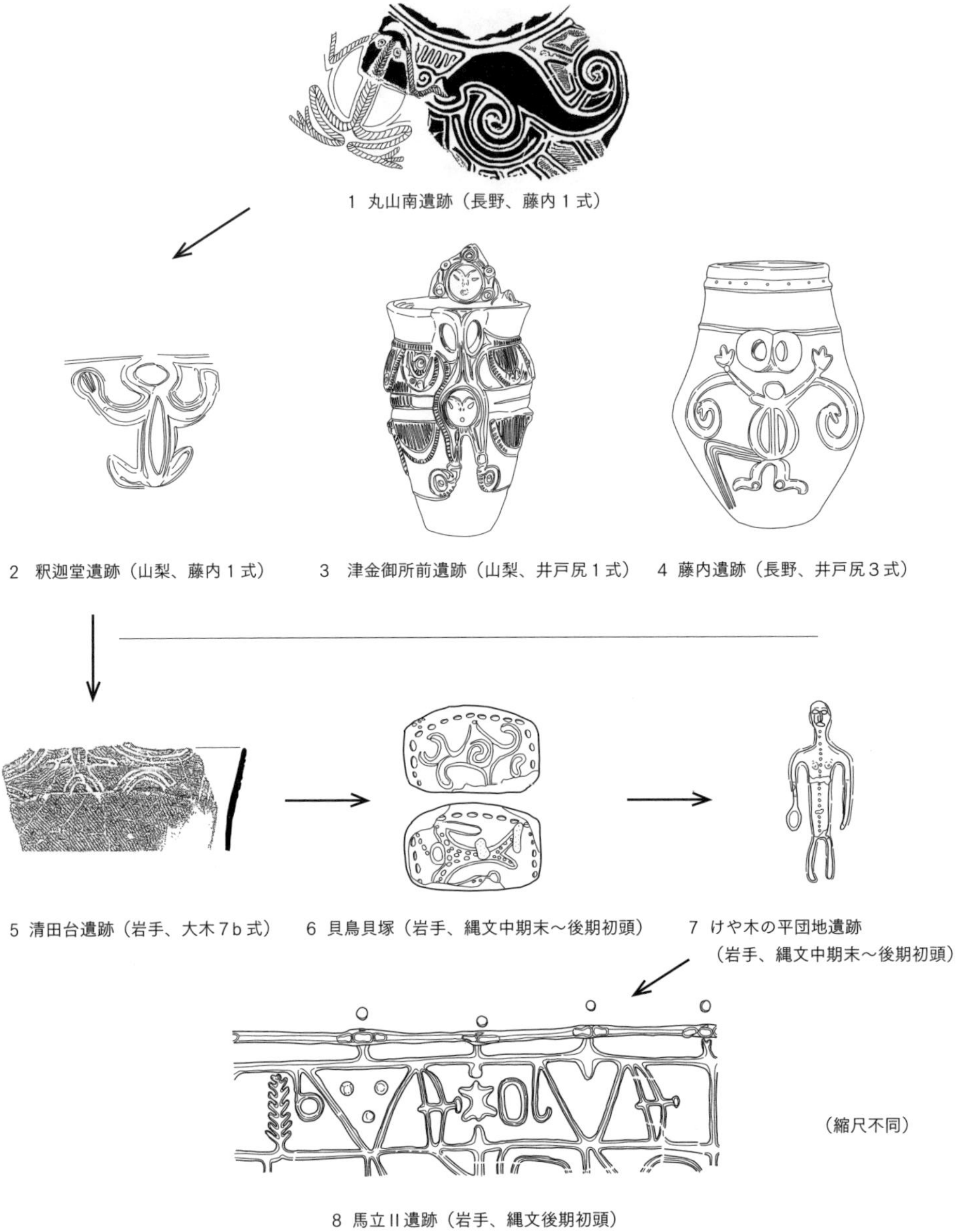

図７　縄文時代中期の絵画の変遷

では左右の手先の形状が異なっている。

ここで注目すべきは、東北地方において半人半蛙表現と類似したものがある点である。5岩手県一関市の清田台遺跡例は線刻表現で、2釈迦堂遺跡例と同じく左右の手先の表現が異なり、背中線をもつのが特徴である。また、驚くことにカエルとサンショウウオの同居が再現された6岩手県一関市の貝鳥貝塚例のようなものまであり、左右の手はやはり形状が異なり、丸い右手と細長い先細りの左手をもつ。このサンショウウオの体内に、かじった手先のようなものまで描いている。

その後、この系譜は7けや木の平団地遺跡例では、6貝鳥貝塚例と同様に丸い右手と細長い先細りの左手をなす。ここまでの連続性だけでも驚くべきだが、さらにこの系列は、8岩手県二戸市の馬立Ⅱ遺跡例のいわゆる「狩猟文」にまでつながる。この狩猟文土器の表現をみると、（a）乳房のある人物の右手は丸く、（b）乳房のない人物は手が先細りである。これに最初に気づいた東北の先史考古学を研究する斎野裕彦は、手の違いは男女の違いであり、8馬立Ⅱ遺跡例の絵画は男女二神を表現したものと考えた。

この女性の丸手と男性の棒状の細手は、形状もよく似ており、石皿と石棒の対立的組み合わせを連想させる。中部高地と東北のつながりは、中部高地が起源の配石が東北に伝播したように密接であり、こうした絵画の世界あるいは神話的世界観さえも伝播した可能性を示唆する。

さて、こうした絵画に表現されている男女像は、先にみた縄文時代中期の顔面把手と釣手土器、後晩期の注口土器の問題とも深くかかわる。カエルとサンショウウオは男女のメタファー、半人半蛙は両者の統合・融和のメタファーの可能性を考えれば、中期の中部高地では、藤内式から井戸尻式では男女の対立→統合への動きがあり、東北では大木7b式以降、統合へと変化し、その後、狩猟文土器の段階で再び対立へと変化したと考えることができる。男女の関係性を、時代の変化とともに、そのときどきの社会的状況により、対立↓統合という状態を象徴化した絵画として描いたものと推測するのである。

なお、男女の融合する半人半蛙の一方の手先がかじられ、石棒と石皿に類似する左右の形の異なる男女の融合した姿を創出し、さらに最後は男女像を分離したのである。縄文時代中期の絵画には、このような男女をめぐる創世神話のようなものがあったのだろうか。

男女の対立関係と祭祀プロセス

以上のような男女にかかわるさまざまな祭祀行為において、対立↓統合という移行プロセスが認められることはきわめて重要である。縄文時代ではさまざまな状況により、刻々と男女両者の関係性(対立と統合)が変化・移行すると理解することで、祭祀プロセスの復元に踏み込むことができる。

先の三つのケース以外にも、祭祀において男女の関係が操作されたと考える事例をまとめると、男女の関係性の状態、変化の過程から、祭祀プロセスのパターンとして、大きく四つを設定することができる。

Aパターンは、土器の絵画など概念的な側面における男女の対立↓統合の反復性が認められるもので、同一個体内に共存する男女像の変化である。

Bパターンは、石棒と石皿のように男女の別個体の象徴媒体を共存させ、男女の対立関係を操作的に演出するもので、石棒と土偶の関係もこれに該当する。

パターンCとDはよく似たプロセスをへていて、パターンCは、中村の分析した土器の同一個体内にみられる共存→結合→中和・融和・中性化という操作のバリエーションで、別個体の象徴媒体と共存し破壊・遺棄へといたる。パターンDは、男女が融和（共存）する男女交合性象徴などが該当し、パターンCと類似したあり方を示しつつ、たとえばCパターンの象徴媒体と共存し破壊・遺棄へといたることが想定できる。

以上のパターンにおいて、男女像にみる「統合・共存・融和」の状態は、不安定を安定に導くものであり、逆に「除去・破壊・分離」の状態は、安定を不安定に導くものと考えられ、この表裏のような関係が反復的に連続しているのが男女の関係が表出した象徴媒体による祭祀・儀礼であると考える。

こうした象徴媒体については、祭場でのあり方も今後焦点となる。縄文時代の祭祀・儀礼について研究する阿部昭典は、環状列石内部で儀礼が行われ、終了後に象徴媒体を外部の廃棄場にまとめて遺棄したと指摘しているが、これまでの検討からみれば、儀礼での男女の象徴媒体の破壊行為、そして同一場への遺棄行動は、対立する存在同士を破壊して対立できないもの同士にし、それを同一の場に捨てることで一体化させる、対立と共存の関係があるとみることもできる。

このように縄文時代中期以降の男女の性にかかわる象徴媒体にみる関係性については、谷口が石棒を用いる儀礼を、社会的危機に際して「祖先祭祀の強化」により社会秩序を維持強化しようとする装置と位置づけ、また先史時代の祭祀・儀礼研究を進める春成秀爾が、出自規制や婚姻システム、生業活動における男女の分業といった男女間の関係の変化に対し、そうした変化によって生じた社会的緊張状態を緩和する、あるいは逆に統合へとむかう機能を祭祀・儀礼行為として担っていたと考えたことに通じる。

縄文時代中期以降の部族社会は、人口の増加とともに女性を中心とした堅果類の大量採取・加工、そして男性中心による大規模記念物の構築作業など、男女間での分業と複雑になった部族社会の統合化が顕著になる。この不安定な状態のバランスを調整するものとして、男女にかかわる象徴媒体が祭祀・儀礼の場で機能し、環境変化や社会内部のさまざまな問題や場面で、相克と融和を繰り返した、と筆者は解釈する。石棒などにみられる祭祀・儀礼の痕跡と出土状態の多様性は、こうした繰り返し変化する社会のさまざまな場面で、その場のコンテクストに応じた結果によるものだろう。こうした性象徴にみられる対立と統合の関係は、縄文文化における複雑な社会の統合原理と深い関係をもっていそうである。この問題については、次章で少し検討したい。

以上のように、縄文時代において性象徴は男女の関係を象徴とすることから出発しているが、その象徴的意味は親族、そして部族へと拡張し、社会内外の関係を体現するものであった。こうした性象徴があらわす関係の連鎖とその関係の網の目が社会の深層にまで広がる点からみて、この体系こそ縄文の祭祀世界の一端であると考えておきたい。

第2章

装身と仮面

身体装飾と仮面の世界

弥生時代末ごろの日本列島の様子を記録した『魏書』東夷伝倭人条（「倭人伝」）によれば、倭人の男性は大人も子どもも顔面に黥面（入れ墨）を施していたという。また体に入れた文身（入れ墨）は国ごとに差があったという。これは男性に関する記載であり、女性がしていたかどうかはわからない。また文身のデザインには左右や大小の違いがあり、身分によっても異なっていたらしい。さらに、身体に文身を施すことで蛟龍からの被害を避け、鮫や猛禽類などからも身を守ったと記載されている。このように黥面・文身には、出身地や身分を示し、身の安全を守る機能があった。

黥面のような身体装飾は、別な言い方をすれば、身体加工と呼ぶべきものである。身体加工を身体装飾の一つとみなせば、歯を意図的に抜くことも身体装飾に含まれることになる。黥面の場合は一度施せば二度と消えないが、化粧のように身体に塗るものは何度も塗ることができる。また縄文時代の耳飾りのように、耳たぶに穴を開けてピアスのように装着するものも身体装飾に含まれよう。これらの身体装飾は縄文時代から行われた習俗で、いずれも古墳時代までの倭人にみられる特徴である。

こうした身体装飾はみずからの身体に施すほかに、その姿を土器などに絵として描いたり人形などに表現した。ただし、土器などに描いたものがはたして黥面を表現しているのか、化粧のように塗られたものを表現しているのかどうかはわからない。両者を明確に区別できないが、本書では黥面などを顔面装飾として話を進め、化粧であることが想定できる場合はそのように区別することにしたい。

さて、身体装飾の多くは通過儀礼のなかで施すものでもあり、人の一生のなかでさまざまな節目に身体装飾が機能したことは明らかである。こうした通過儀礼について、文化人類学者のファン・フェネップは、ある状態から他の状態への通過、あるいは移行に際して行われる儀礼行為であり、基本的に分離・移行・統合の三つの様相をもつとした。すなわち、未開社会における通過儀礼は、成人式や婚姻などに際して行われ、当該人物がある集団から分離し(婚出)、別の集団に移行(婚入)し、さらにそれによって別の集団に統合されるという社会的な意味合いが強い儀礼習俗である。

抜歯は、そうした通過儀礼において施される代表であり、春成秀爾は、成人、婚姻などの節目に施したものとした。すなわち抜歯は、年齢を表示して社会のなかでの位置付けを明確化する機能があるとされ、また特徴的な抜歯をして婚出することで、出自を表示してよそ者かどうかを区別するものとなった。

こうしたあり方は黥面や文身でも同様であろう。先にみたように「倭人伝」によれば、黥面・文身は出身地、身分を示したとされ、抜歯同様に年齢や出自を表徴する機能があった可能性が高い。おそらく縄文時代に出自を表徴したものが、弥生時代になると、社会のなかでの位置付け、区別化としても機能したと考える。それでは、こうした身体装飾はそれを施したことによって、どのような意味をもつにいたるのであろうか。

前述したように、「倭人伝」には、身を守るために身体装飾をしていたことが記されており、特に黥面は魔除けとして機能していたとされる。なぜ、黥面が魔除けとして機能していたかといえば、それはおそらく黥面をしている状態が正常ではない「異形」の状態をあらわしているからだろう。縄文時代の人々にとっての恐怖は、おそらく自然の脅威であり、狩猟・採集・漁撈のため村からひとたび自然のなかに入ったとき、彼らは無事村に戻ることを願ったであろう。また彼らを襲った病気やケガは、死への恐怖を与え、生きながらえるための祈りを捧げたに違いない。こうしたさまざまな恐怖がみずからの身体に降りかからないようにするため、あるいはよりつかないようにするため、身体に普通ではない状態の様を施したと考えるのである。そのとき「異形」と表現する「普通ではない状態」が縄文人にはもっとも表現しやすい象徴媒体であった。そして「異形」には、縄文人が恐怖をいだく対象や五感を通じて恐ろしいと感じるものが選ばれたであろう。

身体装飾は生身の身体を飾る装飾、すなわちデザインであるが、そのデザインは人体以外にも施された。代表的なものは仮面である。後述するように、黥面と同じ装飾のデザインが土偶の顔面に装着された仮面にも表現されている。

これまでの研究では、仮面は祖霊をあらわすとされ、仮面を用いた祭祀についてさまざまな見解が提出されている。こうした仮面や身体装飾についての解釈が妥当性をもつかどうか、当時の社会のなかでどのように機能していたかをみきわめることは難しい課題である。仮面と化粧の関係について人類学者のレヴィ＝ストロースは、みずからが調査したカドヴェオ族の顔面装飾の検討をとおして重要な見解を示している。

レヴィ＝ストロースによれば、ブラジル奥地に住むカドヴェオ族は、渦巻き、唐草、幾何学的図形などが複雑に入り組んだ模様を顔面や身体に描き、あるいは彫っていた。聞き取りによれば、顔面の装飾はあらかじめ決められた規範にしたがって互いに塗り合う。顔を塗らないのは自然の状態でいることであり、獣に等しいという。こうしたことからレヴィ＝ストロースは、自分の顔や身体に装飾を施すのは、自分が「人間」であり、「文化的」存在であることを確認する行為であるとし、仮面をかぶるのも同じであるとする。そして、カドヴェオ族の顔面装飾では、模様の分割が複雑になされるが、それは顔をいったん分割し、自然の調和を変形する新たな原理にしたがって再創出するのが目的であるとした。すなわち顔面装飾の模様は、自然の秩序を人間が作り出した秩序で置き換えることである、というのがレヴィ＝ストロースの考え方である。

そして、仮面の役割について、人間が超自然の世界と接触するための手段としての意味があるとする。レヴィ＝ストロースによると、仮面をかぶるということは顔を隠す行為であるが、顔を隠してしまえば正常な社会的コミュニケーションは中断される。その結果、個人は普通ではもちえない力をもち、また別の世界、普通ではない世界と自由に接触できる状態になるとする。そして仮面が本来、社会的機能をはたすはずのコミュニケーションの方向を変え、聖なるもの、超自然的なるものにむかわせるとした。

以上のレヴィ＝ストロースによる考え方からみれば、縄文時代の身体装飾と仮面のあり方は、おそらく超自然的存在と接触するための手段でもあり、一つにはそうした存在のなかで受け入れざる存在に対しては魔除けのシンボルとして表示し、一方、受け入れるべき存在に対しては接触しコミュニケーションをはかる。これらは当時の人間が身体装飾を施し、また仮面をかぶることによって、社会的存在としてのみずからのアイデンティティを確認し、シンボルを使ってそれを表現し、社会のなかで意味づけされた共通の約束事としてコード化されていることを意味する。

なお、身体装飾や仮面に関する遺物は多彩である。弥生時代前期終わりから中期ごろになると、東日本では壺に顔面装飾をもつ顔をつけるようになる。さらに、弥生時代後半期には、関東地方から西日本各地にかけて、土器の表面に顔面装飾を線刻で表現するようになる。したがって、生身の身体を飾る装飾のデザイン自体の意味は、それを器物にも表示することによって同じような機能を期待したといえる。

本章では、こうした身体装飾を中心とする装身と仮面について、人体に表現されたものから器物に表現されたものまで考えることにしたい。

縄文の顔面装飾

まず、筆者が顔面装飾で注目するのは、縄文時代中期の中部高地でみられる土偶の顔面に表現された「ダブル・ハの字文」である〔図8〕。マムシの頭部の側面には、目をはさむ形で黒条という帯状の班文がある。ダブル・ハの字文はこのマムシの目の下の黒条が起源である。マムシ以外にもヘビやカエル、トカゲなど両生類のほとんどが黒条をもつので、すべてマムシの黒条を表現したとは言い切れないが、マムシの黒条は目を包み込むようにしっかりとついているので、ダブル・ハの字文の起源はマムシの可能性が高い。

特に山梨県笛吹市の一の沢遺跡の土偶では、頭部が三角形状をなしており、しかも頭に蛇が渦巻くこ

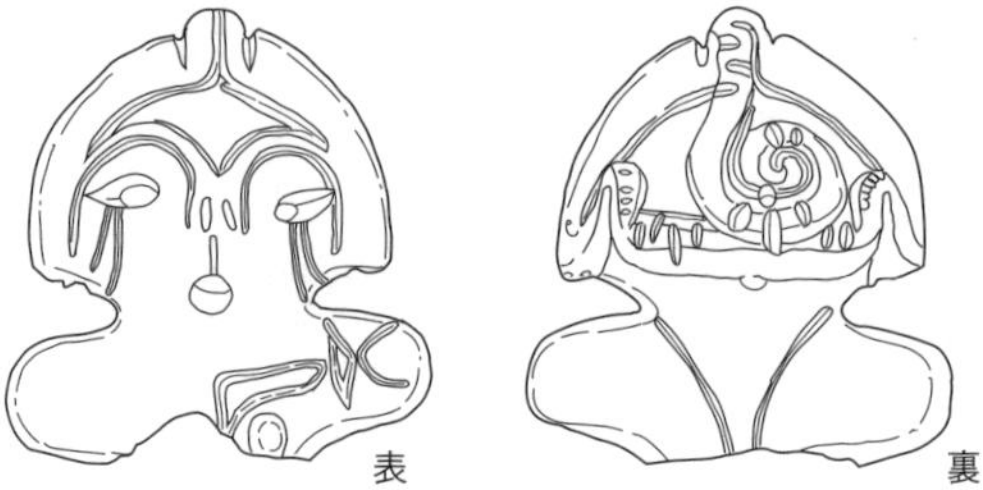

1　一の沢遺跡（山梨）

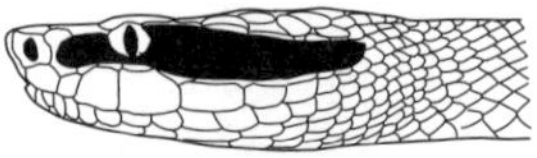
2　マムシの黒条

図８　マムシ形土偶とマムシ

とから、マムシを象徴化したと判断できる。縄文時代中期の顔面付き土器や土偶の顔相は、前章でもみたように、きわめて非人間的で正常ではない超越的な存在にみえる。一の沢遺跡の土偶は、まさにマムシと人間の中間的な様相を示し、「半人半蛇」とでも表現できる「異形な顔相」である。このダブル・ハの字文の表現は、生身の人間でみれば黥面か化粧であり、仮面の装飾の可能性もあろう。

この中部高地の縄文時代中期のダブル・ハの字文は、後期になるとさまざまな装飾のバリエーションを生み、晩期後葉には黥面土偶が誕生する。そして、この黥面土偶の顔面装飾が弥生顔壺にも影響を与え、さらに新しい時代にまで系譜をたどることができる。

弥生時代研究者の設楽博己は、黥面土偶の顔面装飾は弥生時代中期より後の時代の土偶や土偶形容器、そして絵画につながることを明らかにし、さらに埴輪などの顔面装飾の表現が三世紀ごろの顔面装飾の系譜の一つに連なるものと考えた。すなわち、「倭人伝」記載の「男子皆黥面文身」は、図９のように縄文の系譜につながるわけである。ダブル・ハの字文の系譜がそのまま一系統で古代の顔面装飾につながるわけではないが、目の下に装飾を施すことは変わらず続くと考えてよいであろう。

このように考えることができるとすれば、マムシなどの蛇に起源

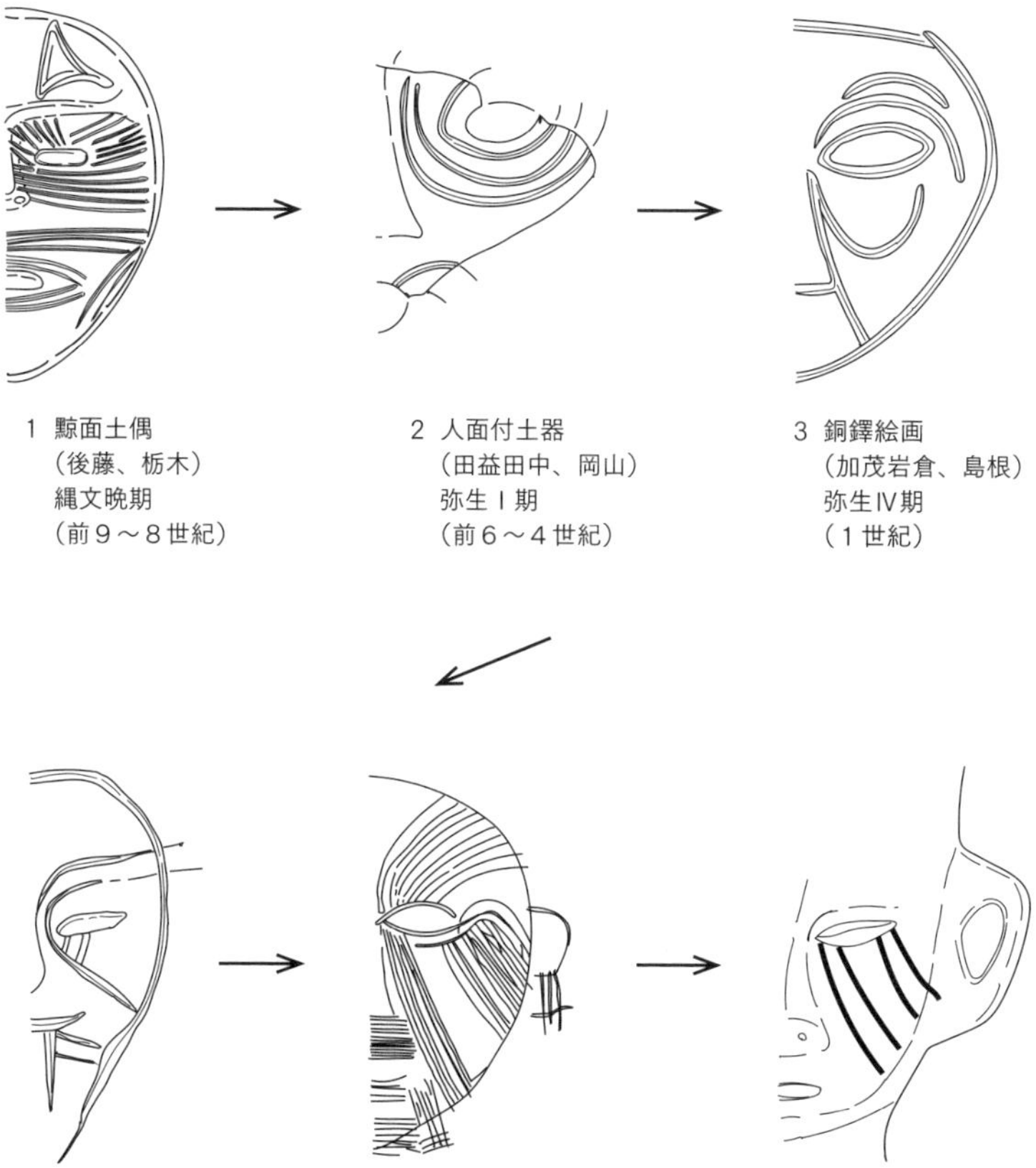
1 黥面土偶
（後藤、栃木）
縄文晩期
（前９～８世紀）
2 人面付土器
（田益田中、岡山）
弥生Ⅰ期
（前６～４世紀）
3 銅鐸絵画
（加茂岩倉、島根）
弥生Ⅳ期
（１世紀）
4 黥面線刻板
（上鑵子、福岡）
弥生Ⅳ期
（１世紀）
5 黥面線刻土器
（亀塚、愛知）
弥生末～古墳出現期
（３世紀）
6 黥面人物埴輪
（稲荷山、埼玉）
古墳中期
（５世紀後半）

図９　黥面装飾の変遷

する顔面装飾は、象徴的な装飾として約三千年以上の長期間存続したことになる。このようにマムシの黒条の表現を模した顔面装飾は異形の象徴として永く後世にまで残存できたのは、おそらくこの装飾の根源的な意味が不変であったことを示していると考える。そして、その意味の根源は、マムシが毒で敵を倒すという強さの象徴的意味が連想され、その顔面装飾を施す人間に害をおよぼさないようにすることであろう。こうしてダブル・ハの字文は異形の象徴となったと考える。

図10　東名遺跡（佐賀）出土の木製仮面

縄文仮面の象徴考古学

次は、仮面とその装飾についてみてみよう。最近、佐賀市の東名遺跡から、縄文時代早期（約七〇〇〇年前）の木製仮面が出土し［図10］、縄文時代の比較的早い段階から仮面を用いた祭祀が行われていたことが明らかとなった。この木製仮面には穴が五つあいており、顔にかぶったものではなく、何かにくくりつけて用いたという説もある。

これまでに発見されている縄文時代の仮面は土製品がほとんどで、東日本に集中し、縄文時代晩期に

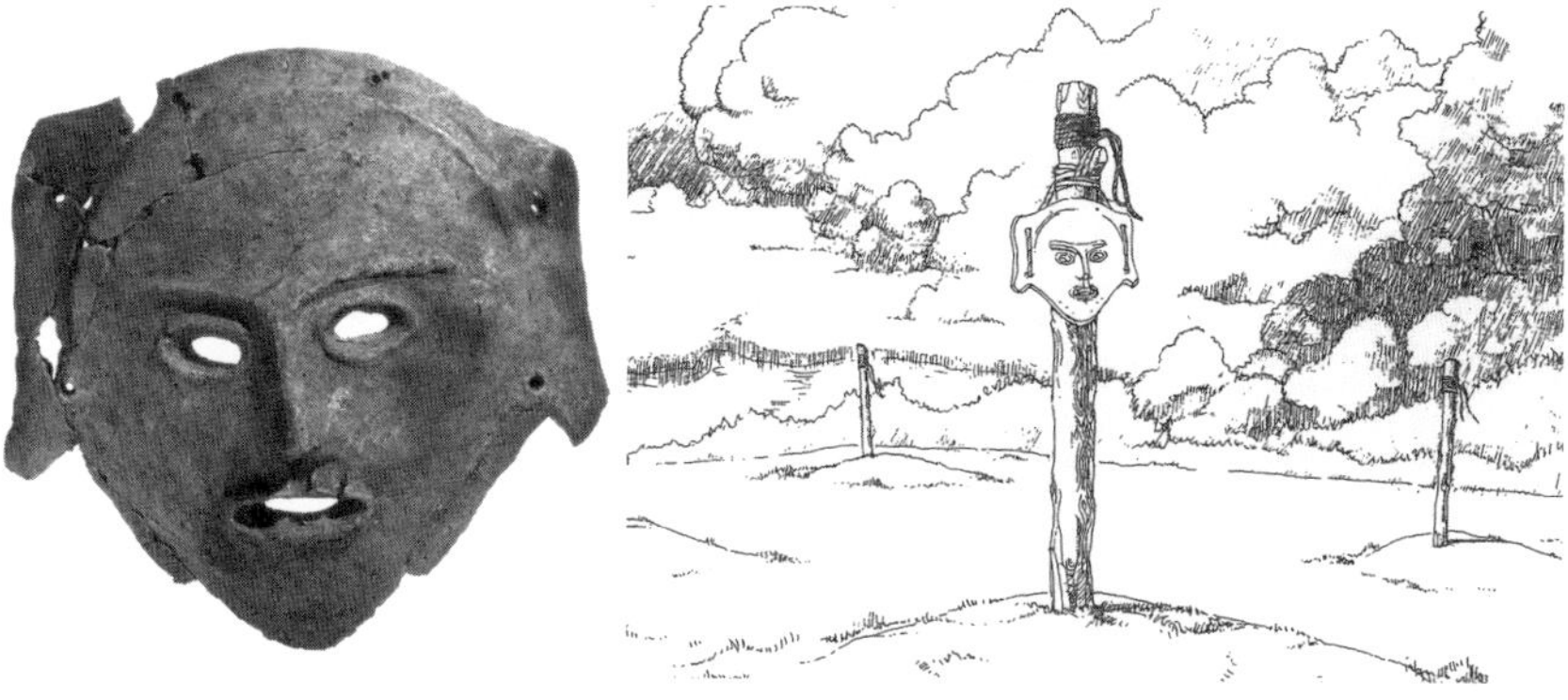

図11　ママチ遺跡（北海道）出土の土製仮面と使用状態復元

出土量が増加する。仮面の出土状態がわかる例は少ないが、縄文時代晩期中ごろから後半にかけての青森県むつ市の二枚橋遺跡では、土製仮面が環状に集中して出土している。仮面は小形であり、手に持って使用するよりは、顔につけるか何かにくくりつけたと考えられる。そして出土状態からみて、その場ではずして廃棄したか、木の柱などにくくりつけていたものがそのまま朽ちてしまったかのいずれかだろう。

　こうした出土状態を考える上で、北海道千歳市のママチ遺跡から出土した土製仮面は重要である［図11］。この土製仮面は縄文時代晩期終わりごろのもので、遺体を埋めた土壙墓（穴）のすぐそばからほぼ完形で出土した。土壙墓の端には上から木柱を打ち込んだ跡があり、調査を行った北海道の先史時代を研究する長沼孝は、アメリカのイヌイットの事例を参考に、仮面を木柱にくくりつけ墓の上に立てた状態を想定した［図11右］。

　このママチ遺跡の土製仮面は、死者となった被葬者が死後に祖先の仲間入りをすることを象徴するよりどころとして機能したという説がある。こうした仮面については、祖霊像を象徴するものであるとか、神を示すものであるとか、さまざまな説があるが、これらの仮説の多くは民族例を参考に考案されている。なかでも筆者が注目するのは、レヴィ＝ストロースによる北米北西海岸インディアンの仮面の分析である。北米北西海岸インディアンのマスキーム族は、上流の部族から仮面を手に入れ、ポトラッチおよび婚礼、葬儀、成人式にともなう非宗教儀礼の際に使っている。いくつかの部族で異なった仮面を用い、さまざまな所作をともなう踊りなどが行われる。サリッシュ族では儀式で仮面をつける特権はいくつかの上層の家系に限られる。仮面の機能は穢れを洗い清め、幸運を授け富の獲得を容易ならしめるものであった。このような民族例は、想像を膨らませるという意味で有効ではあるが、異なる地域の民族例をみればみるほど、さまざまな事例に出会い頭を悩ませることになるだろう。

それではいったい、どのような手立てによって仮面のような祭祀遺物を分析すればよいのか。筆者が考えるのは、民族事例についての具体的な分析、たとえば仮面のデザインなどにみられる構造論のように関係性や法則性をとらえることである。

レヴィ＝ストロースは、仮面の型式的特徴の由来を探るべく、北米北西海岸において隣り合って居住する小集団の仮面、スワイフェとゾノクワに焦点をあてた。レヴィ＝ストロースによると、これらの小集団の仮面は各集団で独立して作られたのではなく、集団間にまたがる変換体系を構成しているという。そして個々の仮面は、形の面からみると、体系内の別の仮面を変形させたものであると考えた。聞き慣れない用語が続き、これだけでは何をいっているのかまったくわからないかもしれない。そこで図12の二つの仮面をもとに、簡単ではあるがレヴィ＝ストロースの意図するところを説明しよう。

二つの集団の仮面はそれぞれ、一連の区別される特徴（色・形・象徴）をもち、これらの特徴はその仮面固有の様式を構成すると同時に、他の仮面の特徴と相関あるいは対立する。こうしたことから、仮面はすべて「一連の変形」を通じて相互につながっているとレヴィ＝ストロースは考えた。具体的にみて

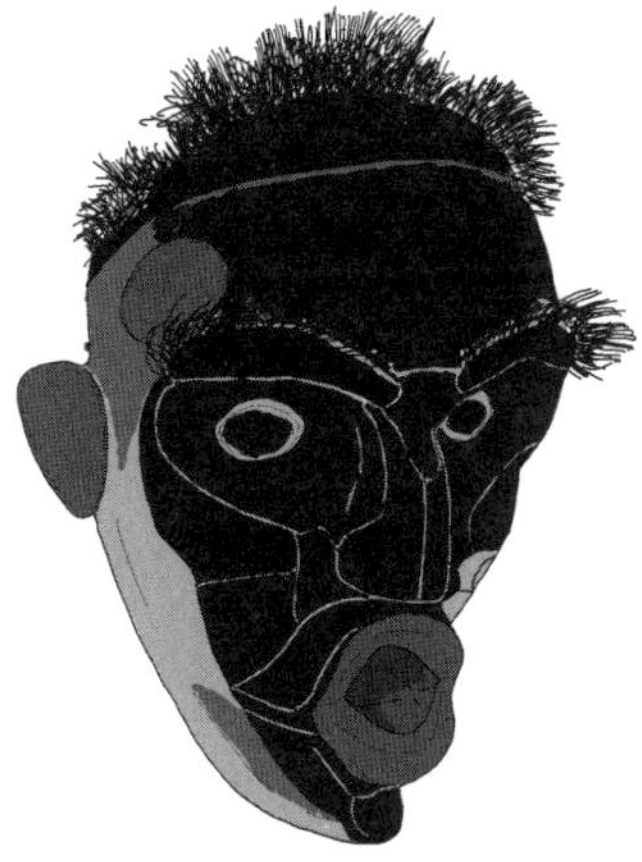

1 ゾノクワ仮面

2 スワイフェ仮面

図12　ゾノクワとスワイフェの仮面

いくと、スワイフェは白が主体なのに対し、ゾノクワは黒い。スワイフェは鳥に関連することが特徴で、それが羽根の冠として表現されている。それに対してゾノクワは、髪を意味する動物の毛に置き換えられている。また、ゾノクワの目は半眼で深くくぼんでいるが、スワイフェの目は丸く飛び出して見開いている。さらにスワイフェの下顎は垂れ、大きく開いた口から舌を出しているが、ゾノクワは舌が出ないような形に唇を丸めている。このように二つの仮面は、それぞれの対応する特徴が、白／黒、大目玉／半眼、舌を出す／舌を出さないという関係性を示している。この関係性をレヴィ＝ストロースは、「変形」と呼んだのである。

このような仮面の意味についてレヴィ＝ストロースは、それぞれの仮面に結びつけられている神話と、仮面を所有する社会集団が仮面に付与する宗教的、社会的、経済的意味合いに由来する、さまざまな連想のモザイクであるとした。そして、仮面の外見的特徴が変形関係によって変化するのとまったく同様に、これらの意味合いも変形に影響され、複雑さを増していく。ゾノクワはクワキウトル族の仮面で、森の奥に住むという伝説の女食人鬼をあらわし、ときどき出現して子どもを食べてしまうという神話があるが、これは社会集団の生物学的存続を脅かす破壊的、反社会的存在を表象しているといわれる。一方、スワイフェはサリッシュ族の仮面で、もっとも由緒正しい始祖をあらわしているといわれる。なお、神話では、スワイフェの仮面は空や水から来たとされ、一方、ゾノクワの仮面は森から出てくると強調される。

こうした解釈については批判も多くあるが、物を扱う考古学からみれば、レヴィ＝ストロースの変形をみいだす分析手法は参考になると考える。次に、こうしたレヴィ＝ストロースの分析に導かれながら、実際に分析をおこなってみよう。

顔面装飾と抜歯

東日本における縄文時代晩期後半から弥生時代中期ごろ、東海から関東までの地域で、弥生顔壺や土偶形容器などの顔面装飾（仮面を含む）に明確な地域差が存在し、その地域差の背景にレヴィ＝ストロースの「変形」を想起させるような興味深い現象がみられる。図13左側の顔面装飾をみてほしい。

関東の顔面装飾では、鼻から上を強調する装飾が中心で、東海から中部の顔面装飾は、口のあたりを強調している（両者の類型は中部高地付近で共存する）。この顔面装飾の差異は、その施す位置において、顔の上／下という関係性をあらわしており、先のレヴィ＝ストロースの「変形」の関係を示している。関東では鼻より上に装飾を強調し、東海では鼻より下の口まわりに装飾を強調しており、両者が「変形」

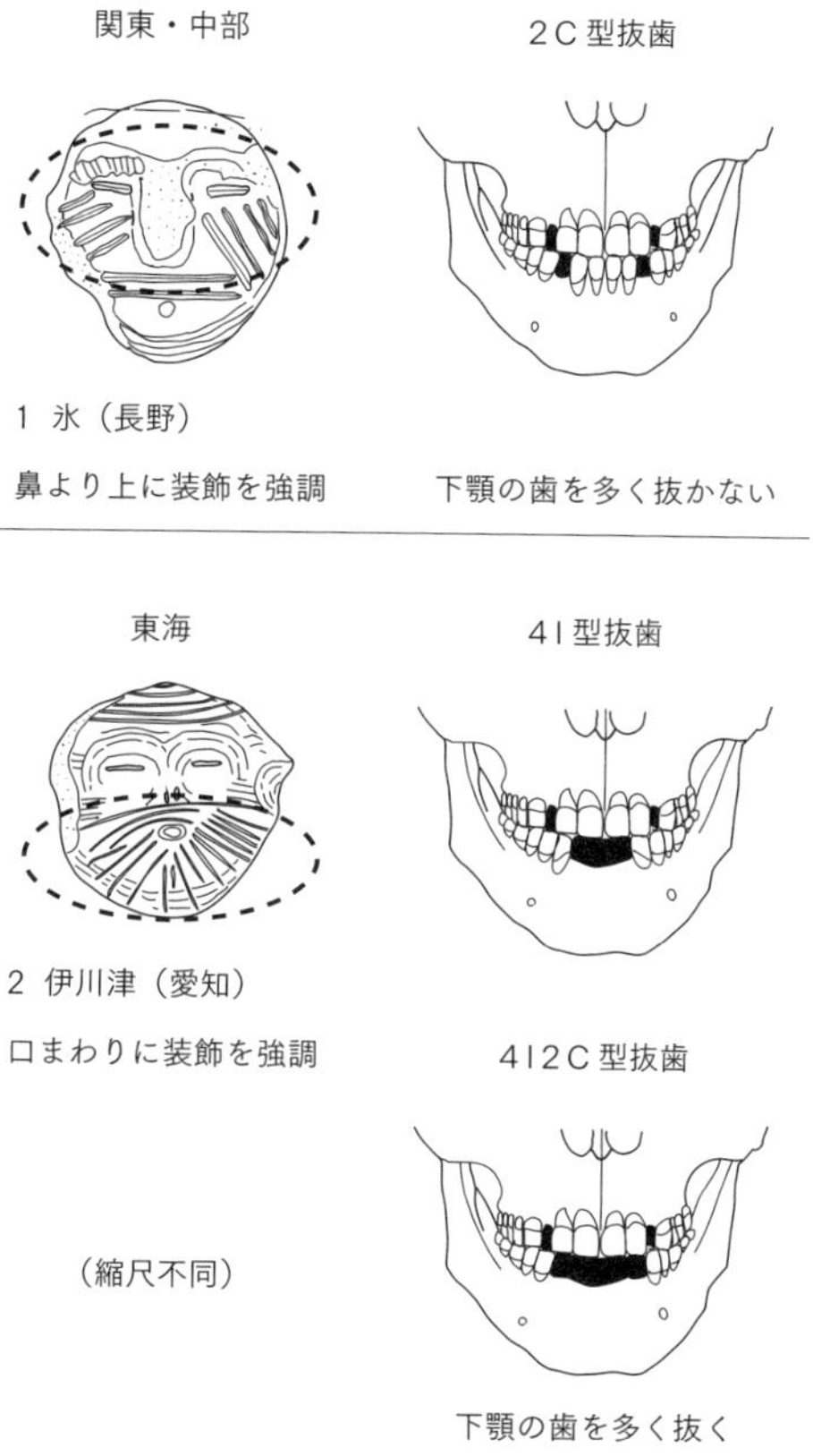

図13　顔面装飾と抜歯型式の関係

の関係にあるとみるわけである。なお、中部高地に東海系の装飾体系がみられるのは、当地域に東海系の土器が流入していることと無関係ではないであろう。

そして新しい段階になると、東海系の顔面装飾の類型である口部を強調する装飾が東日本一帯に広がる。特に後述するような弥生顔壺の顔面装飾は、東海系の口部を強調する系列の影響が関係し、形成されたと考えられる。

ここで興味深いのは、こうした顔面装飾の系列の違いと抜歯の型式の関係である。縄文時代の抜歯の施行年齢は一〇～二〇歳、平均一三～一六歳で、春成による仮説では、抜歯は成人時に施行した後、婚姻時にも施行する。東海地域を例にみれば、その土地の出身者は4I型、婚入者は2C型となる。また

4I2C型について春成は、婚姻後も出自集団に居住を続ける4I型の人物が、居住集団を変更しない再婚（あるいは二人目の妻または夫をもつ複婚も考慮すべきか）に際して両犬歯を抜いたと考えた。したがって、相手は初婚ならば2C型で、4I2C型ならば婚入者の婚入先での再婚による抜歯とされる。

その後、弥生時代になると、縄文時代に2C型抜歯が優勢であった東日本における抜歯人骨出土遺跡の分布は、4I2C型を含む4I系が圧倒的となる。これを数的にみた場合、東日本における初期弥生文化の抜歯型式は、4I系だけで七六パーセントを占める。

ここで、春成の仮説をそのまま中部地方を中心とする東日本に適用すれば、東海系の4I系の男女が相当な数移住し、かなりの確率で在来の縄文人と再婚したことになり、数的にみた場合4I2C型が多いので、その再婚率が異常に高いことになってしまう。これでは東日本の在来集団はほとんど東海系集団に取って代わられたか、再婚が頻発したことになってしまう。これまでにも4I系抜歯を東海系の集団の移住とみる考えは指摘されていたが、東日本の再葬された人骨は大部分が東海系集団のものとなってしまうことは問題である。

こうした問題を考える上で、前述の顔面装飾の系列と抜歯型式の両方を先のレヴィ＝ストロースの分析方法でみた場合、興味深い共通性が浮上する。先に関東の顔面装飾は鼻から上を強調する装飾をなし、一方、東海から中部の顔面装飾は口部を強調する装飾であり、鼻の位置を境に顔面の上下という分割がなされていることを述べた。

また、抜歯型式では、上顎犬歯と下顎の犬歯を抜く2C型に対して、下顎の切歯をすべて抜く4I系が対立関係にあり、4I系は下顎側の切歯をたくさん抜くという強調化がなされている。すなわち、抜歯する箇所としての顎の上下という差異が、両地域間で存在するのである。これら両地域の関係は、係性がみいだせる。「下顎の切歯を抜かない関東／下顎の切歯を抜く東海」、「口部周辺の装飾を強調しない関東／口部周辺の装飾を強調する東海」として整理され、関東と東海で全体として顔面の「上／下」という対立する関係性がみいだせる。

このように関東と東海のあいだで、顔面装飾と抜歯に上／下という関係性をみいだせるということは、先に引用したレヴィ＝ストロースの分析で示された一連の区別される特徴（変形）と同じように、相互に変形を通じてつながっていると考えてはどうであろうか。すなわち、両地域の抜歯と顔面装飾にみられる特徴の差異は、それぞれの地域集団にまたがる変換体系を構成していると考えるわけである。

このような共通性のなか、東海系の４Ｉ系抜歯が、弥生時代のはじまりとともに東日本に広がりをみせる現象と連動して、やや時期は遅れるが顔面装飾の系列も弥生顔壺に反映される。両者は連動しているといえる。しかし、この現象の背景として、前述のように東海系集団が、中部から関東の各地の縄文系社会に移住して在地の抜歯型式と顔面装飾の系列をまったく置き換えるとは考えにくい。

先のレヴィ＝ストロースの研究で示されたように、二集団の仮面のあいだにみられる「一連の変形」は、その背景に宗教的・社会的・経済的意味が付与されていたように、関東と東海の集団のあいだにおいても同様な意味があった可能性がある。これに関連して東日本では、縄文時代晩期後半（紀元前五～四世紀ごろ）の中部高地を中心に分布する氷Ｉ式土器の段階に、アワ・キビ農耕が急速に拡大し、同時に東海系土器も東日本へ広がりをみせはじめる。おそらく、社会のさまざまな価値体系がこの現象と連動して激しく変化していたはずである。このとき大きな流れとして、東日本の諸地域の集団は、東海から中部高地にかけて広まりつつあった東海に起源する顔面装飾と４Ｉ系抜歯の習慣を受け入れたと考える。

以上のようなあり方からみて、抜歯にみられる差異は顔面装飾とともに「地域の象徴・識別指標」と考えたい。縄文から弥生への変革期に、抜歯習慣は、それまでの意味から変化した可能性がある。そして、4I2C型抜歯が多く認められるのは、東日本の縄文系集団のあいだでもともと施していた2C型抜歯に加え、後から東海系の指標である4I型抜歯の特徴である下顎の切歯四本を抜いた結果、4I2C型抜歯となったと考える。すなわち、4I系抜歯例の増加の理由は再婚ではなく、新しい抜歯習俗を受け入れたことにあったと考えるわけである。

この動きと連動して、顔面装飾では縄文時代前期後半以降に装飾の系列の分岐が著しく、装飾体系が複雑さを増す。また抜歯においても、たとえば福島県伊達市の根古屋遺跡ではそれまでの抜歯型式を逸脱し複雑さを増している。こうした複雑さの原因は、それまで「一連の変形」で安定した関係をもっていた地域間に、生業の革新的な変化に加えて人の移動をともなう変動が生じ、社会の再編成が必要となったことを意味している。このとき抜歯型式や身体装飾は、おそらく一定の地域社会の象徴として機能していたと考える。それでは、その再編成がいったいどのようなものであったのか。次に耳飾りの分析を試みるなかで検討してみたい。

耳飾りと年齢組織

縄文時代の耳飾り〔図14〕は、装着のために耳たぶに穴を開ける必要がある。そして年齢とともに耳飾りを大きくしていった。耳飾りをつけることは、縄文時代には通過儀礼の一つだったようである。縄文時代の耳飾りについて設楽は、土製耳飾りの大きさには年齢が関係していると想定し、文化人

図 14　縄文時代の耳飾り（藤岡神社遺跡、栃木）

類学者の大塚和義は土製耳飾りの直径分布に四つほどのピークがあることから、何段階かの過程が存在すると想定している。また設楽は、大塚が想定する土製耳飾りにみられる四つのピークのうち、径二〜三センチのピークに特徴的な漏斗状の耳飾りが集中することから、このような特殊な耳飾りを結婚適齢期の者あるいは婚姻の際の嫁（婿）入り道具（一種の交換財）として身を飾ったと考えた。

土製耳飾りは、東日本における縄文時代後晩期の遺跡から大量に出土する。特徴的なことは、配石遺構や環状盛土遺構などの祭祀的な遺構から多量に出土する傾向があることである。通常、耳飾りは身体に装着するものであるから、墓の遺体にともなっているはずであるが、そうした事例は耳飾りの出土量にくらべてきわめて少ない。大規模配石遺構では焼人骨や配石墓をともなっているので、埋葬とまったく関係がないことはないが、耳飾りが装着状態でみつかった人骨はきわめて少ないのは確かである。すなわち遺跡から出土する耳飾りは、基本的に死者となる前のいずれかの時期にはずして廃棄されたのである。

筆者は二〇一五年から環状盛土遺構である栃木県栃木市の中根八幡遺跡の発掘調査を実施し、耳飾りの出土状態について注目すべき事実を知るにいたった。現在までのところ遺跡各所で遺物の詳細な分布調査を行っているが、土製耳飾りが遺跡の一角である北西付近から集中して出土し、あるいは採集されているのである。

このような土製耳飾りの出土状況は、同じ環状盛土遺構である栃木県小山市の寺野東遺跡でも確認されていた。寺野東遺跡では直径一六〇メートルほどの盛土がドーナツ状にめぐり、現存する環状盛土の盛土内部と盛土全体の発掘調査が実施された［図15－1］。祭祀具の出土状態がよくわかり、大きく盛土部、削平部（盛土に囲まれた内部）、水場、その他の四カ所から集中して出土している。このうち盛土部は、南・西・北西・北に分かれる。土製耳飾りの出土数は南盛土（一八六点）、西盛土（一四点）、北西盛土（六点）、北盛土（一点）、削平部（六四点）、水場（七点）、その他（二二点）で、南盛土から大半が出土し、その次に削平部から出土していることがわかる［図15－2］。

南盛土部から大量に集中して出土するということは、耳飾りをした縄文人がこの場に集まっていっせいにはずして廃棄したか、あるいはどこかではずしたものをここに持ってきてまとめて廃棄した可能性が高い。また、同時に耳飾りの直径にいくつかのピークがあることから、一定の年齢などの節目をむか

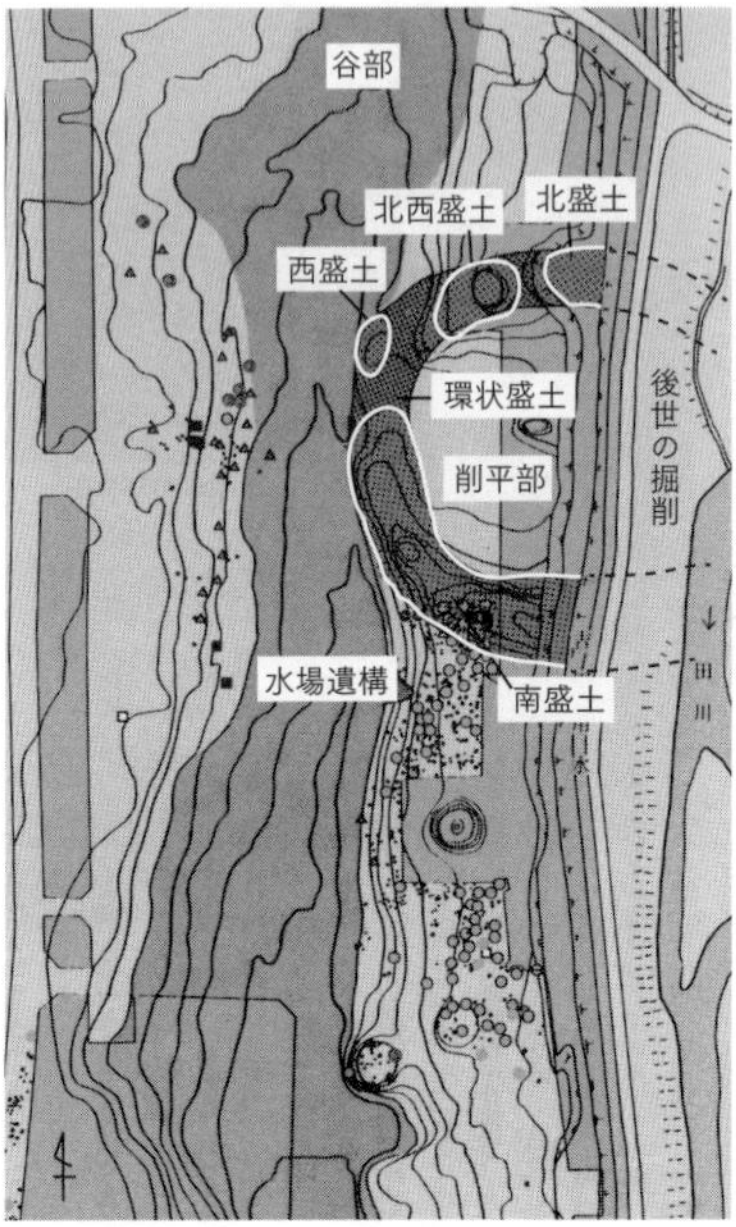

1　遺構配置

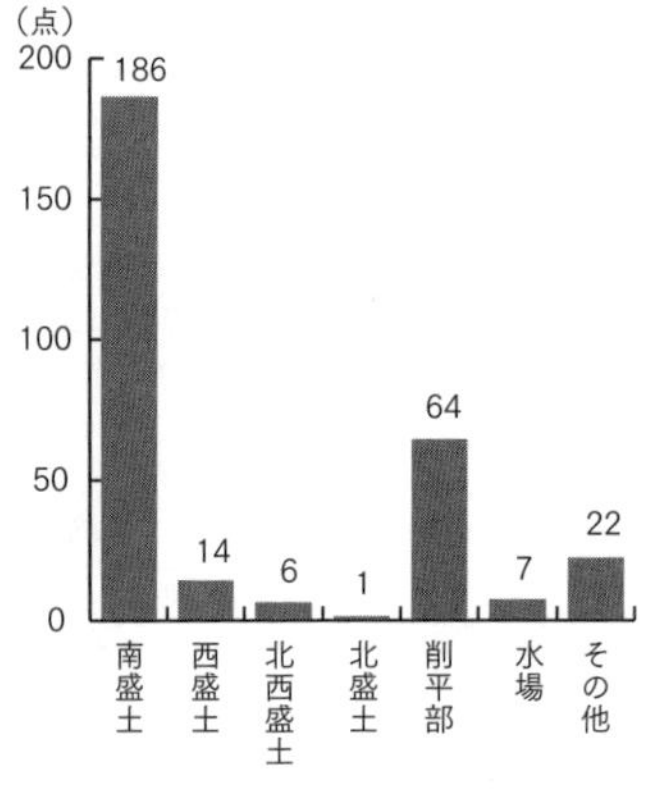

2　耳飾り出土地点

図15　寺野東遺跡（栃木）の遺構配置と耳飾りの出土状況

えた際に、それらを着脱する祭祀・儀礼が存在した可能性が浮上するのである。

こうした年齢ごとに耳飾りを付け替えるピークは、土製耳飾りの直径分布からみるかぎり、寺野東遺跡ではだいたい五段階程度認められる。これらの段階区分は、素直に考えれば、装着した縄文人のある程度の年齢区分に対応し、それは文化人類学や民俗学で知られる年齢集団の存在を示す可能性が高い。年齢組織には、同年代の者たちによって集団を形成する「年齢組」があり、少年・青年・壮年・老年というように順次階梯をのぼる「年齢階梯制」で構成されている。こうした年齢組や年齢階梯制については多数の民族例があり、年齢組だけが組織されている場合や両者で構成される場合がある。

年齢組織と耳飾りの問題を考えるために、もう少し細かく検討すると、寺野東遺跡の削平部で出土した土製耳飾りの直径分布は、直径が同じ耳飾りの数を多いものから挙げると、一センチ後半から三センチのところと、六センチ後半から八センチのところに集中する〔図16－1B〕。この中間のものはきわめて少ない。これに対して南盛土部では、直径分布には五つのピークがある〔図16－1A〕。このように南盛土では中間的な大きさの耳飾りが多数出土し、ほぼすべての大きさの耳飾りが廃棄されている。

ここで筆者が注目するのは削平部のあり方で、耳飾りをつけはじめたころの年代の集団の耳飾りと、直径が大きく装着履歴ではおそらく最後にあたる耳飾りの二種類が廃棄された可能性が高いことである。そして、盛土での祭祀が終了し、耳飾りはそのまま削平部に遺棄されてしまったが、この事例から削平部で耳飾りの着脱にかかわる祭祀を行い、そこではずした耳飾りがまとめて南盛土に廃棄された可能性が高いのである。また耳飾りだけでなく、石剣が削平部と南盛土部で接合するものが多く存在することは、この可能性が高いことを示している。そして、耳飾りにみられる各ピークがそれぞれ一定の決まった年齢の人々のまとまりに対応するとすれば、耳飾りを着脱する時期の区分が、ある一定の年齢組織と

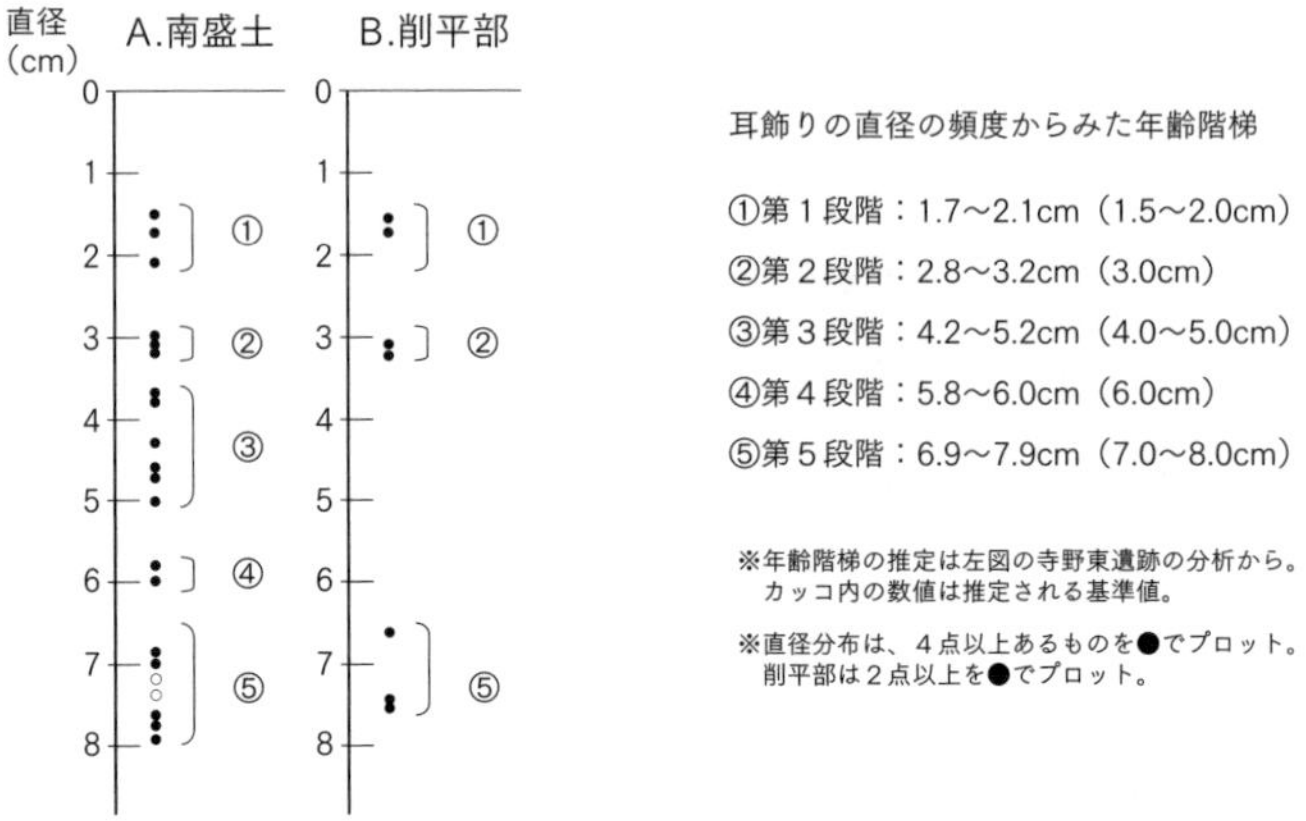

※年齢階梯の推定は左図の寺野東遺跡の分析から。
カッコ内の数値は推定される基準値。
※直径分布は、４点以上あるものを●でプロット。
削平部は２点以上を●でプロット。

1 寺野東遺跡出土耳飾りの直径分布と年齢階梯

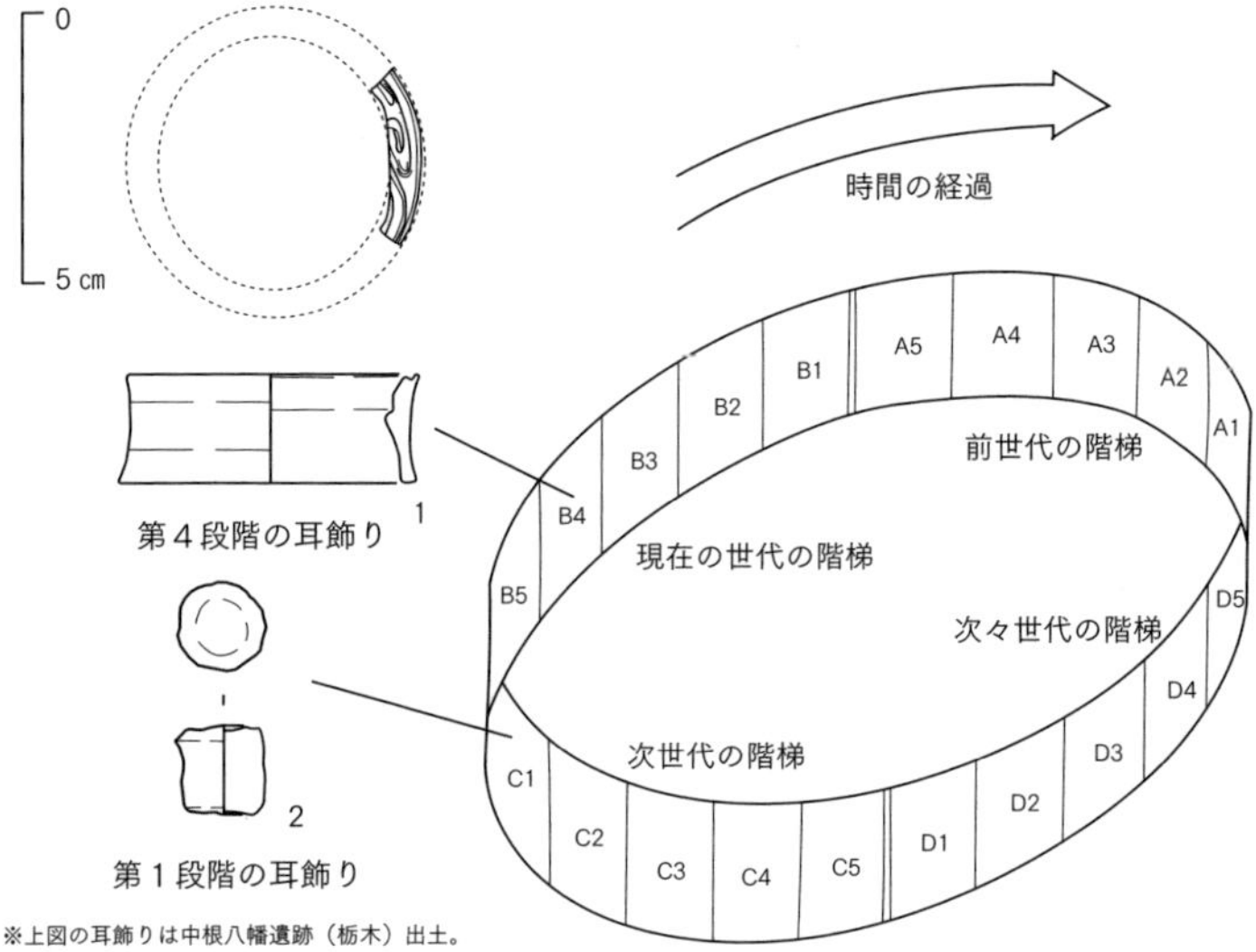

2 寺野東遺跡で復元される耳飾りからみた年齢組織

図 16　耳飾りと年齢組織

対応する可能性が高い。

縄文時代にこうした組織化はおそらく男女両方にあった可能性があり、男性であれば造成などの労働や狩猟、漁労活動、女性であれば堅果類の集団アク抜き作業などにおいて重要な役割をもったのではないだろうか。それでは、縄文時代においてこのような年齢組織を想定した場合、ある一定の年齢集団が集まって耳飾りをはずす祭祀がいったいどのような背景のもとに行われたのであろうか。

寺野東遺跡では、水場遺構での作業や盛土造成の作業が、周辺の複数の村々の集合体によって組織されていた可能性が指摘されている。遺跡を南北に流れる小川で発見された多数の水場遺構や盛土の造成には相当の労力が必要である。おそらく各種作業にあたる場合に、複数の村々の集合体によって組織された年齢集団がなんらかの役割をになっていたのだろう。このことから推測すると、耳飾りでつながるある一定の年齢集団がまとまって装着している耳飾りを、年齢組織ごとに着脱する通過儀礼としての祭祀が存在し、相互のつながりを確認する機会として機能したのではないかと考える。そしておそらく、そうした村々の集合体とは、同じ祖先の系譜にあると考えられている地域社会であろう。

それでは、寺野東遺跡での耳飾りのあり方からみて年齢組織が想定できるとしたら、具体的にどのようなものであっただろうか。年齢組織に関する民族例は多数あり、一般的なのは、たとえばタンザニアとケニアにまたがって住むマサイ族のように、戦士・年少の成人・年長の成人・長老という四つの年齢階梯を、年齢組が順次のぼっていくような例であろう。ここで筆者が注目するのは、ウガンダとケニアの国境地帯に住むカリモジョン族の年齢組織である。かれらの年齢組織は、五つの年齢組からなる世代組によって構成されており、年齢組は五年から六年ごとに新しく開かれ、その期間に成人した男子によって構成されるという。これは、たとえば一五歳で成人して一つの年齢組に入ると、五〜六年後の二〇歳のときに次の年齢組となり、順次五〜六年ごとに年齢の上昇とともに新しい年齢組に入っていくという仕組みである。こうして世代組は二五年から三〇年ごとに入れ替わり循環していく。

寺野東遺跡の場合、小さい耳飾りから出発して、徐々に大きくしていくこと、さらに図16－1Aの分析で抽出したように、直径に五つほどのピークがあることからみて五段階の耳飾りの着脱時期が想定でき、それぞれの耳飾りを装着する集団は、カリモジョン族でみられた世代組のようなものであった可能性を考えたいのである。

そして、耳飾りの着脱からみた年齢組織について、具体的に次のような仮説を提示したい［図16－2］。まず耳飾りの着装時期であるが、穴を開ける箇所である耳たぶの大きさが耳飾りを装着することが可能となるのは成人のころだろう。寺野東遺跡の耳飾りの直径分布から、五つのグループに分けることができ、これらが各年齢組となって全体として一つの年齢階梯（世代組と呼ぶ）を形成していると考える。各年齢組による耳飾りの着脱のタイミングは、成人してから老年期までの時期を勘案すると、カリモジョン族の場合と同様に五年から六年ごとに開かれていたであろう。削平部では、最初の着脱期の耳飾りとおそらく最後の着脱期の耳飾りが出土していることからみて［図16－1B］、これはある世代組の最後の年齢組の耳飾りがはずされ、そして次に続く世代組の最初の年齢組が耳飾りの着脱を行った結果であると推定する。こうして世代組はカリモジョン族の年齢組織のように循環していくのだろう。

このように年齢組織を規定することによって、前述のような性象徴が社会のなかではたした役割についても新たな解釈ができる。すなわち、民族例における年齢組織では男性を中心に組織されるものが多いが、仮に女性の場合にも同様な組織があったと仮定して、社会内部での男女のあいだの関係を円滑化し、時に緊張関係を解消する手立てとして、男女の性象徴を操作した祭祀が行われたのであろう。また、年齢組に分かれることによる世代間の関係を安定させるために、安定をはかる祭祀がおこなわれた可能性もある。

そのときに拠りどころとするのは、村々の集合体の構成員が同祖関係にあることを相互に確認することだろう。こうした理由から祖先祭祀が中心的な祭祀となったと推測される。このように縄文時代後半期には、複数の村々の集合体による祭祀体系があり、それが行われる機会として年齢組織にもとづいた通過儀礼である耳飾りの着脱にかかわる祭祀があったと考える。なお土製耳飾りの多くが破損しているのは、その祭祀のときになんらかの意図的な破壊行為が存在したことを示している。

以上のように、耳飾りの装着を複数の村々の集合体によって組織された年齢組織の表象物であると考えれば、環状盛土遺構の終焉とともに耳飾りがほぼ終焉をむかえることの意味を理解できる。縄文時代晩期中ごろになると、冷涼化という環境変動や新しい生業への転換など、複数の要因が重なって、それまでの生業における協業や大規模記念物の造営ができなくなった。そして集落は分散し、アワ・キビ農耕社会へと移行したことが終焉への決定的な要因となった。

晩期後半（紀元前九世紀～四世紀ごろ）に中部高地から東北南部に広がる浮線文土器の段階のアワ・キビ農耕は連作のできない畠作であり、集落は新しい耕作地を開拓しつつ短期間での移動を強いられた。そして、畠作業も当然ながら一集落構成員でなされ、かつての複数の集団の集合体によって編成された年齢組織は存在意義を失ったのであろう。これによって今まで結びつきを確認していた諸集団は、その後、再葬墓という墓制の面で再結集をはかったのである。すなわち、再葬墓造営集団は、特定地域内に散らばった小規模な集団が、かつて存在した年齢組織のまとまりごとに遺骸を一カ所に集積して共同の再葬をしたと考える。

ところで、縄文時代晩期中ごろを境に土製耳飾りがみられなくなった代わりに、弥生時代前期後半以降には、再葬墓を造営した集団は管玉を耳に穴をあけて紐で留めるか垂らした。そして、管玉のなかには耳からはずされて火を受けて再葬墓用の壺棺に納められたものがある。それらの管玉が亡くなった人物のものか近親者のものかはわからないが、仮に亡くなった者のものであったとすれば、再葬墓造営集団の時期には、死という節目に耳飾りをはずし火にかける祭祀行為が存在していたことになる。当時の社会は集落が分散し、諸集団が再結集する場として再葬墓を造営したが、環状盛土遺構造営のころに複数の集団によって組織された年齢集団が行っていた祭祀の名残の可能性もある。

ここまで縄文時代の性と装身にかかわる祭祀について検討してきた。東日本には弥生時代になっても、こうした縄文時代以来の伝統的な祭祀を続けていた可能性がある。次に、そうした東日本の初期弥生文化にみられる再葬墓造営集団の祭祀についてみていくことにしよう。

顔壺の顔面装飾と仮面

弥生時代の顔壺は、縄文人の系譜を引く東日本の倭人が再葬墓の壺棺として用いた。弥生時代前期末から中期前半にかけて東日本にみられる。特に中期前半の茨城県に集中して存在し［図17］、その影響を受けた顔壺が東北南部、そして関東から中部に散見される。

顔壺には、土器を身体にみたてた立像のようなもの［図17－1］から、顔面部もしくは仮面のような表現を口縁部付近に取り付けたもの［図17－2］、さらにはこれら立体的な表現が簡略化されて変容し、壺

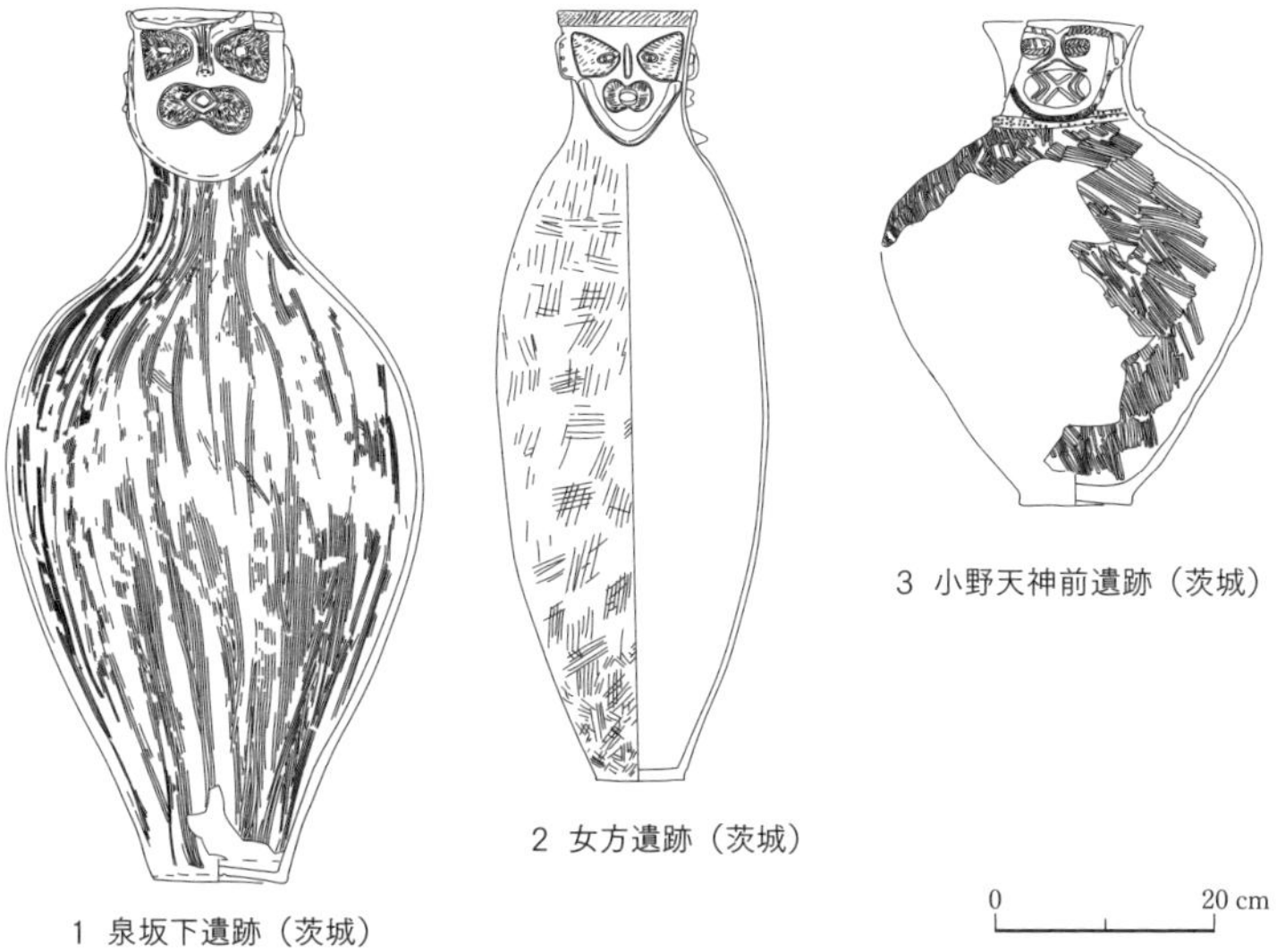

図 17 弥生顔壺の身体性の変化

の胴部に線刻で描いたもの、あるいは文様と一体化したものなどがある。そして、これらの顔壺には顔面装飾を施している。

このような弥生顔壺の起源について設楽は、出自は東北方面の土偶に求めることができるが、壺棺再葬墓や土偶形容器が成立する縄文時代晩期終末から弥生時代前期に、土偶形容器とも関連しあいながら黥面付土器が成立し、それが弥生顔壺の成立にかかわりをもった、という可能性を考えている。確かに弥生顔壺の分布をみると茨城県から福島県南部に集中し、この地域は弥生時代研究者の石川日出志がかつて指摘したように、東北地方の終末期土偶の分布と土偶形容器、黥面土偶の分布の中間域に相当する。この地域で、東北地方の亀ヶ岡系の大形壺と東海・中部高地系の大型壺が交錯するなかで弥生顔壺が形成されたとみることができる。そして同じ再葬墓造営集団の地域圏では、弥生顔壺の中心域の外縁地帯（北陸、関東、中部）で土偶形容器が発達する。土偶形容器は小児用の再葬用納骨器と考えられ、象徴的意味と使用法は弥生顔壺と同じであると考えられる。

弥生顔壺は、茨城県常陸大宮市の泉坂下遺跡例〔図17－1〕をみると、壺の頸部が首、そしてこの上を頭部として表現しており、土器全体を人間の体のように身体化している。それが茨城県筑西市の女方遺跡例〔図17－2〕では口縁部に顔面表現が付加され身体化がやや緩んでいく。常陸大宮市の小野天神前遺跡例〔図17－3〕をはじめ中期前半ごろの弥生顔壺では、口縁部から頸部をよくみると、顔部のある側と後頭部側で非対称の形状をなし、かろうじて身体化の痕跡を保っている。

こうした土器は祖霊をあらわしているとされ、もともとは縄文時代の祖先祭祀の延長線上にあると考えられている。先にみたママチ遺跡の事例〔図11参照〕のように、埋葬場所に木柱を立て、それに仮面を懸けて祖霊を崇拝していた縄文時代晩期の状態から、弥生時代になって背の高い大型の壺が西方から流入した結果、それに仮面を合成して壺自体を身体のようにみたてて創出した可能性を考える。

このような弥生顔壺の顔面装飾の変遷は、口縁部付近に顔面を忠実に表現するものから、やがて口縁部以下に顔面表現をもつようになり、最後は胴部に線刻画により顔面表現を付加するようになる。そして弥生顔壺の顔面表現は、描写の仕方により次の四パターンに大きく分類できる。

（A）顔面表現を忠実に再現しているタイプ
（B）顔面を構成する器官を省略・変形し再現したタイプ
（C）顔面装飾部分を特化させ線刻画にしたタイプ
（D）顔面装飾部分を特化させ文様化させたタイプ

このうち、まずAタイプは先の泉坂下遺跡のような典型的な弥生顔壺の顔面装飾である〔図18－1〕。そしてBタイプについては、特に耳を特化させるケースが多くみられる。栃木県佐野市の出流原遺跡例

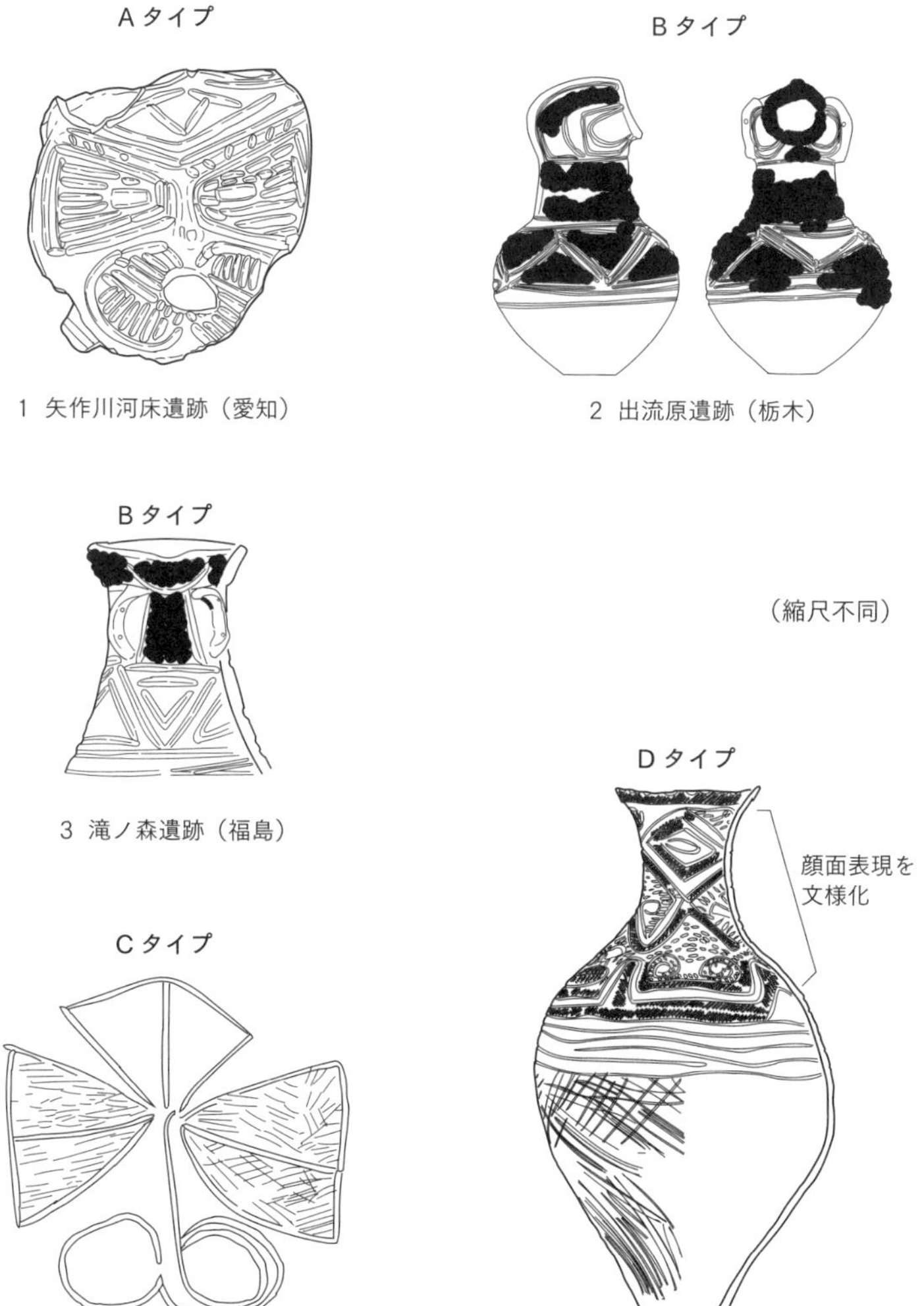

図18　弥生顔壺の顔面装飾

［図18－2］では目を省略し、開口した口を強調することが中心になったため、それに付随する顔面装飾の加飾部分も強調されている。そして耳部と頭部を強調して表現している。頭部の表現などは長く胴部まで接続している。福島県白河市の滝ノ森遺跡例［図18－3］では、頭部と思われる部分もあるが、耳部のみを特に強調して表現している。

こうした再葬墓出土の壺にみられる耳部は、新しい段階になると穿孔をもつ突起に変化する。顔面表現から大きく変容するが、顔面表現の文様化したものと考えることができる。

Cタイプは、茨城県筑西市の北原遺跡例［図18－4］が典型例である。線刻画という二次元表現に変化し、口部をみても明らかなように、顔面装飾のみを描いている。北原遺跡例の段階では、まだ顔面表現が忘れられてしまう段階ではないので、顔面装飾に象徴的な意味があったと考えることができる。

Dタイプは、埼玉県熊谷市の横間栗遺跡例［図18－5］に相当し、壺の口縁部から頸部にかけての文様に組み込まれ、顔面表現が文様化したものである。

CタイプとDタイプは、顔面表現としてはかなり変形しているが、図形の左右対称な配置状況をともなっており、決して手抜きによるものではなく、意図的にイメージされた図形を描いていると考えたほうがよい。本来、弥生顔壺の系列差は、顔面を構成する器官ではなく、これに加飾した耳飾りなどの身体加工をともなう装飾表現の差異にほかならない。加飾部位のみの組み合わせ、つまり顔面装飾のスタイルに厳格な約束事と重要な象徴的意味があったことが、このC・Dタイプの存在から推測できる。

Dタイプの横間栗遺跡例は、口縁部から胴上部にかけて、目、口まわりの装飾が見事に文様と一体化している。そして、その文様と一体化した装飾の全体は、北原遺跡例とほとんど同じである。これほどまでに類似するということは、やはり顔面装飾自体に象徴的な意味があったと考えるべきであろう。こうした見方が正しいとすれば、土器を厳密に身体化していた段階から、一見、省略した表現へと変容してはいるが、依然として加飾部分の表現に重要な象徴的な意味が込められていたと理解できる。

それでは、こうした顔面装飾はいったい何を意味するのであろうか。先に筆者は、顔面装飾を「地域の象徴・識別指標」と考えたが、装飾自体の象徴的意味を問いたいのである。顔面装飾のみが抜き出されているということは、顔面装飾自体が重要であることがわかる。先に筆者はレヴィ＝ストロースの考え方をもとに、顔面装飾や仮面は超自然的存在との接触のための手段であると考えた。これと関連して文化人類学者の大林太良は、東アジア・南アジア・オセアニアの入れ墨習俗のなかで普遍的なことは、入れ墨に来世へのパスポートとしての働きが付加されることであると指摘している。そして、これを受け設楽は、入れ墨には祖先に近づく通過儀礼の意味があったのではないかと考えた。弥生顔壺の場合は、生身の人間が仮面をかぶる、あるいは顔面装飾を施して儀礼を行うのではなく、仮面を装着しもしくは装飾を施した顔面を有する土器を埋葬に用いていることから、大林が指摘するような来世へのパスポートとしての機能は考慮すべきかもしれない。

また、弥生顔壺の多くは、再葬墓の墓壙群のなかでも中心部分に立った状態で据えられることが多いことが注目される。すなわち、祖先への仲間入りをはたす集団の遺骸を壺に入れて一カ所に集積し、祖先に仲間入りさせるため、祖霊と接触しコミュニケーションをはかる人物を形象していると考える。同時に前述のように、「倭人伝」の記載から黥面には身を守るという性格をもつ可能性を考えたが、そうした身を守るための魔除けとして、特定個人ではない祖霊像に守られた形で埋められた可能性もあろう。

こうした弥生顔壺の分布は、江戸時代以前の旧利根川とかつて印旛・手賀沼周辺に存在した入り江である「香取の海」を結んだラインより東側に集中する。このラインより東側の地域では、弥生時代のうちに水稲耕作を本格的に導入することがなかった。河川と海によって日常的な交通路が遮断されたことが原因であろう。そして、このラインより西側の水稲耕作を本格的に導入した地域では、弥生顔壺はきわめて少ない。線刻画となった段階には西側ではわずかに一例、文様化したものしかない。

こうした地理的特徴が示すように、同じように再葬墓造営集団の地域圏でありながら、この東西の差は弥生時代中期前半のある時期に生業における農耕の比重が高まった西側の地域に対し、東側の地域では依然として農耕民化に至らない集団の残存している姿を反映していると考える。

また、西側の各地域の集団は、特殊な顔面表現をもつ顔壺、土偶形容器や顔付きの土器をまったく喪失したわけではない。長野市の松原遺跡では、出流原型の顔壺が弥生時代中期後半（紀元前三〜一世紀ごろ）の栗林式土器の段階にも残存しており、神奈川県小田原市の中里遺跡や埼玉県行田市・熊谷市の池上遺跡では、同じような顔面装飾をもつ土偶形容器がみられる。千葉県佐倉市の大崎台遺跡では、千葉県市川市の姥山貝塚出土の人面土器に似た顔面装飾をもつ土器が存在する。最近では、水稲農耕集落ではない栃木県栃木市の大塚古墳群内遺跡でも弥生顔壺系の容器形顔面が土壙墓から出土し、類品は長野県佐久市の西一本柳遺跡などでも出土している。

これらは長野県を中心に弥生時代中期後半に広がりをみせる栗林式土器文化圏とその影響を受けた遺跡でみられるので、初期農耕社会が各地で形成される段階に、一時的に顔壺と類縁関係にある土偶形容器などが増加しているようでもある。こうした現象は、新しい水稲耕作を実施するにあたり、同祖関係にある散らばっていた小規模集団が一カ所に結集・集合して集住するために、祖霊像とみなされていた土偶形容器をその統合の象徴としたと考える。

顔面装飾と龍

前述のように「倭人伝」には、身体に文身を施すことで蛟龍からの被害を避け、鮫や猛禽類などからも身を守ったことが記載されている。おそらく顔面装飾でも同じような効果があったのであろう。

この記載のころ、すなわち邪馬台国の時代の顔面装飾は、設楽によって黥面Cと分類されている［図19］。このタイプの黥面絵画土器は、額から頬に弧状の線の束を描いたもので、特に瀬戸内周辺と伊勢湾周辺地域に多く集中して分布する。

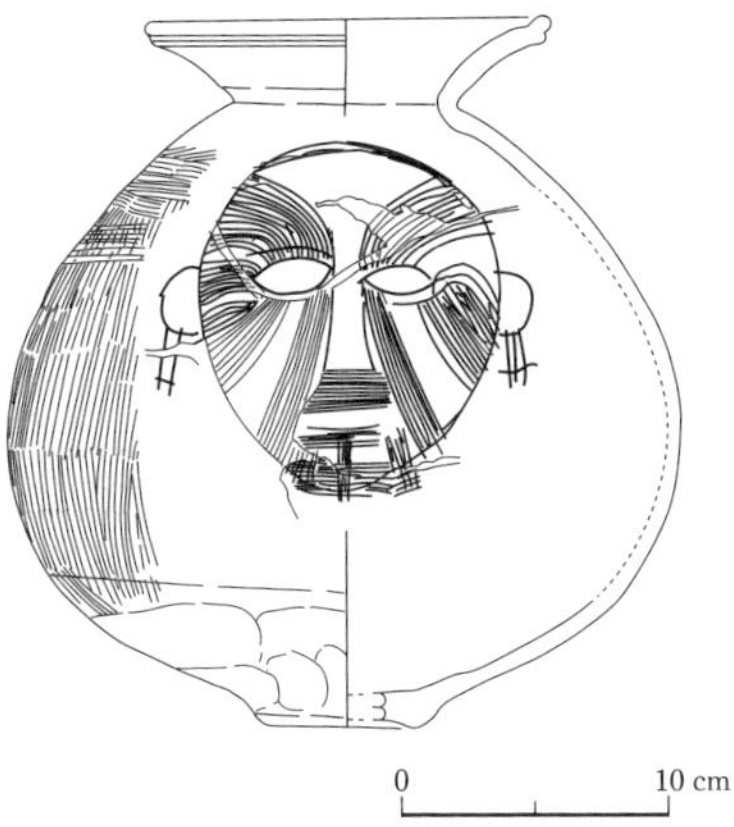

図19　黥面C

この黥面Cについて設楽は、前述のような東日本の縄文時代晩期の土偶の黥面が東西日本各地の祖型となったか、あるいは弥生時代前期に瀬戸内に伝播し、やがて伊勢湾周辺に伝播したと考えた。その結果、黥面Cは吉備と東海に集中したのである。

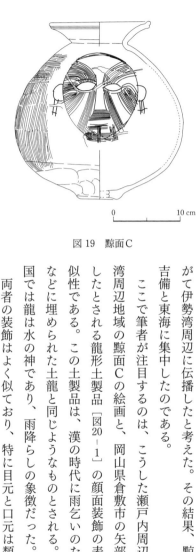

ここで筆者が注目するのは、こうした瀬戸内周辺と伊勢湾周辺地域の黥面Cの絵画と、岡山県倉敷市の矢部で出土したとされる龍形土製品［図20－1］の顔面装飾の表現の類似性である。この土製品は、漢の時代に雨乞いのため山中などに埋められた土龍と同じようなものとされる。古代中国では龍は水の神であり、雨降らしの象徴だった。

両者の装飾はよく似ており、特に目元と口元は類似している。龍形土製品が出土した吉備では、帯状の文様が弧状に複雑に展開する弧帯文が盛行したが、東海地域でも共通する文様が盛行する。また、両地域からは弥生時代後期の龍の線刻絵画も出土している。

さらに吉備では、春成が指摘する人頭龍身の顔の顎の下にバチ形図形が接続するが、やがてそれは弧帯文の起点（龍の頭）となり［図20－2］、同様な現象は弥生時代を研究する石黒立人が指摘する東海でもみられる。東海の場合は耳にバチ形図形が接続し［図20－3］、やがて弧帯文の起点（龍の頭）となる。春成が龍とする岡山市の百間川今谷遺跡や総社市の宮山遺跡例［図20－2］などの絵画のように、頭と尾がバチ形に表現されているものを参考に、この耳の後ろのバチ形図形が龍の体のヒレのようなものと考え、顔を龍の化身であると仮定した場合、体の後ろ側がみえている可能性もある。このような吉備と東海両者の共通性からみて、少なくとも龍の信仰が古墳出現期に吉備だけでなく東海でも盛行していた。このように黥面Cは、人頭龍身の顔面もしくは春成が指摘した「龍文」（龍の文様の文身）を示しているのであろうか。

さて、黥面Cの絵画は、縄文時代の黥面の系譜に連なると述べたが、前述のように、縄文時代の黥面であるダブル・ハの字文はマムシを模したものであった。龍は、時として蛇のようにも描かれることがあり、三重県津市の六大A遺跡では、同じ土器の器面に龍の線刻絵画と鋸歯文から尾がのびている蛇の絵画が描かれている［図21］。このような事例は、蛇と龍が似た存在であることを暗示する。

こうした諸点からみて、瀬戸内周辺と伊勢湾周辺の両地域で龍信仰が強く、マムシに起源する黥面が弥生時代後期に龍をも意味する装飾へと変容した可能性を考える。

ところで、最終的に吉備の龍信仰は、特殊器台とともに大和の邪馬台国へともたらされると春成は考えるが、同時に東海にも龍信仰をもつ一大勢力があったとすると非常に興味深い。しかも、吉備と深い関係にあったとすれば、どのような政治的関係を取り結んでいたのであろうか。

また、吉備で人頭龍身の顔の顎の下にあったバチ形図形であるが、そのバチ形図形が岡山県宮山遺跡例のように上下対称となると〔図20－2〕、吉備で盛行した分銅形土製品〔図20－4〕によく似た形状となる。はたしてこれが他人の空似なのか、非常に気になる類似関係であろう。

分銅形土製品は、もともと近畿地方の縄文時代晩期後半の長原式土偶が変化して成立した弥生時代の土製品であるが、吉備では弥生時代中ごろに分銅の形が定まるようになる。それまで眉毛か眼窩上

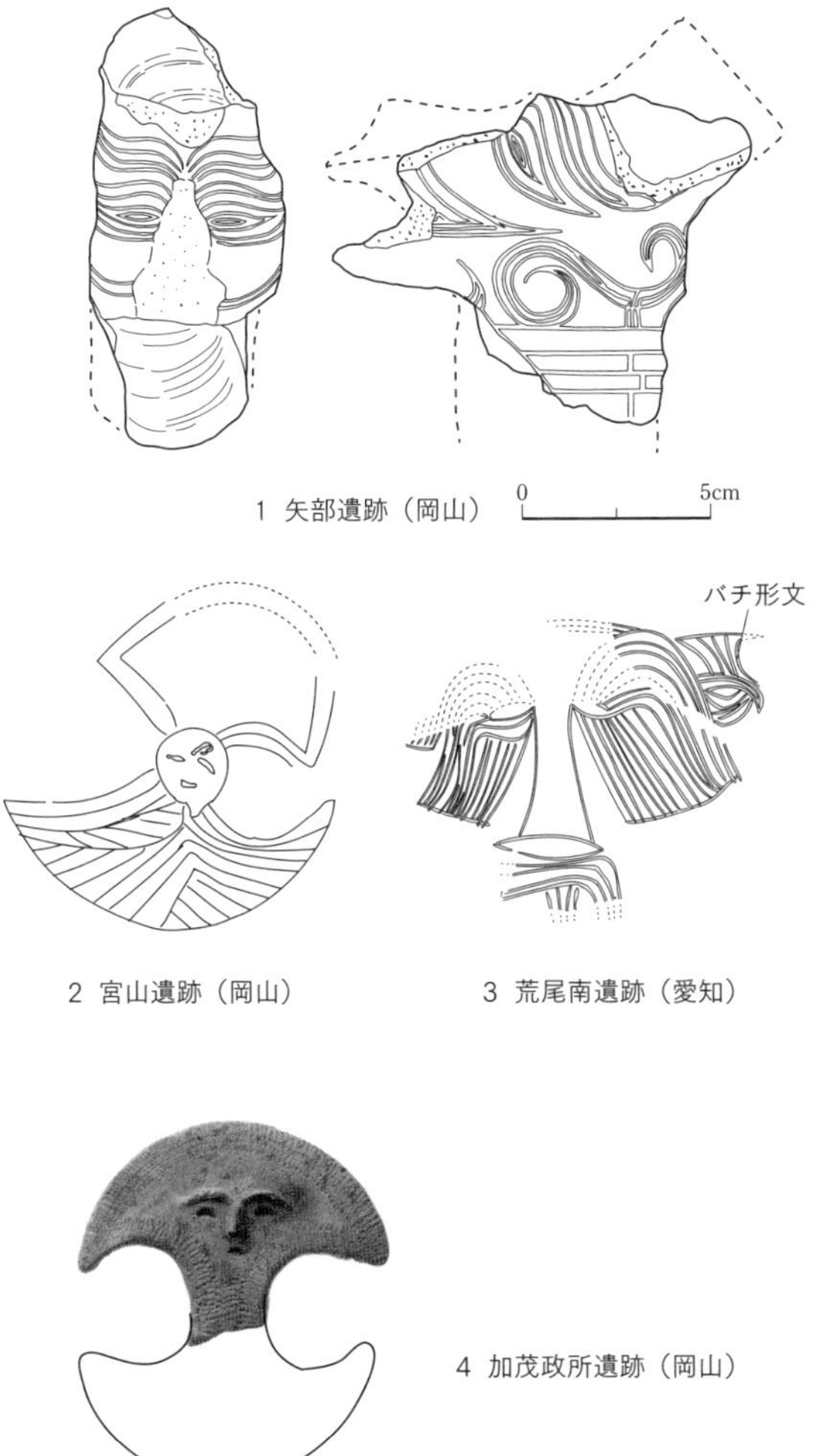

1 矢部遺跡（岡山）

2 宮山遺跡（岡山）

3 荒尾南遺跡（愛知）

4 加茂政所遺跡（岡山）

（2～4 縮尺不同）

図20 人頭龍身像と龍形土製品

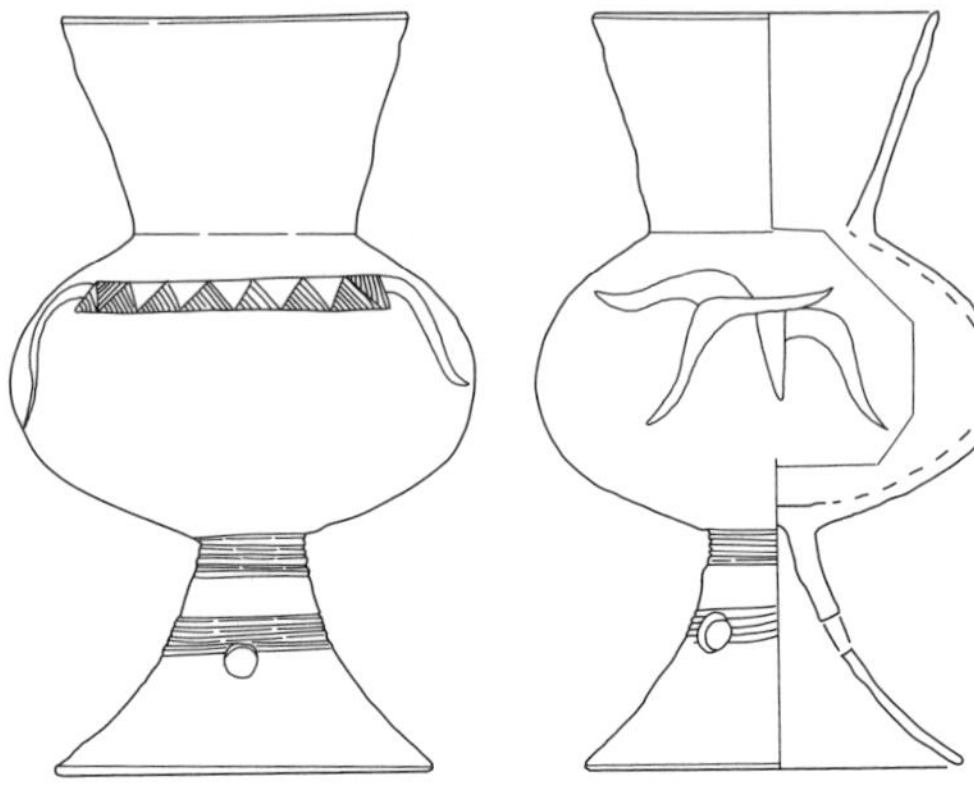

図21　六大Ａ遺跡（三重）の龍と蛇の絵画

隆起のみを隆線で表現していた段階から、目鼻を表現するようになるのも中期中ごろからである。近畿における龍の絵画の出現が中期後半ごろであり、近い時期に龍の信仰が吉備にあってもおかしくはない。あるいは、人面をもつ分銅形土製品が中期後半段階以降になって人頭龍身と同じようにみなされるようになったのかもしれない。

なお、後期段階に龍の絵画が増加するが、その背景には、この時期は雨量が多く洪水などが頻発し、大雨や洪水を鎮めるために水の神である龍に対する信仰が盛んになったことがあるだろう。

以上、顔面装飾と耳飾りを中心にみてきた。特に顔面装飾については、その後、古墳時代にまで継続してみられる。そのあたりの問題については、第10章の顔面装飾をもつ異形の人物像の問題において引き続き考えることにしたい。

第3章

剣崇拝

武器と神話

弥生時代の開始とともに、日本列島では稲作がはじまった。こうして倭人は農耕民へと移行し、その後の倭人社会は人口を増やして国家形成へとむかっていった。そして人々は、稲作開始とともにはじまった戦争によって傷を負い、あるいは命を落とすなかで、戦争に勝利するための祈りや戦争がなくなって平和になってほしいという願いを祭祀や信仰という形にした。

こうした戦争の発生は、それまで平和な社会を長く維持してきた縄文人にとっては、世界観を一変しかねない、不安と恐怖にみちたものであったろう。この弥生時代にはじまる武器の祭祀は、おそらく当時の倭人の生活や社会のさまざまな場面や分野に大きな影響を与えたと考える。本章では、最初の倭人の武器祭祀である剣崇拝の起源と系譜を手がかりに、戦争と祭祀についてみていくことにしたい。

また、青銅武器のなかでも、戈については次章でくわしく弥生文化でのあり方についてみていくことにする。なぜならば、戈は倭人の祭祀において重要な役割を演じ、おそらく青銅武器のなかでも特別な存在であったと考えるからである。

弥生時代の武器

ここで弥生時代に登場した武器について簡単に概観しておこう。図22に弥生時代の主な武器を示した。磨製石剣は早期からあり、その後、前期末に銅剣・銅矛・銅戈が韓半島から流入し、中期中葉ごろから鉄剣・鉄矛が、後期から鉄戈がみられるようになる。同時に、これらを石で写した磨製石剣や打製石剣などが中四国から東海以西で発達する。ただし、磨製石戈は中部高地まで分布が広がる。後期になると鉄刀など鉄製武器が急増する。

こうした武器による戦闘の変遷について、考古学における戦争の問題について研究する松木武彦は、大きく三段階に分けて説明している。

第一期は、弥生時代早期から前期前半（紀元前一〇世紀から前九世紀ごろ）までで、各地の初期農耕開始段階に互いの領域をめぐる小競り合いがあり、そこでは磨製や打製の武器が主体であった。早期の北部九州では韓半島系の磨製石剣と石鏃が使用され、福岡県志摩町の新町遺跡では、韓半島系の磨製石鏃が後ろから貫通した熟年男性の左足付根の骨がみつかっている。受傷後ほどなく死亡した例である。このように戦争は、弥生時代のはじまりから凄惨であった。

第二期は、前期末（紀元前四世紀はじめごろ）から中期後半（紀元前一世紀ごろ）までで、各地域で用いられた武器に差が生まれた。北部九州の前期後半から中期半ばは磨製石剣・石戈・石鏃のセットの後に、青銅剣・青銅矛・青銅戈が加わり、その後、鉄矛・鉄剣・鉄鏃が加わった。中四国・近畿・東海では、中期後半（紀元前一世紀ごろ）に戦争が激化したようで、打製大形石鏃・打製石剣・打製石戈が用いられ、磨製石剣などは少数であった。中四国では、青銅・鉄の武器は少量で、鉄鏃はやや普及していたらしい。これらの地域ではもっぱら近隣同士の戦いであったと推定されている。

この第二期の前半ごろ、日本列島に韓半島と共通の武器形青銅器が登場した。福岡県福岡市の吉武高木遺跡では、墳墓群の木棺内から、前期末～中期初頭ごろの細形銅矛・細形銅戈・細形銅剣などの青銅武器が出土している。墳墓はいずれもこうした金属製武器を副葬する戦闘リーダーの墓と考えられる。

青銅武器は、中期段階に祭器化が少しずつ進行した。弥生青銅器を研究する吉田広は、青銅武器について先ほどの前期後半を含めて五段階にその変遷を画しており、中期はそのうち第二段階から第四段階にあたる。第二段階は中期前葉から中期中葉ごろで、列島独自の武器形青銅器が成立し、細形が存続する段階である。中細形銅矛・中細形銅戈・中細形銅剣などがある。このころから関部双孔と呼ばれる銅剣の身の下側に二つの孔を開けるものがみられるようになる。

第三段階は中期中葉ごろで、派生諸型式が出現し、先行の細形・中細形が存続する段階で、近畿式銅戈・中細形銅剣などが主体の時期である。

第四段階は中期末葉ごろで、定型化した諸型式が成立し中細形が一部残る。中広形銅矛・近畿型銅戈・鉄戈形銅戈・平形銅剣などがある。島根県出雲市の荒神谷遺跡の大量埋納例はこの時期である。

武器の使用法は、まず銅矛は槍のように、銅戈は鎌のように柄に装着して使用していた。なお銅剣の

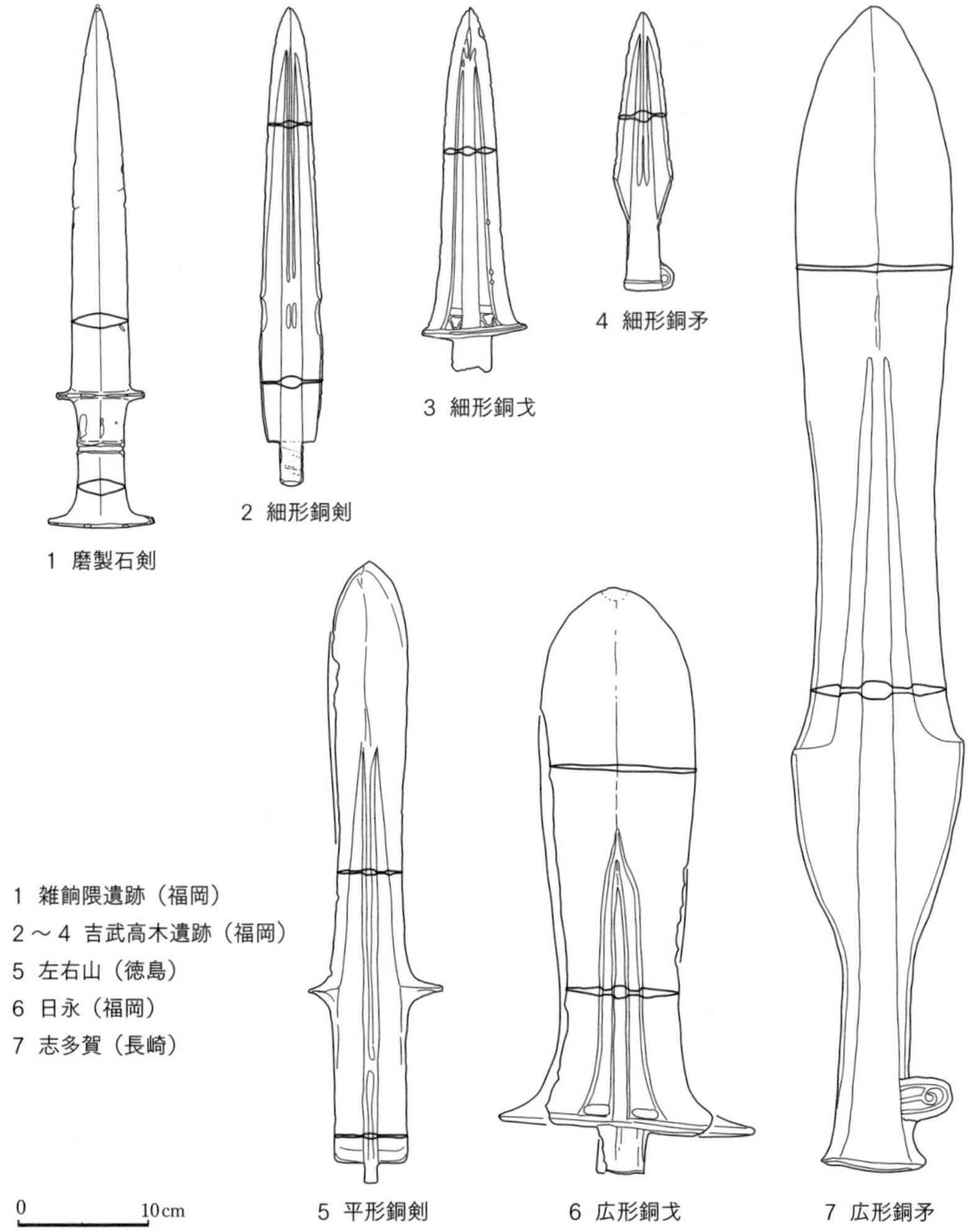

図 22-1　弥生時代の武器（1）

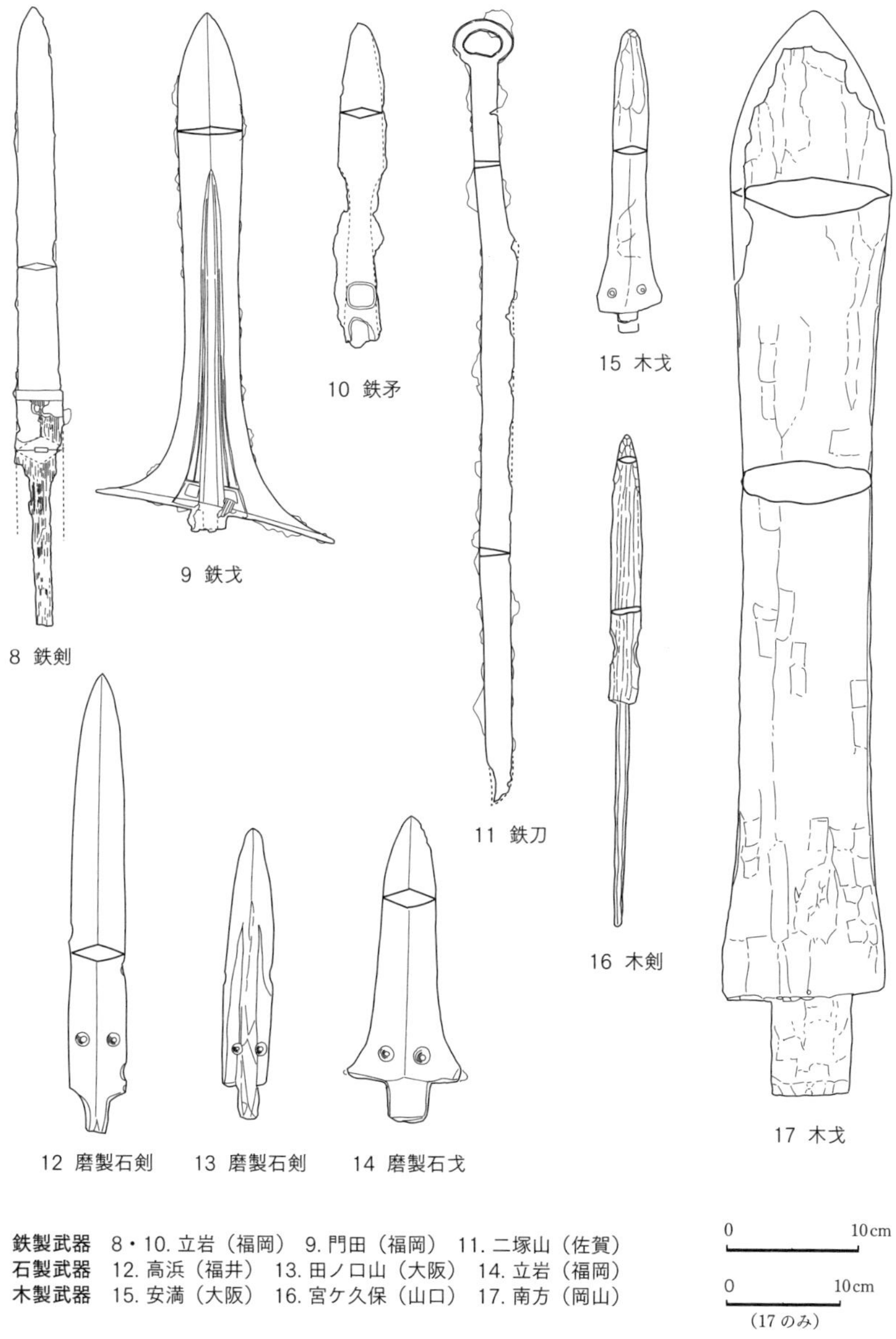

鉄製武器 8・10. 立岩（福岡） 9. 門田（福岡） 11. 二塚山（佐賀）
石製武器 12. 高浜（福井） 13. 田ノ口山（大阪） 14. 立岩（福岡）
木製武器 15. 安満（大阪） 16. 宮ケ久保（山口） 17. 南方（岡山）

図22-2 弥生時代の武器（2）

使用法についていては、博物館の図録などをみると、順手で持つように復元されることが多いが、それは間違いである。剣の起源地である中国遼寧省における墓からの出土状態をみると、いずれも体の右側から出土しており、生前も体の右側に着装していた。これでは右利きの場合、順手では抜きにくい。つまり、短剣はアイスピックを使うように逆手にもって使用した。おそらく短剣は、弓矢などの攻撃後、戈などの接近戦が進み、互いに組み合った場合に、敵の背後から刺す武器である。受傷人骨の多くが背後から刺されているのはこうした理由によるだろう。

弥生時代の戦闘ではさまざまな武具が用いられた。身を守るよろいは、一木造りの木製甲《よろい》(装飾があり赤く塗られた静岡県浜松市の伊場遺跡例が典型的)と、小札状の木を綴った甲(岡山県岡山市の南方遺跡例など)がある。また、戦いでは弓矢に対する防御用に盾が用いられた。弥生時代の盾は内側に取手があり、表面に多数の孔をあけて紐で綴り、矢を受けても木が割れてしまわない工夫がなされている。

その後、中期中葉に鉄製武器がわずかに韓半島からもたらされ、中期末に急増する。最初は鉄剣が主体であり、その後、鉄矛、鉄戈があらわれ、最後に鉄刀が出現する。

次に第三期は、後期(紀元後一世紀から三世紀ごろ)の段階である。中期後半(紀元後一世紀)以降、副葬品は鉄器が主体となり、東日本まで鉄器が主となる。この時期は、吉田による青銅武器変遷の第五段階にあたり、広形が普及する。先行の諸型式は基本的に残らない。広形銅矛、広形銅戈、深樋式銅剣などがある。このころ矛・戈は儀器化したが、それは鉄製武器が大量に流入したからである。

後期には、大刀が登場する。後期中葉(二世紀後半ごろ)には、山陰・丹後・北陸に大刀が集中する。また、これより一世紀前ごろから小型の銅鏃を大量生産しはじめ、より多くの矢を掃射できるようになった。こうした武器の大量生産は『後漢書』記載の倭国大乱を示すのであろうか。ほぼこの後期中葉

（二世紀後半ごろ）のことであるとされる。このころの戦いには最先端の武器も登場した。弩《ど》はその代表で、現在のボーガンのような武器である。この武器は矢を遠くに正確に飛ばすことができる古代中国の武器である。弥生時代には、終末期（三世紀ごろ）の木製の部品の一部が、島根県出雲市の姫原西遺跡でだけ出土している。

当時の戦闘方法についても述べておこう。古代の中国では、戦士のもつ武器は「長兵」（長い柄の武器）と「短兵」（短い柄の武器）の両方があった。しかし、弥生時代の戈の柄は六〇センチ程度と短く短兵が主体で、もっぱら接近戦が主体の戦いであったことがわかる。弥生時代の傷を負った人骨の分析によれば、吉野ヶ里遺跡出土の首なし人骨のように、弥生時代には頭部を切断する風習がはじまった。

こうした武器の流入は、同時に武器を用いた祭祀の発生をうながし、さまざまな武器をめぐる祭祀が生まれた。特に青銅祭器については、同じ形の武器が素材をこえて祭器として作られた。同形異材の武器祭祀である。青銅武器を模倣した石剣・石戈・木剣・木戈などがある。特に石戈は祭祀性が強く、関東にまで拡散した。

武器は土器にも描かれた。ただし、描かれた武器は銅戈のみである。特に戈と盾をもつ人物の絵画は、祭祀のなかでその人物の役割の重要性を示している。

武器形青銅器は荒神谷遺跡でみられるように埋納されて出土する場合が多い。埋納行為の意味と解釈は、外敵などの侵入を防ぐ辟邪説、神への奉納説など多くの解釈がある。これまで青銅武器を大量に埋納する遺跡は、近畿地方までに限られていた。しかし、二〇〇七年に長野県中野市の柳沢遺跡で銅戈と銅鐸の多数埋納例が発見され、一気にその範囲が東に広がった。中部高地と関東北西部ではこれまでに銅戈を石で模倣した石戈が多数分布しており、本例以外にも銅戈埋納例があるものと推定される。

蛇剣信仰

「記紀」神話には、武器にまつわる記載が多数みられる。特に『古事記』の、高天原を追放された素戔嗚尊が出雲で八岐大蛇を退治し、尾から出てきた天叢雲剣を天照大神に献上したとされる八岐大蛇伝説は、剣と蛇の関係を物語る神話として著名である。

このように蛇が剣と関係をもつ理由は、硬直して頭部が尖る蛇の形状が、鋭く尖る細身の特徴をもつ剣のようにみなされ、また蛇の毒で敵を倒すという特徴が剣のメタファーとしてイメージされたからであろう。剣の出現によって、その形状から剣が蛇と意味の上で相同関係となって、いつしか象徴媒体となり、意味の拡張を繰り返して象徴伝統を形成していったのだろう。実際に、青銅の剣がユーラシア中央部で出現して以降、各地で剣や鞘などの武具に蛇がデザイン化されるようになった。このような象徴伝統の形成はユーラシア大陸のかなり広い範囲にみられたようであり、剣をめぐる問題には考古学からだけではなく神話学や民族学からも強い関心がむけられている。以下、倭人の世界に影響を与えた東アジアにおける事例についてみていくことで、倭人の武器祭祀の意味に迫ることにしよう。

東アジア最古の銅剣は、内蒙古自治区オルドス市の朱開溝遺跡（殷代二里崗期併行・紀元前一六世紀ごろ）の短剣であり、剣の鍔付近は先端部が丸く、「八」の字に開くのが特徴である［図23－1］。この部分は、蛇のペニス（一対のペニス）を表現した可能性がある。ペニス（半陰茎）は、ふだんは尾に寄った部分に収納されており、交尾時のみ出てくる。また、ペニスは上にむかって広がるので、剣の先端側が頭部に相当することになろう。当地域では、殷代に併行する時期である陝西省北部から内蒙古にかけて広がって

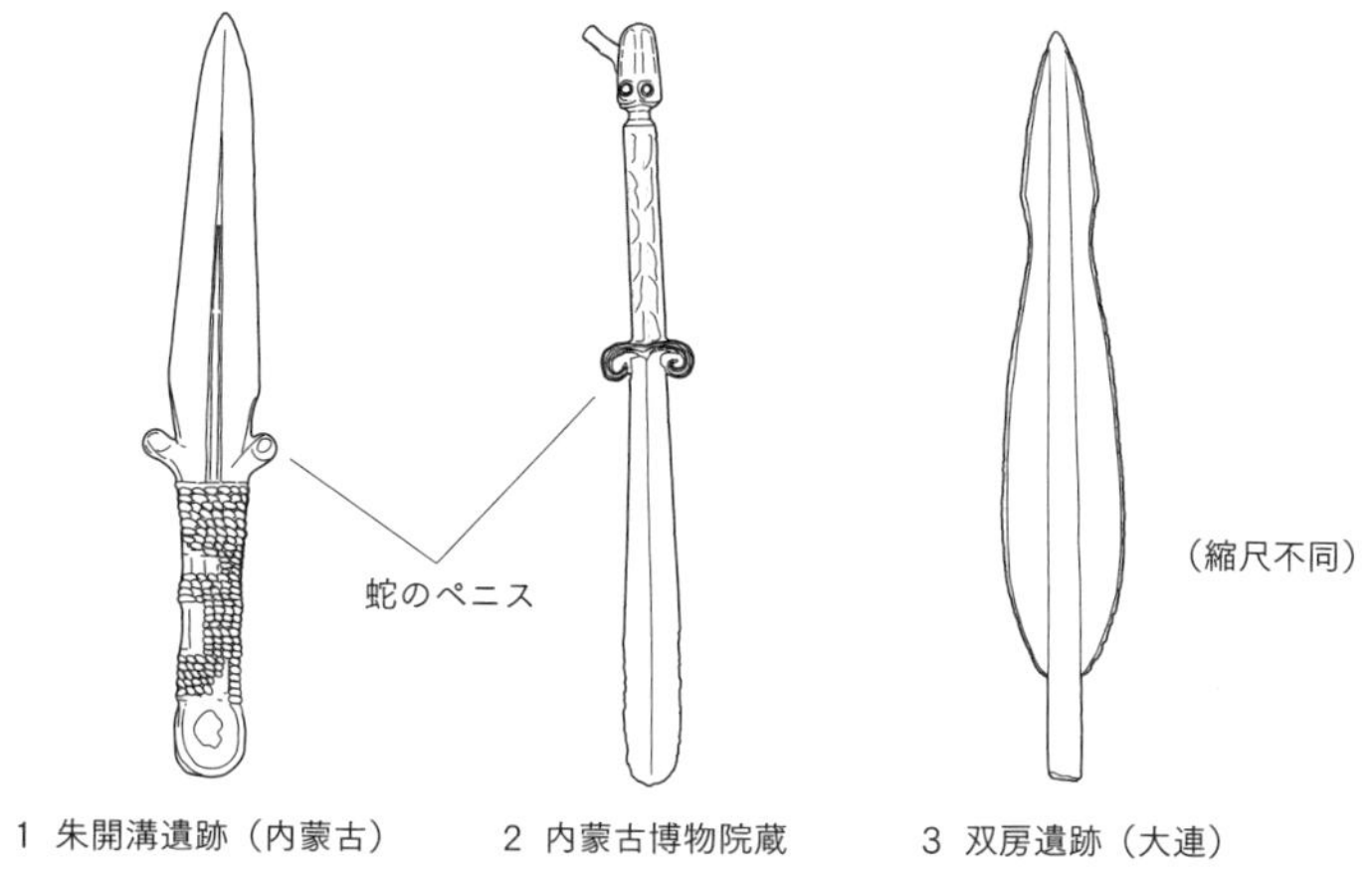

図23　出現期銅剣・銅匕首における蛇の表現

いた李家崖文化段階に、蛇を忠実に表現した蛇匕首［図23-2］が存在しており、朱開溝遺跡例の鍔部分が蛇のペニスをあらわしている可能性は高い。

倭人の青銅剣の起源である遼寧式銅剣についても、蛇と関係がありそうである。遼寧式銅剣は、殷代後期から末期ごろ（紀元前一二世紀ごろ）に、遼東と呼ばれる遼寧省にある遼河の東側で出現する銅剣で、韓半島から日本列島で出土する細形銅剣の祖型である。出現地域は遼東が中心であるが、その範囲はすぐに遼河の西側（遼西とも呼ぶ）である大・小凌河の地域にも広がった可能性がある。銅剣の出現以降、その分布は遼東から内蒙古自治区赤峰市の夏家店遺跡を指標とする夏家店上層文化や遼西の大・小凌河の地域に広がり、出現直後に韓半島北部でも出現した。

遼寧式銅剣は、剣の身の部分に棘のような鋭い突起（棘状突起）を左右対称の位置にもち、身のみを銅で鋳造して木製や銅製の柄を装着して使用した。使用にあたっては、逆手にもち、主として接近戦で相手と組み合いながら急所を刺す機能をもつ。

遼東における出現期の遼寧式銅剣の特徴は、形態的にみて棘状突起が剣の先端（鋒）側に位置することである。遼寧式銅剣の祖型は、獣の四肢骨を半截し、側面に溝を彫って薄い石の刃（細石刃）をはめ込んだものか、似たような形の石剣が祖型と考えられる。しかし、身部の基本形態はアンドロノヴォ文化で用いられていた銅矛の身の形態によく似ている。アンドロノヴォ文化は、ロシアの紀元前二千年紀終わりごろ、前段階のセイマ・トルビノ青銅器文化段階の後、その同じ分布圏に約千年間にわたり西はヴォルガ・ウラル地方から中央アジア、そして東はシベリア南部までの広大な範囲に分布した青銅器文化である［地図2参照］。この種の銅矛は、こうした広大な分布圏に接する中国の西域から山西省を介して、遼寧青銅器文化の地域の銅矛にも影響を与えており、遼寧式銅剣の起源と関係するかもしれない。

遼東における出現期の遼寧式銅剣は、殷代後期から末期ごろ（紀元前一二世紀ごろ）の大連市普蘭店の双房遺跡M6墓例［図23－3］がその代表で、この種の銅剣には石製か銅製の半円形の重り（加重器）を装着する組み合わせ式の木製剣柄が用いられた。この剣柄の特徴は、大・小凌河の地域を中心とする遼西に伝播すると、やがて一体式の銅製に置き換わった。韓半島の細形銅剣は紀元前七、六世紀ごろに遼寧式銅剣から分派形成された。

双房遺跡M6墓出土の銅剣は、剣の刃の上のほうに棘のような突起（棘状突起）がついているが、剣全体の形状は頭部三角形状をなすマムシ（サンガクマムシ）を連想させるものとなっている。朱開溝遺跡の銅剣の出現以降、東方は剣身のみの短剣文化圏であり、鍔以下を省略して剣身自体を蛇の表象とするようになり、このような形状が創出された可能性を考える。

こうした遼寧式銅剣の最大の特徴である棘状突起は、その後、銅剣が韓半島や日本列島に伝播していくうちに、その位置が下がり、日本列島の平形銅剣にまで引き継がれる。この平形銅剣はかなり薄くなってしまい、もはや実用の剣ではないが、そうなっても棘状突起だけはしっかり残している。その理由は、この部分が銅剣出現段階から象徴的意味をもっていたからだろう。

また、遼寧式銅剣の棘状突起や三角形を意識した形状は、当地域において銅矛と銅戈にも引き継がれ、剣にはじまる蛇の表象とその意味は他の武器にもおよんでいた可能性がある。このように、剣は出現段階から蛇を象徴として成立した。朱開溝遺跡の銅剣は、繁殖期の攻撃的な状態のオスの蛇（おそらくサンガクマムシ）を表象し、オスであることから男性格となるのは明白で、マムシの頭部三角形は男根の表象でもあろう。剣を「男神」「戦神」の象徴とみなす蛇剣信仰の起源は、剣と男性・戦争・戦士といった諸特徴相互の比喩的関係性から派生し、剣が象徴媒体となったと考えるべきである。また蛇は、猛毒で敵を倒すことから辟邪の象徴でもあり、武器である剣の表象となったとも考えておきたい。

朱開溝遺跡の銅剣は、銅剣出現以前の骨剣を祖型としているので、蛇と剣との関係は当地域ではすでに骨剣段階からあった可能性もある。この朱開溝遺跡の銅剣の年代は、同様な剣を有するロシア中南部のアルタイ地域からシベリア地域の同種のものとくらべても古く、中露での併行関係が問題となっている。また、紀元前八世紀中葉に位置づけられる、アルタイにおけるスキタイ文化のアルジャン古墳では、本例のような「ハ」の字に開く鍔をもつ銅剣があり、中国北方地域の影響を受けて成立したことになろう。スキタイ文化は、その後、ロシア、中央アジアから東ヨーロッパまで広大な領域を形成する。中国北方の初期の銅剣は、まだ資料が少なく系譜的関係については問題もあるが、型式学的にはこの朱開溝遺跡の銅剣を祖型として、この系列はその後、内蒙古自治区で発達し、筒柄銅剣などに強い影響を与えた。

西周時代後半から春秋時代はじめ（紀元前一〇世紀から前九世紀ごろ）の夏家店上層文化段階になると、ヌルルホ山以西の遼西地域では、曲刃をなす筒柄銅剣が出現する［図24－3・4］。この筒柄銅剣の剣身全体の曲刃のあり様をみると、左右に波状をなすように細工された部分は左右非対称をなし、刃部全体が蛇行しており、剣身自体を蛇の体にみたてて細工している。ここで注目されるのは、この剣のハの字に開く鍔飾りが目のように表現され、同時に頭部を三角形に表現していることである。そして鼻のような表現をもつことである。前述のように、紀元前一六世紀ごろの朱開溝遺跡の銅剣でみられた蛇のペニスを模したハの字の部分が目に置き換わり、同時に鼻が付け加わり、剣身をくねる状態の蛇体にみたてたのだろう。

さらに注目されるのは、これらとほぼ同時期に、剣鞘自体をマムシにみたて、目鼻をも表現している内蒙古自治区赤峰市敖漢旗の熱水湯遺跡例［図24－1］が存在することである。これは鞘の表側の銅板である佩表板で、裏に皮を張って使うものである。口部と底部は三角形状に突出し、口部付近に目と鼻をもつ。頭部が三角形をなすことからみて、マムシを表現したものであろう。剣と鞘でこのような類似性がみられるのである。

熱水湯遺跡例のような剣鞘は、その後、短剣と長剣をおさめるための銅製の連鋳式剣鞘に変化する［図24－2］。すべて銅で鋳造し、長短二本の剣を納めることができるようにしたのである。連鋳式剣鞘も口部は三角形をなし、体部と底部のあり方も同じであり、マムシにみたてている。こうした連鋳式剣

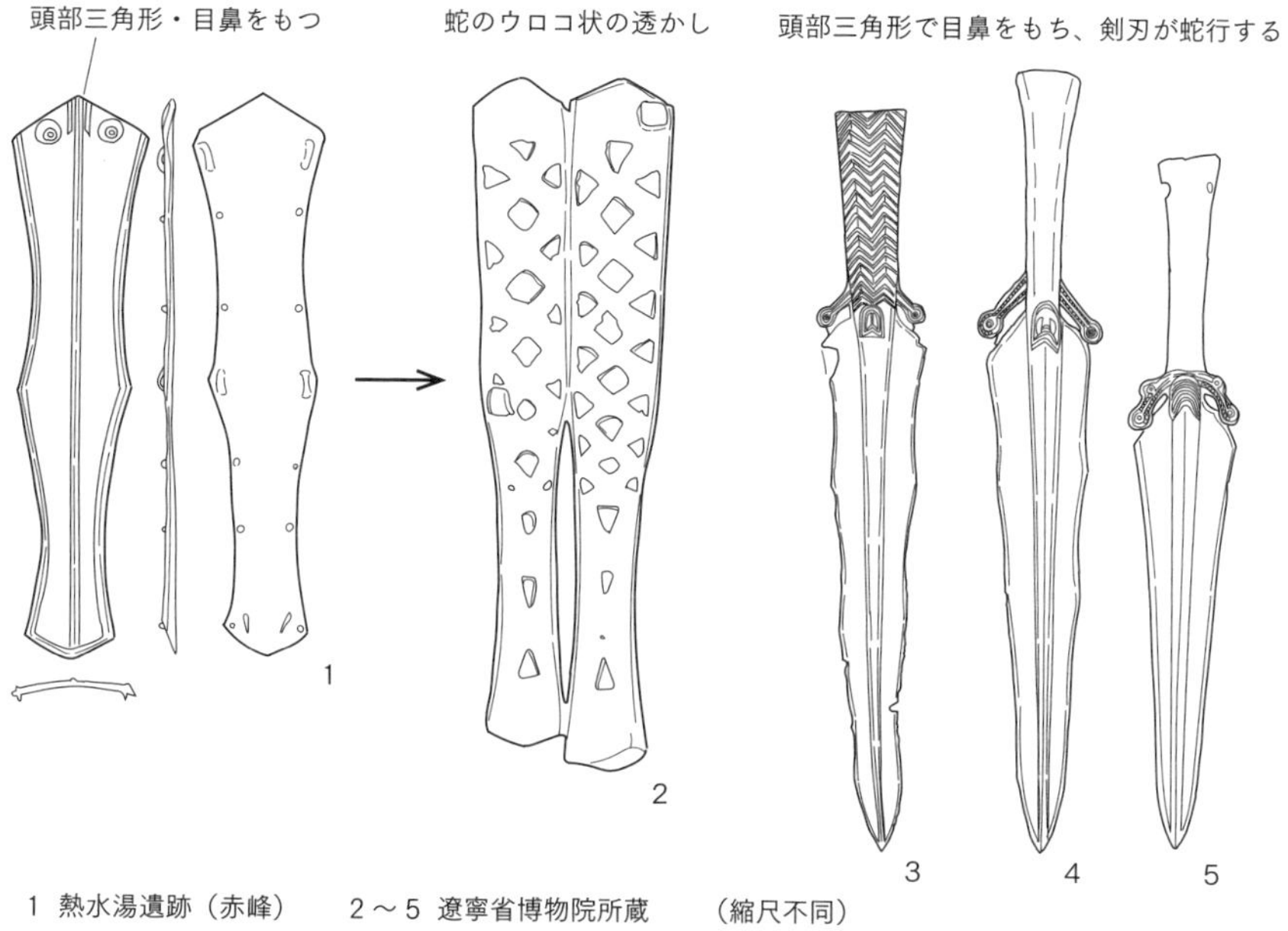

図24　蛇形の剣と鞘

鞘の多くは表面に三角形と菱形の透かし文様をもつ。この三角形透かしと菱形透かしが交互に配置される文様は、蛇のウロコやマムシの頭部三角形という形状が連想されたと考える。

　そして、この剣鞘の三角形の文様は、その後、遼寧青銅器文化の地域において剣鞘の文様として採用され、三角形を幾何学的かつ規則的に配置してその空白部にZ字を形成する「三角文系連続Z字文」が誕生する［第9章図73参照］。この文様は、武器では剣鞘や剣の柄頭、また多鈕鏡に採用される。そして多鈕鏡の「三角文系連続Z字文」はその後、韓半島北部で鋸歯文へと変化する。日本の銅鐸などに採用された鋸歯文の祖型となった文様である。この三角文系連続Z字文から鋸歯文への変遷については、第9章で銅鐸の問題を考えるなかで詳述しよう。

神話学との接点

以上の筆者の議論は、神話学と接点をもつ。本論と関係するもっとも重要な神話学の議論をあげると、大林太良と神話学者の吉田敦彦は、剣神の信仰が印欧語族であるスキタイ系諸族に起源することを指摘しつつ、それが「ユーラシア大陸内陸部を西から東に進み、朝鮮半島を経由して日本列島に及ぶ、古代における剣神伝承の流れがあった」とした。また、龍蛇信仰や動物が剣神を導く表象の事例は印欧諸族においてはみられず、これらはアルタイ諸族のもとで付け加わった要素か、または将来、印欧諸族でも事例がみいだせるかもしれないとした。

また、剣崇拝について大林は、戦神としての剣の崇拝はかつてユーラシア草原地帯の遊牧民世界に広く分布していたとし、ヘロドトスの『歴史』に記載されたスキタイの例をあげている。スキタイ人は、地域の地区ごとに毎年一五〇両の車馬に積んだ薪を積み上げて巨大な方形の祭壇を築き、その頂上に一本の鉄の古刀を、スキタイの崇拝する神である「アレス神」として祀ったという。この祭祀では捕虜を犠牲として捧げている。同様の祭祀に、『前漢書』に記載された匈奴の短剣を祀る径路祠祭祀があり、スキタイの例とたいへん似ているという。大林は、こうした遊牧民の崇拝が日本神話に影響を与えた可能性を指摘している。

遼寧青銅器文化は遊牧民系文化の影響を強く受けており、また匈奴とも関係をもつのは明らかである。弥生青銅器は、先の銅剣でみたように遼寧青銅器文化の系譜に連なるので、大林が予測した剣の崇拝と神話が日本列島の神話にも影響を与えている可能性があろう。冒頭の八岐大蛇伝説は、こうしたユーラシアの広大な神話世界との関係性のなかに位置付けることができるのかもしれない。

なお、先の剣崇拝と類似する信仰は、西周期併行の先スキタイ文化以前の黒海周辺でもみられる。現状では、動物装飾の起源は中国北方のほうが古いという意見が有力で、蛇信仰も同様の可能性があるが、形態などには表出しないものの、剣の出現段階から蛇剣信仰がすでにあったとすれば、剣自体の起源が圧倒的に古いユーラシア中央部から中国北方などの東方に蛇剣信仰が伝播した可能性もまだ残されている。この問題はユーラシア全体で議論すべきものであり、いずれ考古学の検討が進み決着がつくであろう。

剣の岩刻画

東アジアで剣の誕生とともに蛇剣信仰が生まれ、東アジア各地に広がっていった。韓半島では遼寧青銅器文化の影響を受けつつも、かなり早い段階から、特に北部で銅剣が出現している。京畿道広州市の駅洞遺跡出土の銅剣［図25－1］がそれで、AMS炭素14年代からみると紀元前一三世紀から前一二世紀ごろ、現状では遼寧青銅器文化の銅剣の出現よりも若干早くに出現した。遼寧よりも型式学的に古相の銅製の柄頭飾りをもつ。

しかし、遼寧青銅器文化の外縁地域である韓半島では、初期の段階は特に、中南部を中心に遼寧式銅剣を石で模倣したとされる磨製石剣が流行する。磨製石剣の特徴は、棘状突起をもつ遼寧式銅剣を忠実に模倣したものは少なく、柄をもつ直刃の形態で表現された点にある。この特徴は、駅洞遺跡例などの

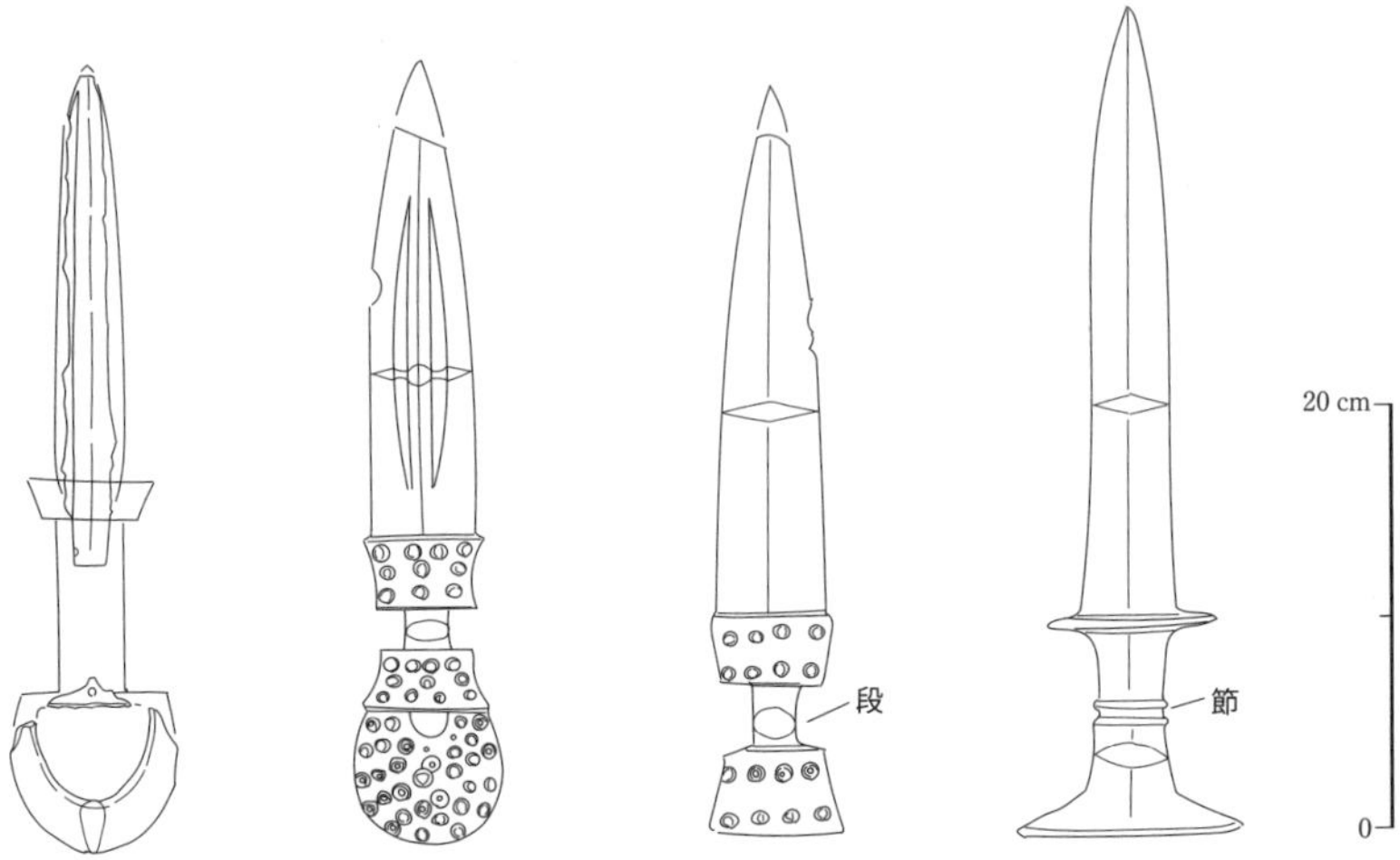

1 銅剣　　2 有段柄式石剣　　3 有段柄式石剣　　4 有節柄式石剣

1 駅洞遺跡（広州）　2・3 平城里遺跡（昌原）　4 慶州（不明）

5 鳳坪里遺跡（高霊）

図 25　韓国における剣の岩刻画例と銅剣・石剣

韓半島の棘のない初期銅剣の特徴でもあり、その形態を象徴化した可能性もある。初期の磨製石剣は、駅洞遺跡のように手で握るための段をもつ木製の柄の下に、半円形の重り（加重）を装着した状態がモデルとなった。この状態を石で模倣したものが、有段柄式と呼ばれる段階で〔図25－2〕、その次に加重器をはずした状態の有段柄式に変化する〔図25－3〕。その後、段はなくなり、その痕跡を二本の隆線で表現する有節柄式と呼ばれる段階に変化する〔図25－4〕。図示はしていないが、この後に二本の隆線さえもなくなり無節柄式と呼ばれる段階へといたり終わりをむかえる。

磨製石剣の特徴で注目されるのは、石の目が縞模様に出るように研ぎだしており、美しいテクスチャをなすことである。縄文時代の終わりごろに併行する韓半島の無文土器文化の前半期社会においては、こうした磨製石剣と玉類などを副葬する墓が多数あり、特に遼東半島に起源をもつ支石墓の副葬品として出土する。日本列島では、弥生時代早期に韓半島南部付近の磨製石剣が流入し、前期前半（紀元前九世紀から前七世紀ごろ）には北部九州から四国西部付近にまで分布するようになる〔図28参照〕。

こうした支石墓造立社会である韓半島には剣を線刻で描いた岩刻画が存在する〔図25・26〕。岩刻画は韓半島の西南部に集中する傾向があり、これまでに一六遺跡ほどが確認されており、このなかに剣にかかわるものがある。描かれる剣の型式などは遺跡によってバリエーションがある。これまでの発見例のうち、高霊郡の鳳坪里遺跡の岩刻画は磨製石剣と遼寧式銅剣の両方を描いているとされ、密陽市のサルネ遺跡例と泗川市の本村里遺跡例は遼寧式銅剣を描いている可能性がある。慶尚北道では浦項市の仁屁里遺跡例・七浦里遺跡例、慶州市の金丈台遺跡例、高霊郡の良田洞遺跡例、そして全羅南道では麗水市の五林洞遺跡例などがある。

鳳坪里遺跡例からは、二つの剣の絵画が発見されている〔図25－5ＡＢ〕。いずれも銅剣の特徴である中軸部分が太く、柱のようになる脊柱を、縦線一本を通して表現している。Aの位置の剣は、左右に張り出す棘状の突起をもつような遼寧式銅剣を模しているとされ、Bの位置に描かれた剣は棘状の突起をもたない遼寧式銅剣か磨製石剣を描いている。ともに剣刃は下をむいている。

密陽市のサルネ遺跡例は、二本の脊柱を有する遼寧式銅剣を模した可能性がある［図26－6］。二本の剣のあいだには、凹みをもつ三角形状の図形が描かれている。これは、七浦里遺跡例のような女性器状のものに類似する。本遺跡からはもう一点剣の岩刻画の破片が出土している。また、泗川市の本村里遺跡例は、棘をもたず太めの韓半島独自の遼寧式銅剣を模した可能性が高い［図26－7］。

仁屁里遺跡例［図26－3a・3b］は剣刃が二等辺三角形であり、剣把の長さが剣刃の長さと同程度に描かれている。石剣の型式は有段柄式であり、石剣の段の部分を横線で表現し、剣把部分の上にあたる箇所に点刻をほどこしている。右端の三角形は石鏃であるとされる。金丈台遺跡例［図26－4］は仁屁里遺跡例に似ており、やや全体が短く太めに変化している。七浦里遺跡例［図26－5］は段部分の表現を欠いているが、全体の形は金丈台遺跡例に似ている。本例で注目されるのは、剣の岩刻画の隣に女性器状の岩刻画が描かれていることである［図26－5右］。金丈台遺跡例と七浦里遺跡例はともに柄の部分に円形点刻をもつ。

五林洞遺跡例［図26－1］は、段や節がない無節柄式の段階の石剣を描いており、剣刃の末端が動物像を突き刺すように下をむいている。剣の脇に、剣を崇めるように二人の人物像が描かれている。

良田洞遺跡例［図26－2］は、剣刃の表現がなく、全体の形は盾状に変化している。内部に点刻をもち、外縁に短い線刻がとりまいている。

こうした剣の岩刻画の変遷は、銅剣と石剣との関係から次のように整理できる。まず、遼寧式銅剣を

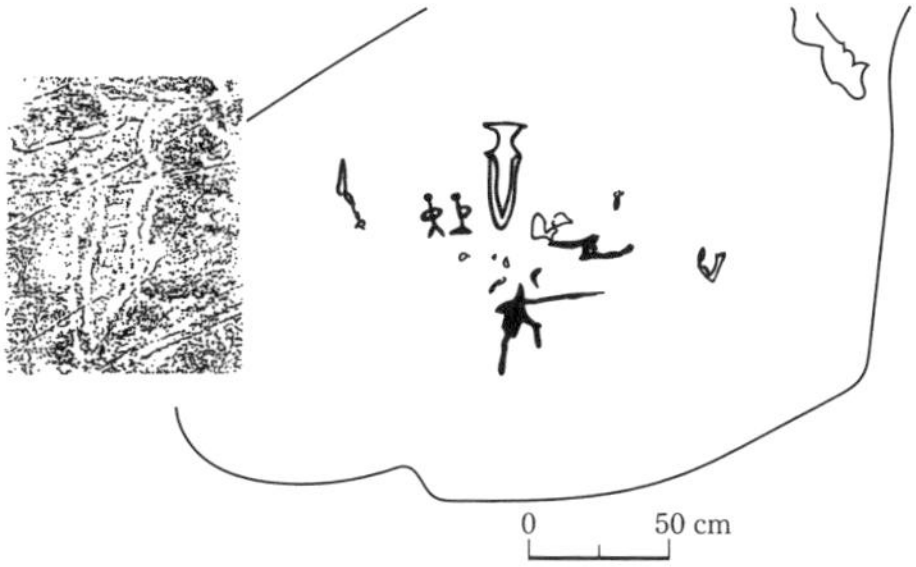

1 五林洞遺跡（麗水）例拓本図

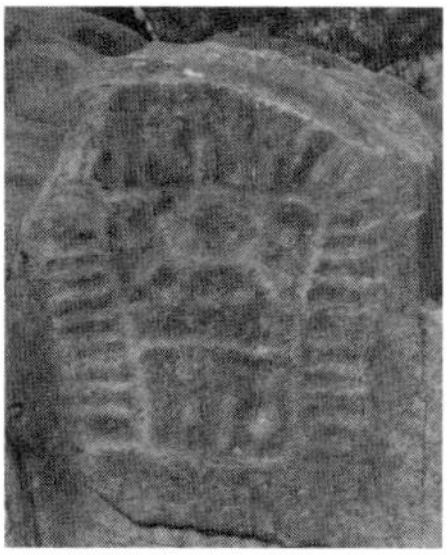

2 良田洞遺跡（高霊）（筆者撮影）

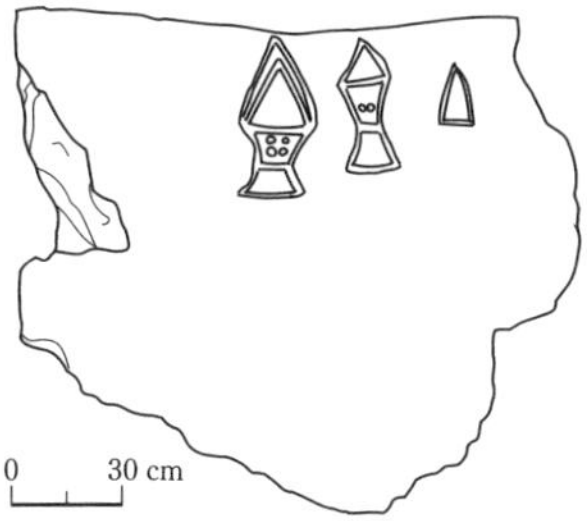

3a 仁屁里遺跡（補項）例実測図

3b 仁屁里遺跡例拓本図

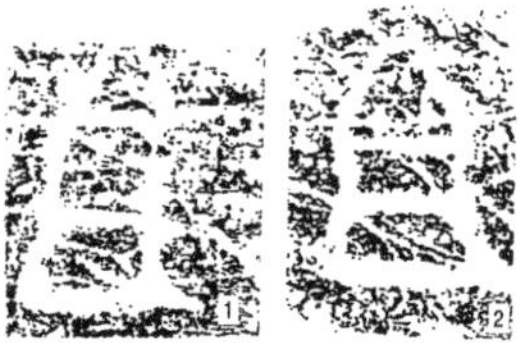

4 金丈台遺跡（慶州）例拓本図

5 七浦里遺跡（補項）例拓本図

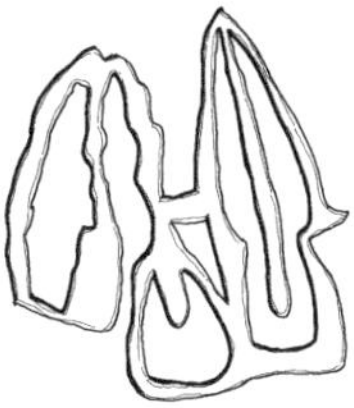

6 サルネ遺跡（密陽）

7 本村里（泗川）

（6・7 縮尺不同）

図 26　韓国における剣の岩刻画例

描いたとされる鳳坪里遺跡例であるが、韓半島における遼寧式銅剣は紀元前一三世紀から前七世紀ごろまで長期間存在しており、絵画からどの段階のものかを特定することは難しい。これはサルネ遺跡例と本村里遺跡例についてもいえることである。

一方、石剣の場合は、有段柄式を模した仁屈里遺跡例が古相を示しており、これに類似する金丈台遺跡例、さらに七浦里遺跡例が続くという変遷を想定できる。さらに剣刃がなくなり剣把のみが強調され、良田洞遺跡例のように盾状に変化する。以上に対して、五林洞遺跡例は無節柄式段階の石剣を模した岩刻画であり、有段柄式を模した仁屈里遺跡例などよりは新しい。ただし、良田洞遺跡例のように盾状に変化したものとの時間的前後関係はわからない。

さて、岩刻画がある程度石剣を忠実に模写したものであるとすれば、石剣自体が本来点刻を示すような特徴をもっていたと考えるべきだろう。こうした特徴を示す石剣例として、昌原市の平城里遺跡例［図25－2・3］など、柄の部分に点刻を充塡した乳丁文と呼ばれるものがある。これらはいずれも有段柄式段階の石剣であり、岩刻画はこのようなタイプの石剣をもとに有節表現と乳丁文状表現を描写したのであろう。平城里遺跡例は、韓半島最古の駅洞遺跡の棘状の突起をもたず、半円形の重りである加重器をもつ銅剣を模しており、磨製石剣のなかでも古相の段階である。こうしたことから、剣の岩刻画は石剣が出現して間もなく形成されたと筆者は考える。

次に描写の特徴をみてみよう。刃を下にむける鳳坪里遺跡例と五林洞遺跡例を除き、その他の例はいずれも刃を上にむけて剣自体を崇めるようである。石剣岩刻画の描かれる対象についても特徴があり、仁屈里遺跡例は支石墓の置石に描かれているが、鳳坪里遺跡例と金丈台遺跡例、七浦里遺跡例などは、いずれも山中の自然の岩面に彫刻されている［図27］。これらについては、岩刻画をもつ自然の岩場

図 27　鳳坪里遺跡の岩刻画（筆者撮影）

は支石墓造立集団の祭祀の場である可能性があり、石剣は祭祀・葬送の場において共通した儀礼的な象徴的意味を有していたことになろう。

こうした石剣岩刻画の性格について支石墓造立社会では、たんなる武器ではなく、権威の象徴ないし儀器的道具であったとする意見がある。韓国の岩刻画を研究する宋華燮は、石剣の岩刻画を男性のシンボルとみなし、支石墓造立社会は男性の社会的権威と役割の増大が重要視された社会であり、支石墓の築造に動員された男性労働力は農耕の生産力とも直結しているとした。また宋は、咸安郡の項里遺跡にある支石墓群のなかの置石には、石剣から変化した三角形の岩刻画と、いわゆる「性穴」と称される二六〇個の女性陰部群と考えられる多重同心円文が刻まれており、女性の性器を描いた岩刻画は生産と豊穣の祈りを呪術的に強調するためのものとした。

この性穴と同心円文状の岩刻画が女性表現であるというためには、石剣同様に具象表現から抽象表現への変化の過程がとらえられなければならないが、今のところそうした資料はみあたらない。しかし、石剣を男性のシンボル表現としていたかどうかについては、七浦里遺跡例とサルネ遺跡例において剣と女性器の岩刻画が共伴していた事例からその可能性はあろう。そうであるとすれば、良田洞遺跡の岩刻画群のように、石剣表現と同心円文表現もしくは女性のシンボルを表現するとされる性穴表現が同所に描かれた場合は、それぞれが男女を表現していると考えることもまったく可能性がないわけではない。

このように石剣表現と同心円文表現・性穴表現が男女を描き分けているとすれば、武器自体の形態が男性器に視覚的に類似するものとして認知されただけでなく、武器から強い／弱い、鋭い／鈍いという対立関係が連想され、強者／弱者、上位階層／下位階層、男／女という対立関係を剣に象徴的意味として付与したのであろう。

このような韓半島の支石墓造立社会における剣の岩刻画の系譜は、じつはさらにロシア東部からモンゴル一帯のカラスク文化など北方遊牧民社会の岩刻画にまでさかのぼる。そこでは青銅剣を忠実に描いた岩刻画があり、大林が予測した剣の崇拝と神話の系譜関係とが重なってくるようである。そして北方遊牧民のあいだで広まっていた剣崇拝は、戦神、男神の崇拝でもあり、ユーラシアの西側のスキタイ文化に広がり、一方でそうした信仰が韓半島にまで到達していたことを岩刻画は示しているのである。

倭人の剣崇拝と石棒

さて、以上の石剣岩刻画は日本列島には流入していない。しかし、有柄式磨製石剣が弥生時代早期以降に北部九州に流入し、弥生時代前期の西日本各地から多数出土しているので、岩刻画に表現されているような祭祀的意味が日本列島に流入していたはずである。

有柄式磨製石剣は西日本で出土しているといってもその分布は北部九州と四国に集中し、近畿地方と近畿以東ではわずかしか出土しない。ここで注目したいのは西日本の縄文時代の石棒を研究する中村豊の考察である。中村によれば、弥生時代早期から前期（紀元前一〇世紀から前六世紀ごろ）に、有柄式磨製石剣の分布に対峙する形で四国東部から近畿に、徳島市の三谷遺跡例を典型とする結晶片岩製の粗製大型石棒が分布する［図28］。この石棒は、徳島市で産出する石材で作られ、各地にもたらされた。大きいものはひと抱えある。中村は両者の分布の様相から、その後の銅剣・銅矛と銅鐸の対峙する分布圏に対応すると指摘した。

先に、支石墓造立社会における磨製石剣と剣の岩刻画について、剣が男性格を有し、戦神、男神としての信仰であることをみてきたが、中村が考えた有柄式磨製石剣と粗製大型石棒の対峙関係は、男性格の象徴媒体同士の対立関係を意味していることになる。倭人社会では、縄文から弥生へ社会が移行する過程で、階層的に上位のものが有柄式磨製石剣を有するようになったが、そうした階層が韓半島における剣崇拝に接し、石剣に対する関心が高まったに違いない。また、そのときに北方遊牧民系の戦神、男神としての剣崇拝が伝播し、剣が戦士の必携アイテムであり、剣の意味としての辟邪や男根としての意味、そして祖霊をも示す象徴的な意味を同時に受容することになったのだろう。

これに対し、第1章でくわしく述べたように、石棒は生殖行為のメタファーであるとともに、祖霊祭祀の上で重要な道具であった。このように同じような意味の関係にある象徴媒体同士が、対立関係をもったことは決して偶然ではなかったのである。おそらく、縄文系の倭人社会が縄文から弥生へと揺れ動く社会変動の時期に、剣を有しない近畿の倭人社会側は、剣崇拝をもとに社会を統合化する西方の倭

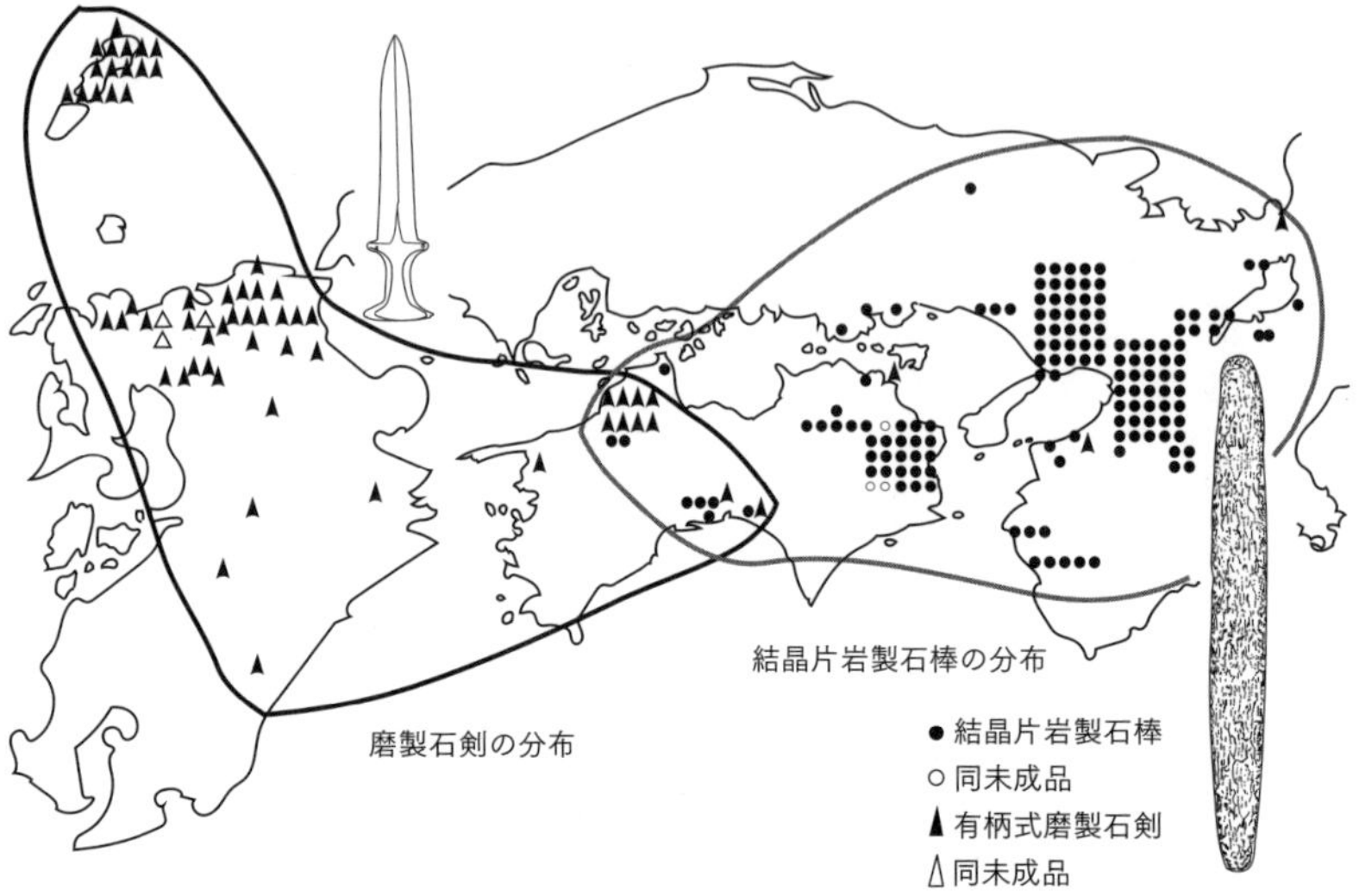

図 28　磨製石剣と結晶片岩製石棒の対峙関係

人社会に対し、石剣の代わりとして男根を模した縄文系の石棒を社会統合の象徴としたと考える。

以上のように韓半島では、最初に登場した武器が剣であり、その後、青銅器時代に埋納遺跡でも剣が主体となる。剣自体が本来、蛇剣信仰をもち、それが次第に辟邪の象徴、そして男性優位の象徴となった。韓半島の社会はこうした「剣崇拝」に一貫して固執した社会であった。こうした意味が日本列島に渡来したと考えるべきである。

ところで、弥生時代の武器を中心に磨製石器を研究する寺前直人は、中村が注目した徳島産の結晶片岩製の粗製大形石棒は、弥生時代前期前半段階（紀元前九世紀から前七世紀ごろ）で終焉をむかえ、前期後半（紀元前五世紀）以降は近畿の南部地域を中心にして奈良盆地から東にみられる小形精製石棒が導入されることを指摘した。小形精製石棒とは、小形で細くていねいに研磨加工された石棒とその仲間の祭祀具のことで、石棒をそのまま小形化したもののほか、片刃をもつ石刀、両刃をもつ石剣などがある。縄文時代晩期後半段階の結晶片岩製の粗製大形石棒は、寺前が指摘するように樹立しなければならないほどの大形品であり、弥生時代前期後半以降の小形精製石棒は手でもつことができる大きさである。和泉地域の小形精製石棒は、石刀に分類できるものであり、結晶片岩製の粗製大形石棒とのあいだには大きな隔たりがある。それでは新たに近畿地方に出現した小形精製石棒は、どのような象徴的な意味をもっていたのであろうか。

小形精製石棒をみて、弥生時代前期段階でまず連想されるのが、男性器を木で模倣した男根状木製品であろう［図29］。男根状木製品は、稲の成長を阻害するイナゴなどの自然災害から稲を守るため田に立てたと考えられており、春成秀爾は、男根を強く穂をのばす状態にみたてたと考えた。

先史時代の農耕文化を研究する中村慎一は、男根状木製品について、水田の水口に男根を立てるのは生殖行為のメタファーであり、女性である田の水口に男根を立てることで稲の豊穣を祈る祭儀であると推定した。この男根状木製品と小形精製石棒は近畿地方において同時存在した可能性が高いので、小形精製石棒は男根状木製品と関係性がありそうである。また、岡山市の津島岡大遺跡では、弥生時代前期の水田の水口付近から粗製大形石棒の頭部片が出土した。この出土状態は、縄文時代晩期後半の石棒を、春成や中村が指摘するような男根状木製品のように祭祀において用いたことを物語っている。

このように男根状木製品の象徴的意味が、稲の成長を阻害するイナゴなどの自然災害から稲を守るため田に立てることであるとすれば、それは自然災害を封じ込め、あるいははらう行為であり、辟邪としての意味でもある。そして、その結果期待されるものは稲の豊穣であり、祭祀行為と期待される結果は表裏一体の関係にあると考える。男根状木製品がこのような意味をもっていたと考えた場合、先に述べたように、男根状木製品が縄文時代の石棒の系譜にある小形精製石棒と関係があるとすれば、祭祀にお

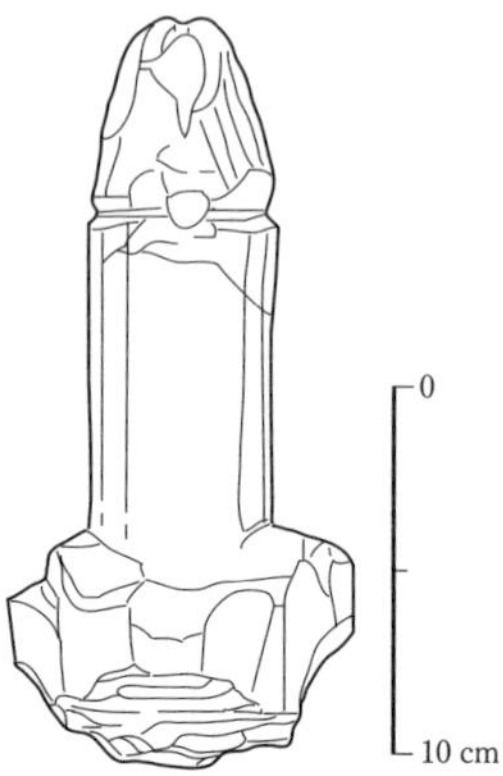

図 29　男根状木製品
（池上曽根、大阪）

ける意味もおそらく同じような意味をもっていたはずである。

石棒は、男根を模した男性のシンボルであり、直立に勃起した状態を形にしている。先に触れたように、春成はこうした直立した状態を活力の元とし、弥生の男根状木製品にもみいだして、強く穂をのばす状態にみたて、中村慎一は、生殖行為のメタファーとした。縄文人も石棒を同じようにみなし、生殖により家族を増やし繁栄をもたらす意味から石棒への崇拝がはじまったのであろう。おそらく、ここから石棒の意味は、生命の再生への願いをかなえるものへと移っていき、その結果、墓や配石遺構の再葬の場などでも出土するようになったのであろう。再生観念は、死後に祖先の系譜に連なっていくという他界観とも結びつき、谷口康浩が石棒を祖先信仰の装置と考えたように、祖先や祖霊崇拝の象徴媒体となったのであろう。

また、第1章において、筆者は石棒について、社会の不安定な状態のバランスを調整する象徴媒体として祭祀・儀礼の場で機能したと考えた。それは、不安な状態を安定な状態へ導くことであり、見方をかえれば、不安定なことをはらうという辟邪に通じる願いが根底にあると考える。

以上のように、倭人の剣崇拝は、大陸から戦争とともに渡来した祭祀であり、縄文人の世界観を一変させた。フェミニスト考古学者であるリーアン・アイスラーなどは、戦争は、社会的な緊張状態を招くだけではなく、家父長制社会の助長と男性支配による女性の隷属という観念、そして男根中心主義（ファロセントリズム）を生成すると指摘している。男根中心主義とは、哲学者のジャック・デリダが提唱した、男性性の女性性に対する優位性の認識のことである。これは、ユーラシアの中部あたりにおける新石器時代から青銅器・鉄器時代にかけての社会の変化をたどった研究であり、必ずしも日本列島の倭人社会には適用は難しいかもしれない。しかし、男性格であり、辟邪としての祭祀機能を有する剣が、縄文時代の石棒と関係をもつことになったのは必然的なことであったのだろう。

剣形の同形異材祭祀

武器は実戦で用いる実用品であるが、それ自体が祭器化し、同じ形のものが素材をこえて祭器として作られた。すでに述べたように、筆者はこれを同形異材の武器祭祀と呼ぶ。このように武器の象徴的な機能が広がりをみせるのは、武器の祭祀的意味が象徴媒体となりうるものに次々と拡張し象徴伝統を形成していることを示している。ここでは、木を用いた同形異材の武器形木製品について検討したい。

弥生時代を中心に祭祀を研究する金関恕は、武器形木製品について、先端が磨滅している例を根拠に模擬戦に使ったと考えた。一方、春成は、武器形祭器は材質を問わず戦いの儀礼、神への奉納などの場でその役割を発揮したとした。そして儀礼の場、たとえば古代の宮中における大嘗祭などの場で、武器・武具をもって舞う盾伏舞や久米舞のような舞を想定し、必ずしも実戦を模さないものと考えた。また弥生時代研究者の中村友博は、青銅器祭祀を共同体祭祀とし、対して木製武器形祭器を使用した模擬戦は集落ごとの祭祀であると指摘した。ただし、たとえば青銅器が埋納されている場などに安置されていたとすれば、武器形木製品は腐ってなくなってしまうので、春成が指摘するように、共同体祭祀で木製武器形祭器が使われていた可能性は残されている。

なお、儀礼的な模擬戦については、世界の民族誌にはさまざまなケースが存在する。春成が指摘するような戦いの儀礼、収穫祭や翌年の豊作を祈る予祝の儀礼もあるが、葬送儀礼の場で遺族側の集団と、近隣からの弔問者の集団とのあいだで儀式的に戦闘が演じられるものもある。武器形木製品のなかには、集落に近いところから出土するものがあるほかに、方形周溝墓などの墓の溝などから出土するものもあるので、農耕儀礼のほかに葬送儀礼においても模擬戦のような儀礼があったと想定しておきたい。

こうした武器形木製品の起源について、弥生文化との比較の上で韓国光州市の新昌洞遺跡の剣をはじめとする武器形木製品が注目される［図30－1〜5］。本遺跡からは銅剣や鉄剣を木で模した剣形木製品が多数出土している。一体型に作り出したもののほか、剣の身の部分、剣を握る把の部分、剣の把の末端に重りを装着するための盤部を組み合わせたものなどが多数出土した。なお、本遺跡からは多数の前漢系の遺物が出土しており、こうした武器形木製品を用いた祭祀の系譜が気になるところである。他の出土遺物で注目されるのは、多数の楽器の存在である。本遺跡から出土している楽器関係遺物は、青銅の鈴のほか、木製琴、置いて叩く太鼓、擦音楽器などがあり、武器形木製品を用いた祭祀において、後ろで多様な楽器の演奏が行われていたことが想像される。

一方、日本列島で最古の武器形木製品は、福岡市の比恵遺跡第二五次調査で出土した遼寧式銅剣形の武器形木製品である［図30－6］。この武器形木製品は、伴出した土器からみて弥生時代前期後半（紀元前六世紀から前五世紀ごろ）のもので、一部破損しているが、鋒（先端）にむかってやや上方にまで脊柱（背骨のように太い本体の中央の軸柱）がしっかりしていることがわかる。また、棘状の突起の位置はおそらく身の中央部よりやや下で、身の末端の関と呼ばれる部分がややふくらむ。

この木製品のプロポーションは遼寧式銅剣ではⅡa式段階に併行するもので、その銅剣型式の年代は

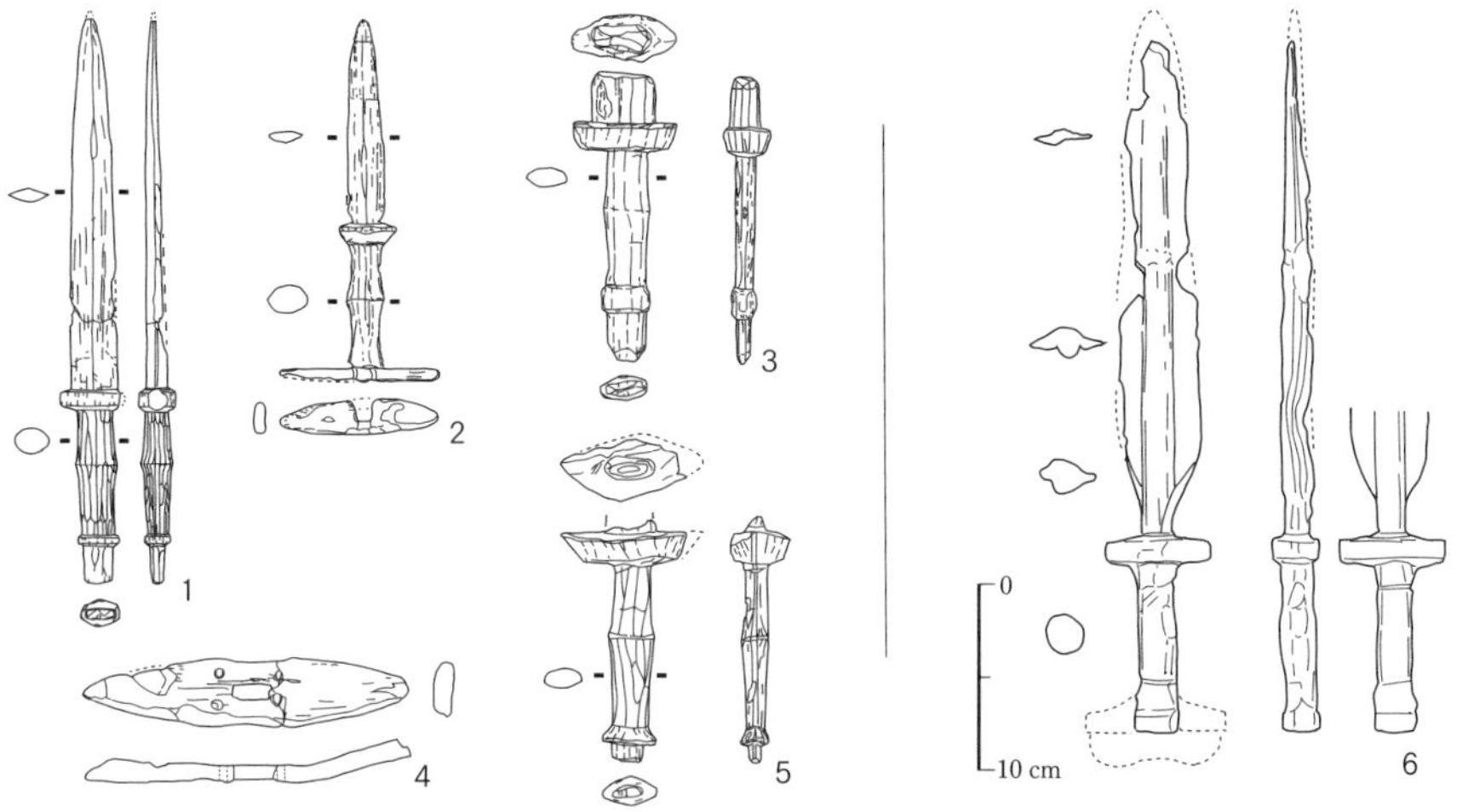

図30　新昌洞遺跡（光州）と比恵遺跡（福岡）の出土木剣

紀元前六世紀ごろであるから、伴出した土器の年代と合致する。まだ日本列島には本格的に青銅武器が流入する以前のことで、一部の地域において磨製石剣が祭祀などに用いられていた時代である。この武器形木製品の存在から、青銅器文化が形成されるより以前に武器形木製品の祭祀は日本列島に流入していたことがわかる。同時に、この武器形木製品の存在から、この時期の韓半島においても同種のものが用いられていたことが推定できる。同じころ、韓半島では青銅器時代が本格的にはじまるころであり、磨製石剣の時代とは異なる木製品を用いた剣形の同形異材祭祀がはじまったことを示している。そして、その系譜は青銅器と同じく北方地域に求めることができるだろう。このように同形異材祭祀である武器形木製品の祭祀は、日本列島で青銅器祭祀の代わりとして行われたと理解するのではなく、すでに存在していた祭祀自体が流入して形成されたと認識すべきであろう。

青銅武器埋納の起源

弥生時代の青銅器祭祀でもっとも注目されるのは、埋納である。埋納の問題については、第4章と第10章でも詳述するが、ここでは青銅武器の埋納の起源について述べておこう。

筆者が青銅器埋納の起源に関して注目するのは、紀元前一九世紀から前一六世紀ごろ、ロシアの中央ユーラシアから北方ユーラシアにかけて広域に分布したセイマ・トルビノ青銅器文化である。このセイマ・トルビノ青銅器文化系の武器類は遺体のない墓から出土し、しかも床面や壁に突き刺すなど特異なケースが多く、一括埋納、すなわちデポ（埋納）の例が多い。また、セイマ・トルビノ青銅器文化系の有銎矛については、非実用、すなわち祭器の可能性が指摘されている。有銎矛は、大形化し、非実用品となった。広大に分布しつつも、集落からは出土せず、特殊な場で特殊な出土状態を示すのは、祭祀行為に用いられた祭器としての性格を示している。起源地と目されるアルタイからバイカル周辺は金属製武器の出現が遅れた地域であり、当地域の集団が祭器として保持し、共通した祭祀行為を行い、その象徴として機能していた可能性を考えたい。この場合、武器が主に祭器となっており、墓室の内部で床面と壁に刺すという行為は、墓室の内部とその場が聖なる空間であり、そこに迷い込む悪霊などを除去し、あるいは侵入を防ぐ辟邪として機能していたと考える。

こうした埋納習俗の行方は、その後、資料が少なくユーラシア東部でたどることが難しい。しかし、青銅器の系譜関係や先述の剣崇拝の流れからみると、東北アジアにおける武器の埋納習俗もこの系譜に連なる可能性があるだろう。この問題を考える上で、韓半島における埋納習俗が重要である。

韓国の青銅器を研究する宮里修によれば、青銅器の埋納は韓国でも少数であるがみられる。これまでに二八例知られており、住居などからの出土を除くと約二〇例で、埋納の対象は銅剣が多く、これにきわめて少数の銅矛と銅戈が加わる。これらの埋納例の多くは、山の山頂や中腹、斜面、稜線上などがほとんどである。また、数例が島からも出土しているが、そこでも丘陵上からの出土が顕著である。時期は、韓半島独自の青銅器文化が形成されていく形成初期段階から認められる。

出土状態で興味深いのは、まず土坑内に埋納された事例で、咸平郡の長年里遺跡は銅剣が土坑底面に突き刺さった状態で出土している［図31－1］。また、石積中や岩盤、溶岩、自然岩から出土する事例が八例と多いことも重要である。馬山市の架浦洞遺跡では、海岸斜面にある自然岩の裂け目に青銅武器類が埋納されていた［図31－2］。そのほか多数の埋納例として、完州郡の上林里遺跡では中国の戦国式銅剣が二六本出土している。なお、大邱市の東川洞遺跡では、青銅武器ではなく、有段柄式の磨製石剣が土坑に埋納されて出土しており、剣の埋納祭祀がかなり早い段階から存在することがわかり、青銅武器の土坑への埋納の系譜にあるのだろう。

こうした韓半島の埋納事例に対し、日本列島の埋納事例はどうであろうか。青銅器の埋納を研究する石橋茂登によれば、西日本の青銅器埋納は、次のように整理される。すなわち、細形銅剣の埋納例は大分・愛媛・徳島などに少数あり、北部九州の中心地域にはほとんどみられない。一方、中細形段階ごろまで島根・広島・香川・徳島など中四国地方で確実な埋納例が多くある。銅戈は中細形から中広形にかけて福岡県で多数の埋納例がある。これに対して銅矛は、中細形の埋納例は少なく、中広形、広形と次第に埋納例が増え、広形銅矛の埋納例は福岡・佐賀・対馬に集中し、高知に少数みられる。

ここで問題なのは、日本における埋納習俗では、北部九州は銅剣がほぼ欠落して銅戈と銅矛が主体で

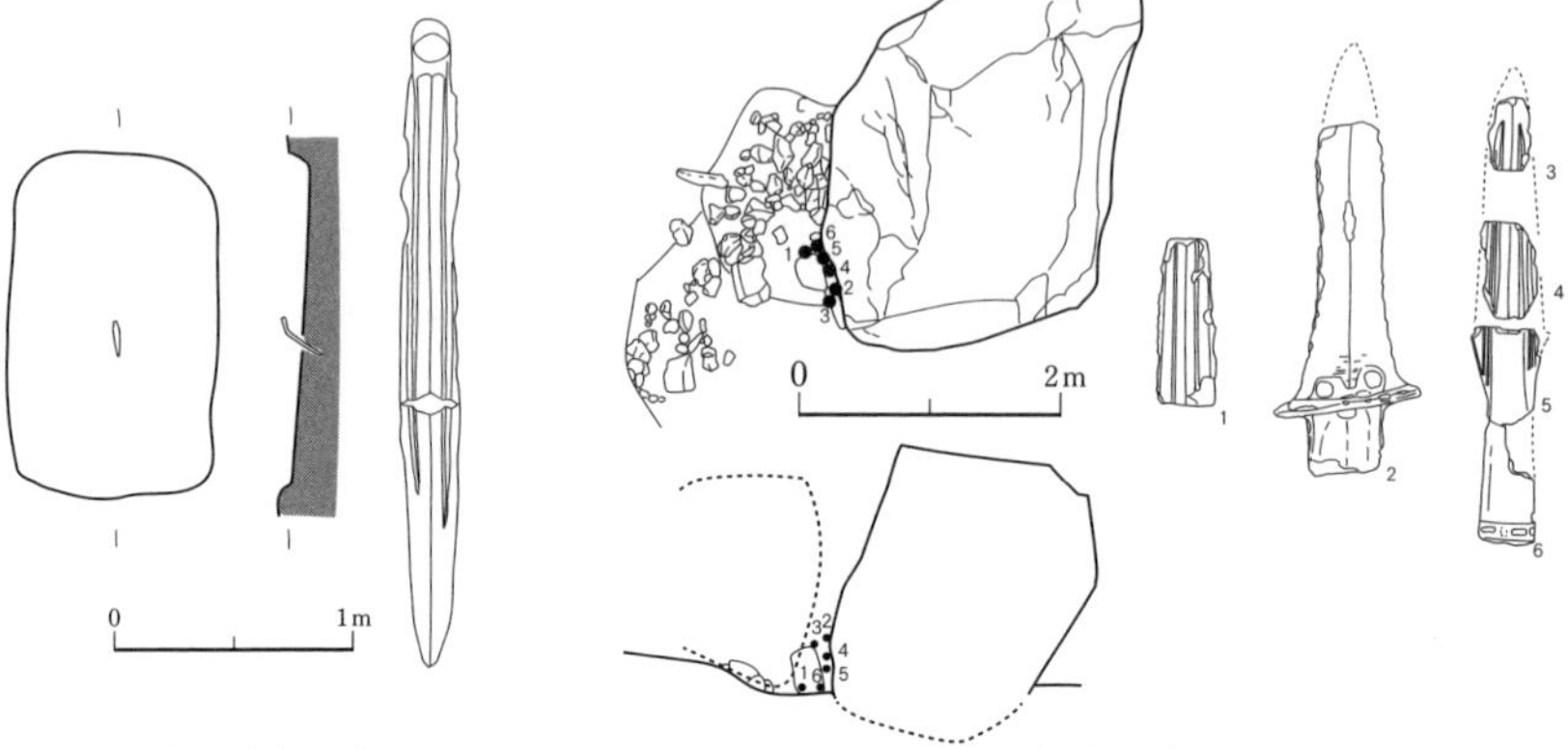

1 長年里（咸平郡）　　2 架浦洞（馬山市）

図 31　韓半島における青銅武器の埋納例

あり、銅剣の埋納は中四国が中心であることで、青銅器流入から当初は、北部九州では埋納事例が少ないことだ。九州青銅器研究者の岩永省三は、青銅器が多数流入する中心地帯である北部九州を「西部地帯」、そして中四国などの周辺の後進地域を「東部地帯」と呼び、前者では青銅器はもっぱら副葬用で属人的性格が強く、後者では集団祭祀の具としての性格が強いとした。

　こうした状況に関して、韓半島では青銅器は副葬も埋納もされており、西日本のあり方は倭人が選択的に韓半島における青銅器の扱い方を受け入れたとみることもできる。北部九州ではいち早く稲作社会が開花し、その後、剣崇拝も磨製石剣や同形異材祭祀として流入した。これらは、北部九州では各地域の首長の副葬用とされ社会進化の威信財として機能したのであろう。一方、こうした習俗が、東部地帯である中四国に伝播し普及するのは北部九州に対してだいぶ遅れた。こうした副葬習俗の流入時期の差異が根底にあり、北部九州では青銅武器の流入によって、複数の集落を束ねるような特定個人である首長の威信財として副葬されることがより高まったのだろう。

こうした状況のなか、中四国では、首長の威信財ではなく、集団祭祀の象徴媒体として銅剣を中心に埋納を行った。この背景には、当地域の倭人社会が、韓半島における埋納習俗を選択的に受容した可能性が高いと考える。そのように考える理由は、石積みや自然の岩を埋納の場とする韓半島で行われていた埋納が、中四国の倭人によっても行われていたからである。石橋によれば、巨石の足下などに埋納する例は広島にあり、石を積んだ下に埋納する例は香川に多くみられる。また、巨石の下に埋納する例は銅鐸でもみられるが、銅鐸の型式では扁平鈕式という古い段階までで突線鈕式にはみられないことから、石橋は、巨石下への埋納は限られた地域での古い青銅器祭祀の方法であると考えた。こうしたことからみて、中四国に韓半島の巨石などの岩場の埋納習俗が流入した可能性を考えるべきであろう。そして、韓半島では、先述のように埋納では剣を取り扱うことが多い。日本列島では、この韓半島の剣の埋納習俗が先に流入し、続いて銅鐸の埋納がはじまったと考える。

埋納行為で注意しなければならないのは、埋納の場に青銅武器を埋めるという行為のなかに、しばらく安置され、その後埋まってしまった場合が含まれていることだろう。これを示すように、春成によれば、多数の青銅器が埋納された荒神谷遺跡では、何らかの覆屋のもとに青銅武器などが集積されていたとされ、巨岩における埋納例というのは、青銅器が置かれていただけである。このような安置するような場合は、その場でしばらくの期間継続して祭祀・儀礼が行われた可能性を示している。

こうした安置された剣に関して思い浮かぶのは、先述したスキタイや匈奴の事例であろう。特に内容がくわしくわかるスキタイにおける戦神の崇拝は、神に剣を献じ、犠牲を捧げる行為であった。この犠牲の祭祀は、犠牲によって神託をえるギリシアの祭祀と同じようなものと推定されるが、スキタイの場合は軍神であるアレス神に対してこの犠牲の祭祀を行っていた。おそらく、戦勝祈願が主な神託をえる目的であると考えるが、この祭祀は遊牧民社会の統合の象徴的な祭祀であるとともに、敵の脅威を振り払う、不安定な状態を安定した状態へと促す象徴行為であろう。こうした象徴的行為こそ、辟邪にほかならない。匈奴とスキタイでは、金属製品などで共通したものをもち、同じ北方遊牧民社会であり近い関係にある。韓半島における青銅器文化とも、剣崇拝でみたようにつながっているだろう。

このように剣が優先して崇拝されていたことが、習俗として埋納行為にも影響していると考える。これは、一つの解釈として先にセイマ・トルビノ青銅器文化の埋納で推測したように、早くから辟邪としての機能をもっていたからであろう。おそらく埋納の場自体が祭祀的な特別な場であり、その場を設定することで埋納行為を遂行した集団にとって、何らかの脅威を取り払う機能をもっていたと考える。

第4章

戈の祭祀

戈の特徴

前章において、武器のなかでも剣の祭祀に注目したが、倭人の祭祀を考える上で、戈は外すことができない武器である。そして戈は、弥生時代の祭祀のなかで特別な存在であった。その理由は後述するが、戈をめぐる問題は本章を起点に第5章と第9章へと展開する。本章では、そうした戈の特別な存在としての祭祀に関し、戈自体の問題にしぼって検討することにしたい。

戈は、本来、古代中国でもっとも重要な武器であった。漢文学者の白川静によれば、「戦」という字は「單」と「戈」の合体したもので、「單」は羽根のついた盾を意味し、「盾と戈をもつ人である戦士」がその起源であるという。「戈」をもつ金文には殺伐とした意味をもつものが多く、戦いに関するものにはいずれも戈がかかわっている。「国（國）」の字も、戈で国を守るという意味であり、その象徴性は

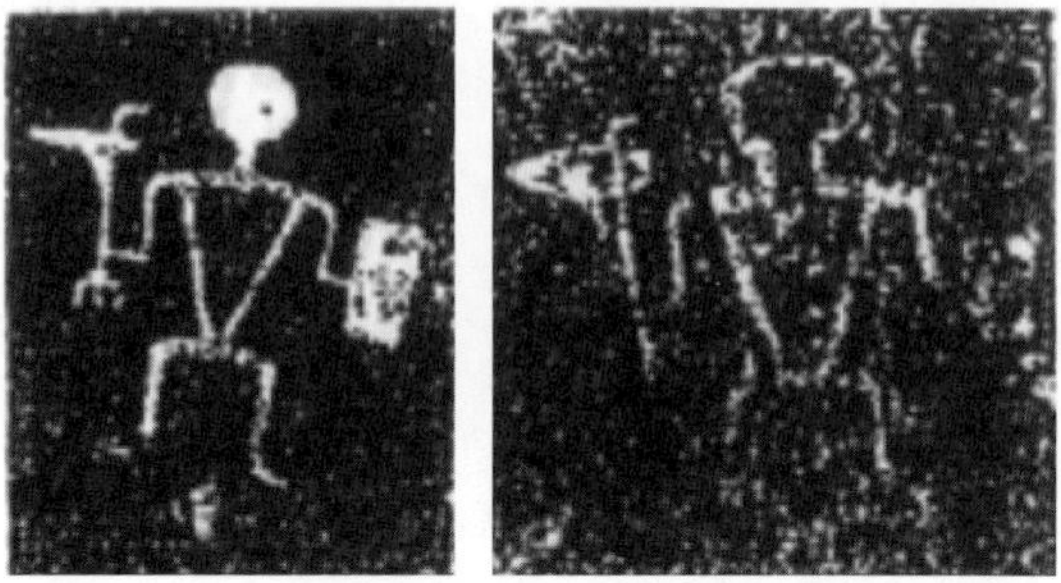

図32　戈と盾をもつ人の金文

非常に高い。

このように戈の文字自体がきわめて象徴化された背景には、戈が剣よりも早く武器に採用され武器として最初に最前線で主流となったこととともに、戈にまつわる象徴的、宗教的な役割が背景にあったからであろう。「戈と盾をもつ人」の文字は、決してたんなる金文ではなかった。殷代末期の山東省蒼山県の層山遺跡では、青銅容器である礼器に戈と盾をもつ人の金文〔図32〕が刻まれた。青銅の礼器は祖先祭祀などにおいて使われた重要な容器である。また戈の金文は、一族の旗印のような象徴的なものである族徴記号としても機能し崇められた。

春秋時代ごろのものとされる中国最古の技術書である『周礼』考工記によれば、戈は、戟《げき》とともに相手を引っ掛けて倒す「句兵」と呼ばれる武器とされる。刃が鎌のように反り、引っ掛けるのに向いているのでそのように呼ばれた。このような尖って曲がる刃は、悪霊などを引っ掛けて取り除く辟邪の機能を期待された。辟邪とは、本来、古代中国の想像上の動物で、異様な風貌や尖った角をもち、邪悪をさける意味である。すでに新石器時代の中国では、豚の牙なども辟邪としての意味をもっていたようであり、そうした習俗が青銅器の戈においてもみられるようになったのであろう。特に西周時代ごろから春秋時代ごろに、古代中国では、辟邪の明器（墓への副葬専用の器物）として銅戈を墓に副葬する習俗がよくみられた。

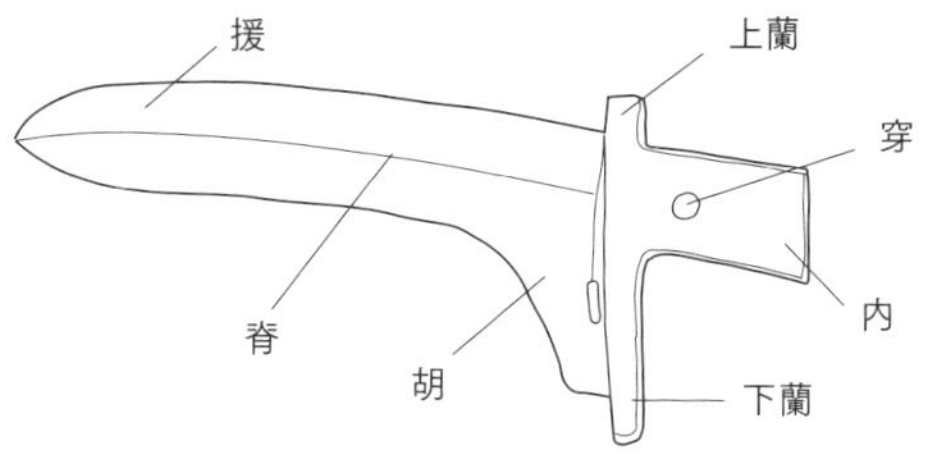

図33　銅戈の部分名称

こうした銅戈の形態的特徴については、『周礼』考工記の記述について後世の学者が検討を重ね、現在、図33のような名称が確定するにいたっている。戈の作りは、横向きに出てやや湾曲した剣状の刃を「援《えん》」といい、その下に曲がり垂れた部分を「胡《こ》」という。そして、胡の側面の柄に接する部分が「内《ない》」と呼ばれる。そのほか戈の特徴として、柄に装着するときに緊縛するための紐を通す穴である「穿《せん》」があり、長くなった胡のブレを防ぐために、柄に差し込む胡の外側の出っ張った部分「蘭《らん》」がある。

以上は中国式銅戈と呼ばれる中国の中原で用いられた銅戈の特徴である。これに対して、弥生文化で用いられた銅戈は形状が大きく異なる。この違いがいかなる理由で生まれたのか。次に、銅戈の起源をみていくなかで検討することにしよう。

戈の起源

東アジアでもっとも早く農耕社会の成立をみた中国では、打撃戦、騎馬戦、そして戦車をともなう戦闘において、戈は武器としておそらく最初に形の定まったものの一つであったろう。戈の起源は、刃を柄に直角に装着する点から、斧や鉞がその起源にかかわるのは明らかである。殷の前の夏王朝の終わりごろ、考古学上は二里頭文化第三期ごろ（紀元前一七世紀ごろ）、磨いた石製の戈（玉戈）と銅戈がほぼ同時に出現し、殷の時代になると型式的な特徴もほぼ出そろう。このうち玉戈は、実用的ではない巨大なものが存在するように、儀器としての性格が強かった。

その後、戈は長い柄（長兵）に装着して戦車戦で敵兵を引っ掛けて倒す武器として盛んに使用された。中原における戈の変遷については、中国考古学者の林巳奈夫によるくわしい解説がある。すなわち、殷代はじめごろは刺す機能を重視する武器として使われ、柄に直角に「内」だけを差し込んで着柄していたが、その後、殷代中期に北方遊牧民族ですでに使用されていたソケットをもつ鶴嘴《つるはし》や斧状の武器の影響を受けて、ソケットをもつ戈が生まれた。このタイプは、敵を引っ掛けるか刺すだけであるなら強度の面で耐えることができるが、激しい打撃や甲冑を身につけた戦となると壊れやすい。そこで、柄に平行して本体を固定する役目を果たす「胡」が発達し、その後の戈の基本形態がそろった。

そして、西周時代には、刺すことから斬ることにも重点が置かれるようになり、刃をもつ身である「援」が湾曲もしくは外反するようになり、春秋時代前期になると甲冑対策として厚みをもった。そして春秋時代後期には内にも刃をもつようになるが、戈の柄の先端に矛を装着した戟の増加で役割が減り、戦国時代後期には本体が薄くなっていった。銅戈は前漢段階には急激に減少し、鉄戈もしくは鉄戟が使用されるようになり、後漢段階に戈はほぼ消滅する。以上のように戈は、戦闘方法の進化とともに機能的変化をともない、その形態も変化していった。

弥生銅戈の起源

こうした古代中国の銅戈が、韓半島を経由して日本列島の弥生文化に伝来した。日韓の最初の銅戈は、細形銅戈と呼ばれているが、これまでの日本と韓国の考古学研究ではその起源が不明であった。そこで筆者は、遼寧省の西部（遼西）地域にその起源を求めて、二〇〇六年八月に葫芦島市の葫芦島博物館において調査を実施した。その結果、建昌県干道溝の孤山子遺跡から出土した異形銅戈とされるものを実見し、それが弥生文化の銅戈の起源であることが明らかとなった。この発見を契機として、遼寧省各地でこの銅戈の発見例が増加し、新たに遼寧式銅戈と命名した［図34－1］。

遼寧式銅戈は、紀元前六世紀以降、戦国の七雄である燕国が東方へ領域を拡大する過程で、遼寧省の西側である遼西の大・小凌河流域の首長層が燕国の影響で形成した遼寧独自の武器である。大きさは同時期の燕国の中国式銅戈と同じように一八センチ程度と小形で、最大三メートルほどの長兵と呼ばれる長い柄に装着する武器として使用された。遼寧式銅戈は、図33でみたような中原で用いられた中国式銅戈の特徴をもつが、図34－2のように遼寧式銅剣の図と重ねてみると、その形状がよく似ていることがわかる。すなわち、身の中央部に垂直に通る太い背骨のようにしっかりした部分（脊柱）とその脇の凹み（樋）、そして翼のように開く部分（胡）の刃部を脊柱あたりで固定し研ぎ分けている特徴である。これらの特徴は、遼寧式銅剣の特徴であり、両者の特徴が折衷して成立したと考える。

遼寧式銅戈は、当初、遼寧省の西側でのみ存在が確認されていたが、その後、遼寧省の東側である遼東にも存在していたことが明らかとなった［図35］。今のところ遼西地域の系列のほうが型式学的に古く、

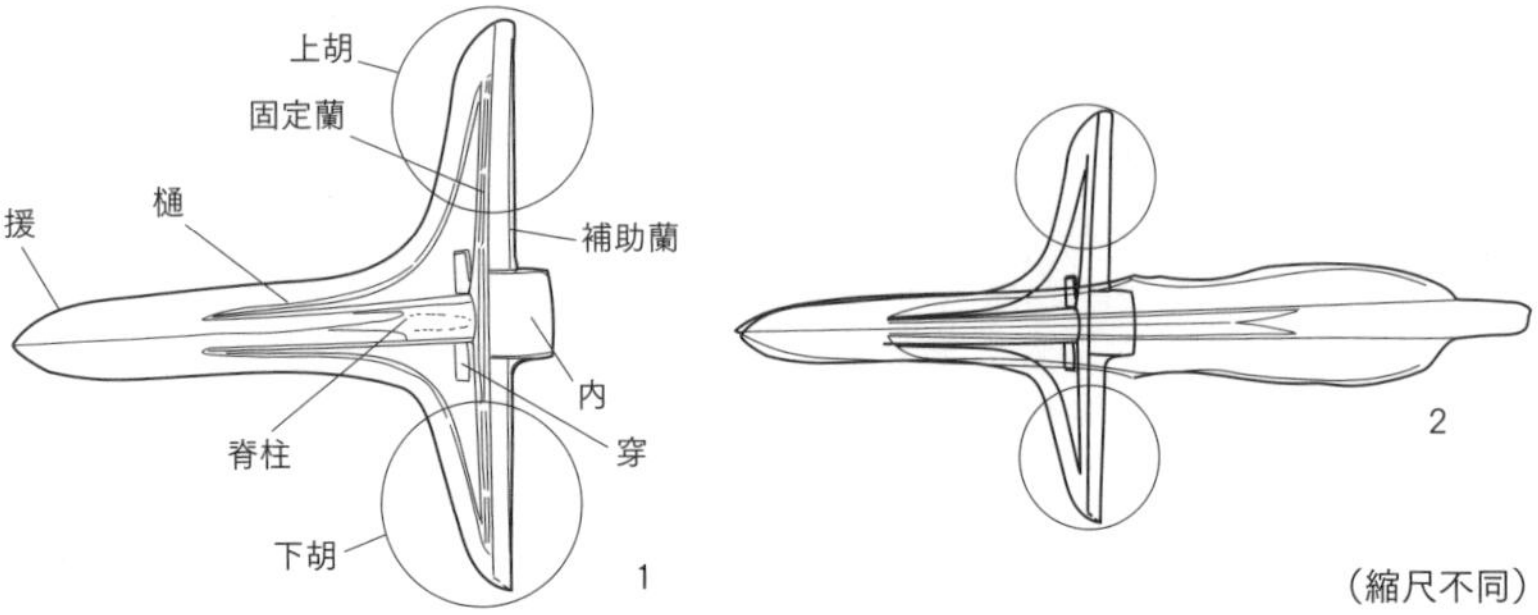

図 34　遼寧式銅戈の部分名称(1) と遼寧式銅剣との関係(2)

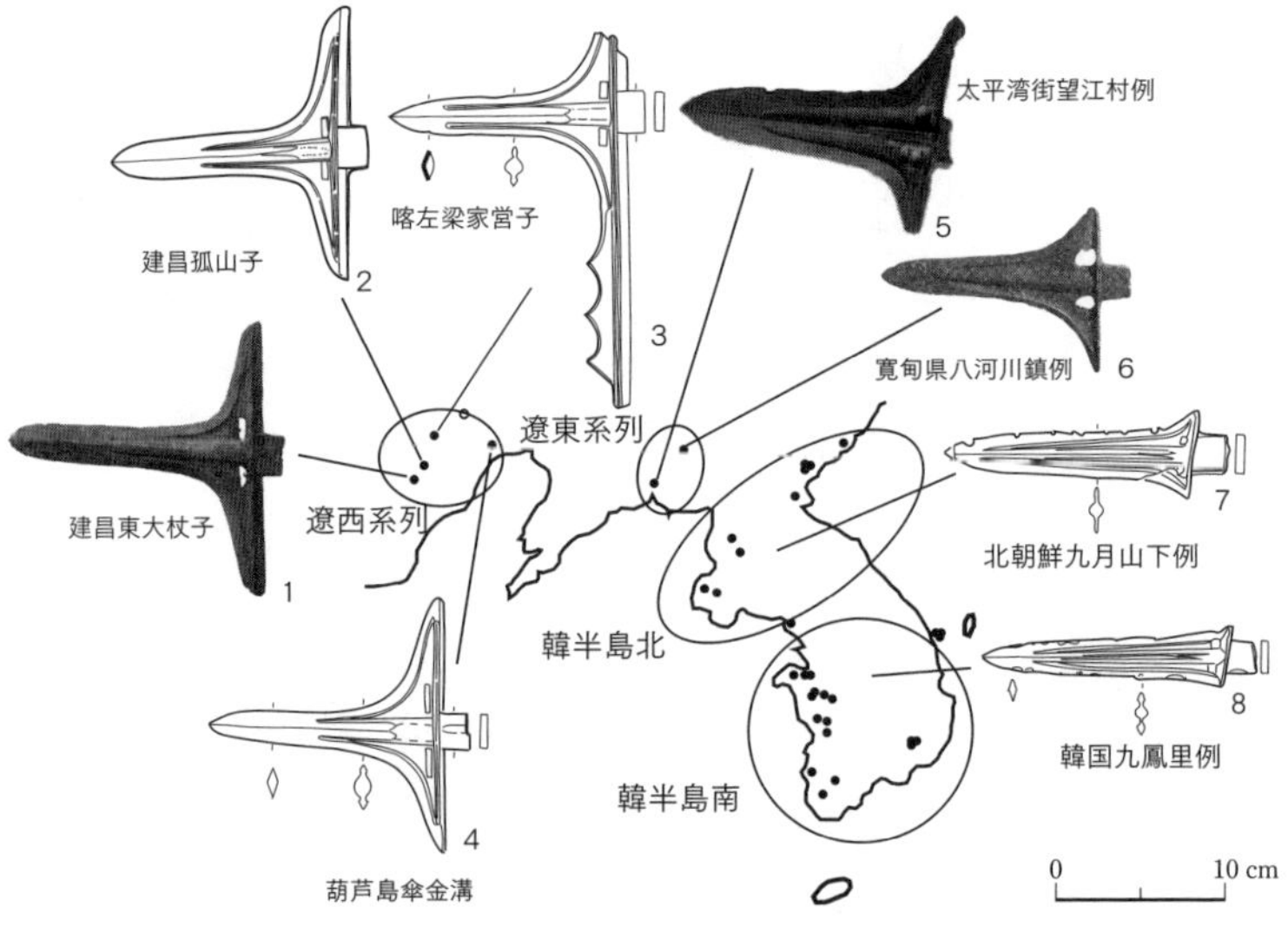

図 35　遼寧式銅戈の分布（1～6）と細形銅戈（7・8）

遼東の系列のほうが新しい。遼寧式銅戈はまだ年代的に不確かな点があるが、あえて年代を絞れば紀元前四世紀はじめごろには韓半島に伝播し、大形化（約一・五倍）と細形化をへて細形銅戈が誕生し、それがほぼ同時期に弥生文化に伝播した。弥生時代前期末から中期初頭ごろ（紀元前四世紀はじめごろ）の吉武高木遺跡の墳墓群の木棺内から出土した細形銅戈はその代表である。

以上のような経緯で日本列島に流入した銅戈は、弥生文化においては特別な存在となったが、韓半島では武器のなかで銅戈のみが特別な存在であったことは確認できない。一方、弥生文化では、戈を石などで模倣する同形異材が多く、また絵画にたくさん描いており、祭祀で重要な役割をもっていたことがわかる。以下、弥生文化における祭器としての銅戈についてみていこう。

銅戈の祭器化

日本列島における銅戈の出現は、弥生時代前期末から中期初頭段階（紀元前四世紀はじめごろ）であり、遼寧式銅戈が韓半島で変容し、それが伝播したものであるが、他の青銅武器同様に国内生産の開始後、しだいに祭器化し、埋納される。その後、刃である援の広形傾向が強まるとともに、厚さも薄くなり、長大化する。そして、柄に差し込む内は大形化に比して短く、鋳造後の整形も省略されるものが出るほどに形骸化する。ここでは戈の祭器化の重要な点についてみておこう。

銅戈の祭器化は、①大形化、②器体全体の幅広化、③薄身化、④内の小形化、⑤装飾化であり、日本と韓半島でともに祭器化が進行する。

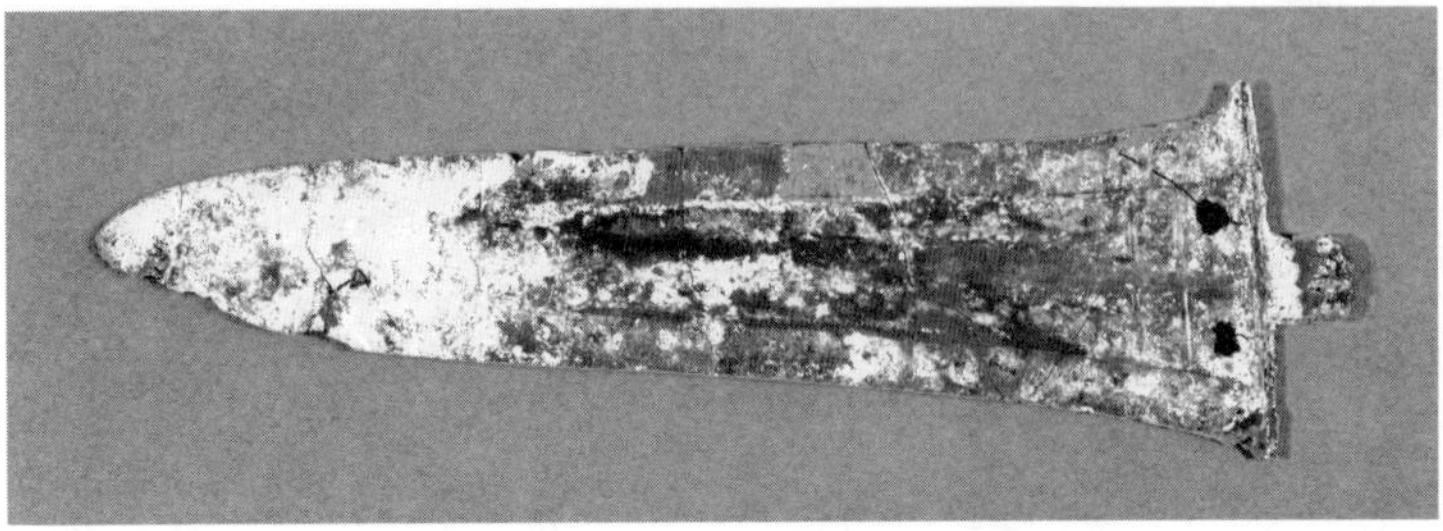

図36　明器銅戈（吉武大石遺跡、福岡）

こうした祭器化を示す諸特徴のうち、問題となるのは、武器としての実用的機能、さらに着柄機能の退化であろう。まず、武器としての実用的機能は、銅戈の日本での出現からそれほど経過しない段階で喪失化傾向にあることが判明している。福岡市の吉武大石遺跡五三号甕棺出土例などがそうした典型例である［図36］。この銅戈は身がきわめて薄く、内も痕跡化しており、相当に薄身化が進行している。

北部九州の弥生時代前期末から中期前半までのこの種の銅戈のなかには、早くから明器となって副葬品化されたものがあったと考えられる。確かにあまりにも薄く、実用品でないのは明らかである。日本列島において早い段階に銅戈が祭器化し、さらに副葬用としている例については、先述のように悪霊を打ち払う辟邪とした可能性があろう。

このような早い段階での銅戈の儀器化は特殊な例であるが、そのほかの銅戈の諸型式は大形化し着柄機能が退化していく。この着柄機能の退化とは、内と穿の型式学的な変化である［図37］。韓半島における初期の細形銅戈の内は、二つの穿の位置とほぼ同じ幅の肉厚なしっかりしたものである。穿の孔も大きい。日本の細形銅戈の場合、韓半島の細形銅戈にくらべると内の形態が非常に似るものと、幅は同じ程度でも厚さが薄いもの、小形のものなどバリエーションが多くなる。穿の孔も韓半島の細形銅戈のように大きいものから小さいものまである。特に内の幅が狭まり、二つの穿には

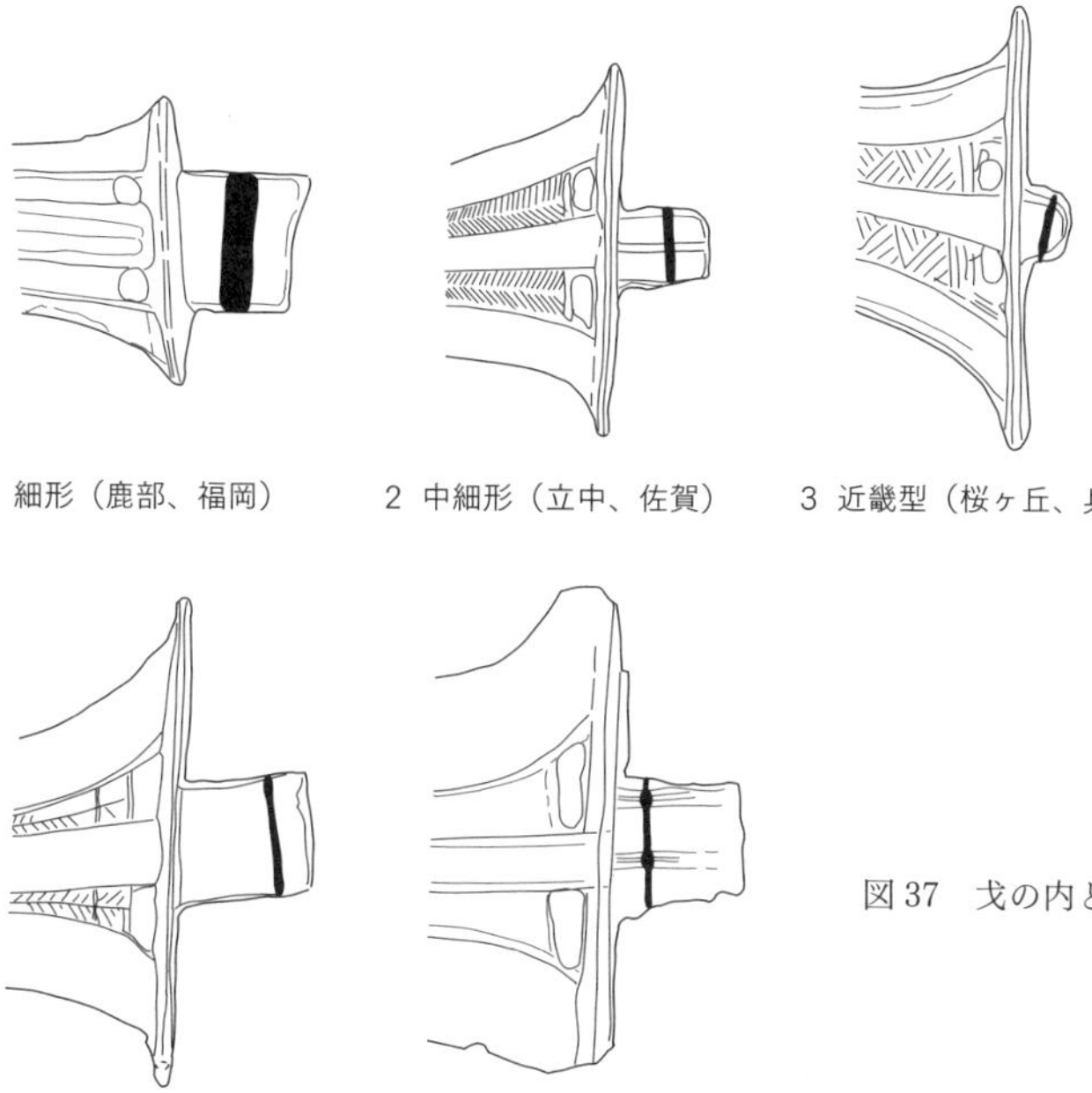

1 細形（鹿部、福岡）　2 中細形（立中、佐賀）　3 近畿型（桜ヶ丘、兵庫）

4 中広形（宮山、大分）　5 広形（日永、福岡）

図 37　戈の内と穿の変遷

（縮尺不同）

さまれるような状況になるのはすでに細形の段階からはじまっており、この形態的特徴は中細形、中広形、近畿型というようにその後の型式に続いていく。そして、早くも中細形段階に内は薄くなり、幅も狭まって、二つの穿にはさまれるような状況になり小形化する。すでに中期初頭に明器化した銅戈が出現していたが、中細形銅戈の内の退化も急速に進行したのである。

ただし、ここで注意しなければならないのは、内は小形化したといっても着柄できないほど小形化してしまったわけではなく、どんなに小形化しても穿と内さえあれば、実戦的ではないが祭りの場などでならば一時的に着柄はできる。もっとも内の形骸化の激しい近畿型でさえ着柄は可能であろう。しかし、銅戈の場合は、着柄の場合に内だけでなく胡の部分もいくらかは柄に差し込むわけであり、単純に内の小形化だけで儀器化を判断するのは危険である。

祭器化については、大形化も重要である。青銅器を研究する近藤喬一は、青銅器の大形化、すなわち祭器化の段階について、弥生時代中期前半から後期前半の西日本一帯での剣・矛・戈による儀礼を中心とした第一段階、そして、その後の北部九州から中四国西半の広形銅矛、近畿・四国東半の近畿式銅鐸、というように各地域の儀礼対象が異なるようになる第二段階に分けた。後者の第二段階は、一メートルを超えるような近畿式銅鐸の存在からわかるように、青銅器の大形化は視覚的な効果をねらったものであり、広形銅矛にしても基部の真土をそのままにするなど、着柄を想定していない。つまり、大形化した青銅武器は祭場に保管しておくべきものであった。

こうした大形化した青銅器の祭祀的な意味について、銅鐸研究を行った田中琢は、武器自体に呪力を認め、その呪力によって悪霊や外敵を鎮圧・防御することを期待したと考えている。なお、この田中の考えに関連して弥生時代研究者の桑原久男は、極大化した銅矛について、それ自身が象徴であり、人間ではなく神が用いるものであり、神に捧げられ埋納された、という「神器」説を紹介している。

以上の様相は、武器形青銅器のなかでも広形銅矛についてであり、広形銅矛が際立って大形化する段階では、すでに銅戈は実戦用の武器から後退しており、祭器化には武器の喪失が大きくかかわっていると考える。なお、銅戈の埋納については、後述することにする。

戈の柄と房飾り

戈の柄の出土例は、大阪府東大阪市の鬼虎川遺跡例（約六七センチ）、滋賀県守山市の下之郷遺跡例（約六二センチ）、岡山市の南方遺跡例（残存長約五七センチ）、石川県小松市の八日市地方遺跡例（残存長約六八センチ）、鳥取市の青谷上寺地遺跡例（残存長約五五・五センチ）などが知られる。直柄と曲柄の二種類があり、絵画でもこの二種が確認されている。このうち戈を着柄する内を差し込む孔の位置については、曲柄である下之郷遺跡例では上方に位置し、この位置で着柄した場合は援と柄の角度は鈍角をなす。直柄である鬼虎川遺跡例は、打製石器製の戈を着柄した柄であり、着柄位置はやはり上部であり、援と柄の角度は鈍角をなさず、刃は内接気味を呈する。

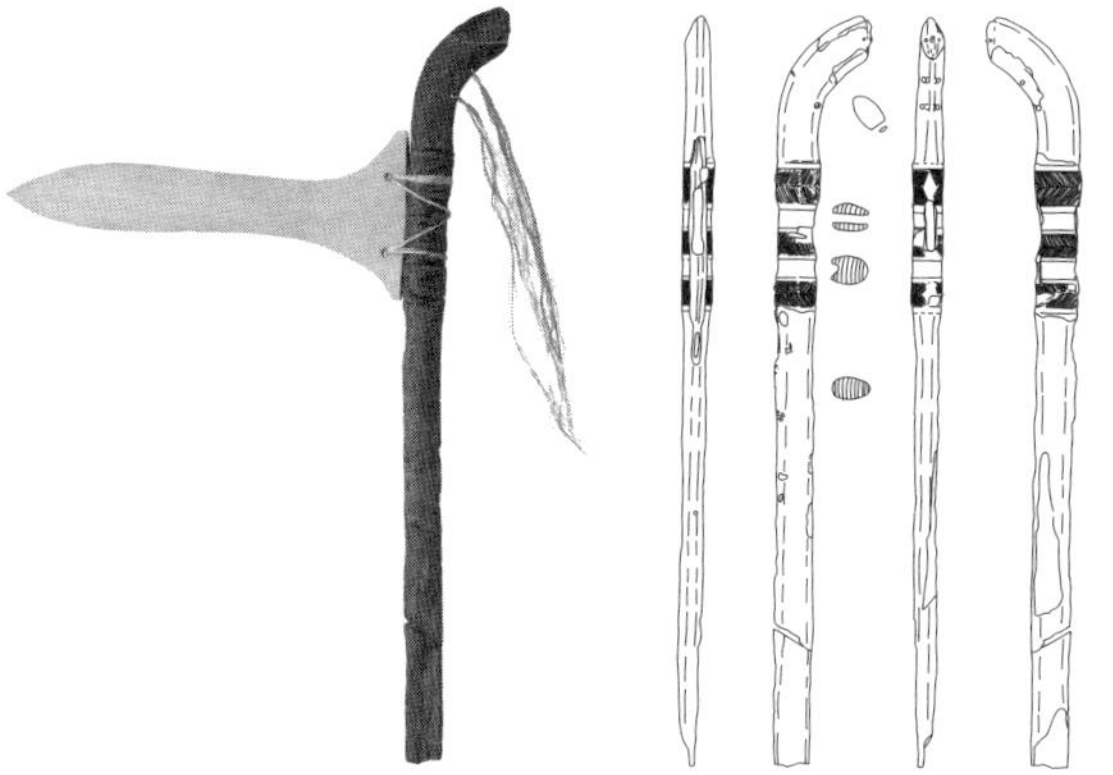

図 38　南方遺跡出土の木戈と房飾り

以上のうち、まず問題となるのは中期中葉ごろの南方遺跡例［図38］であろう。本例は黒漆塗りの柄で、下部を欠損している。装着部分に幅の狭い縦一五センチの長さの溝と内を差し込む長方形の孔がある。内の孔は、この溝のやや上にあり、手前で縦五センチ・横七センチ、奥で縦四センチ・横七センチと奥にいくにしたがって縦幅が短くなるようにあけられている。柄に対してほぼ直角に戈は装着されたようで、木戈を装着していたと考えられている。装着部の側面には横位の綾杉文が三条、間隔をおいて施されており、この綾杉文の上下には三～五センチの幅で漆の剝落部がある。この剝落部は、報告で甲の綴じ紐部分の剝落状況と似ているとされる。柄の上部は後ろ側に曲がり、内側に円孔が二カ所、さらに先端の平坦面やや中央に折れた木釘状のものが挿入されている。この円孔は、図38の復元写真のように房垂らしあるいは吹き流し状装飾のためのものとされる。

青銅武器には、実用的な機能とは無関係に飾りがつけられていたようであり、吉田広は、北部九州の銅矛の基部にある半環状の輪には、吹き流し状の装飾がつくと考えた。こうした装飾は、戈を振りまわす祭祀の場面では、派手さを醸し出す上で効果的であったであろう。羽のような飾りがたなびく様が想像される。

銅戈の埋納

先に、銅戈は日本列島で出現した早い段階から副葬専用品として明器化したものが登場し、被葬者に悪霊がとりつかないようにする辟邪として副葬されたことを指摘した。こうした銅戈の副葬習俗は、北部九州では弥生時代中期前半（紀元前四世紀から前三世紀）ごろのことである。そして、中期前半以降、中細形銅戈になると、北部九州では盛んに埋納される。青銅器埋納に関しては、出雲地域を代表とする銅矛・銅剣・銅鐸の大量埋納に関心が集中するが、じつは最初期の青銅武器埋納習俗では北部九州における中細形銅戈の埋納のほうが圧倒的に多い点は注意される。なぜ、銅戈がこのように早い段階で埋納の主役をになったのか。

青銅器埋納に関する研究は、前述のように埋納研究の中心である銅鐸を参考にすれば、これまでに廃棄説、隠匿説、土中保管説、奉献（贈与）説などさまざまな見解が提出された。このうち、まず廃棄説は、鰭を垂直に立てるなどの一定の法則にしたがって埋納している点などからすでに否定されている。土中保管説は、銅鐸などを祭りのときに保管し、あとで回収するつもりであったのが置き去りにされたことによって埋納として出土するという考えである。そして奉献説は、埋納行為は神への奉献であり、埋納は一度きりであるという考えである。

埋納行為は、決まった場においてなされている可能性が高いと考えられており、そうした場は宗教的な意味をもつ可能性が高い。日韓古代史研究者である三品彰英は、埋納の場に関し、ある世界と別の世界との境界として認識されていたところであり、銅鐸を埋めることで危険な境界を鎮め邪悪なものの侵入を防ぐ意味があるとした。三品が指摘する境界とは、特別な場であると思われるが、これに関して桑原久男は、青銅器の埋納は超自然（神）への奉献であり、「神への贈与」であるという奉献説を支持しつつ、銅鐸の埋納の場に関し、聖なる場所や神に捧げる形で奉献されたと考えた。

このように埋納の場に宗教的・象徴的意味があり、その地が選択されていた可能性が高いが、こうした行為が奉献であったとしても、それが実際にどのような意味をもつのかについては解釈が分かれるところである。問題は、奉献の行為が結果として何を期待したものであるかであろう。すなわち、三品のいう邪悪なものの侵入を防ぐ説であるのか、桑原が紹介した神器であるのか。こうした解釈のほかには、力で勝ち取った土地の支配権を記念するための祭祀という説もある。

こうした点を考える上で春成秀爾と酒井龍一の検討は重要であろう。両氏の考え方は、極大化した広形銅矛は、対馬・和歌山・静岡といった地域に集中して分布するが、それは北部九州や近畿中枢部の集団が境界の防御のために境界地域に埋納したという解釈である。このような青銅器の埋納に関する研究により、埋納は三品が指摘したように、ある世界から別の世界の境界にあって邪悪なものの侵入を防ぐために行われたものであり、その境界は地域集団にあって別の地域集団との境界であると整理できる。

それでは銅戈の埋納はどうであろうか。北部九州では、銅戈は福岡平野および隣接する筑紫平野や田川盆地に多く集中しており、おもに福岡平野周辺の地域に埋納されている。これらの分布のあり方から、各平野の山側、さらに平野同士をつなぐ山側の境界付近に多いことがわかる。

埋納の開始は中細形段階で、先にみたようにほかの青銅武器を凌駕する埋納量である。こうした銅戈の埋納が多い地域は、最初期に銅戈が流入し、副葬用の銅戈を生み出した福岡平野を中心とする。先に述べたように副葬用銅戈に辟邪としての機能があったとすれば、この機能がさらに中細形銅戈に引き継がれたと考えることもできるであろう。こうした中細形銅戈の埋納は中期後半で終わり、その後は広形銅矛が圧倒的に多くなり、銅戈は埋納対象としては少数派となる。こうした埋納対象の交代劇は、実用的武器としての銅戈の衰退の影響が背景にあろう。

なお銅戈の埋納例としては、そのほかに吉野ヶ里遺跡の北内郭大形建物の構築前に埋納された大形の広形銅戈が注目される［図39］。吉野ヶ里遺跡には遺跡内にさまざまな施設があるが、これらのうち北内郭と南北の墳丘墓の位置関係が興味深く、弥生時代研究者の金関恕は北内郭の大形建物を通過する中軸線上に冬至日の入りと夏至日の出の方位が合致し、そして大形建物と南北墳丘墓が一直線上に並ぶ線が大形建物の中央付近で交叉することを指摘した。

これだけでも非常に興味深い関係性であるが、それだけではなかった。さらに驚くべきことに、この

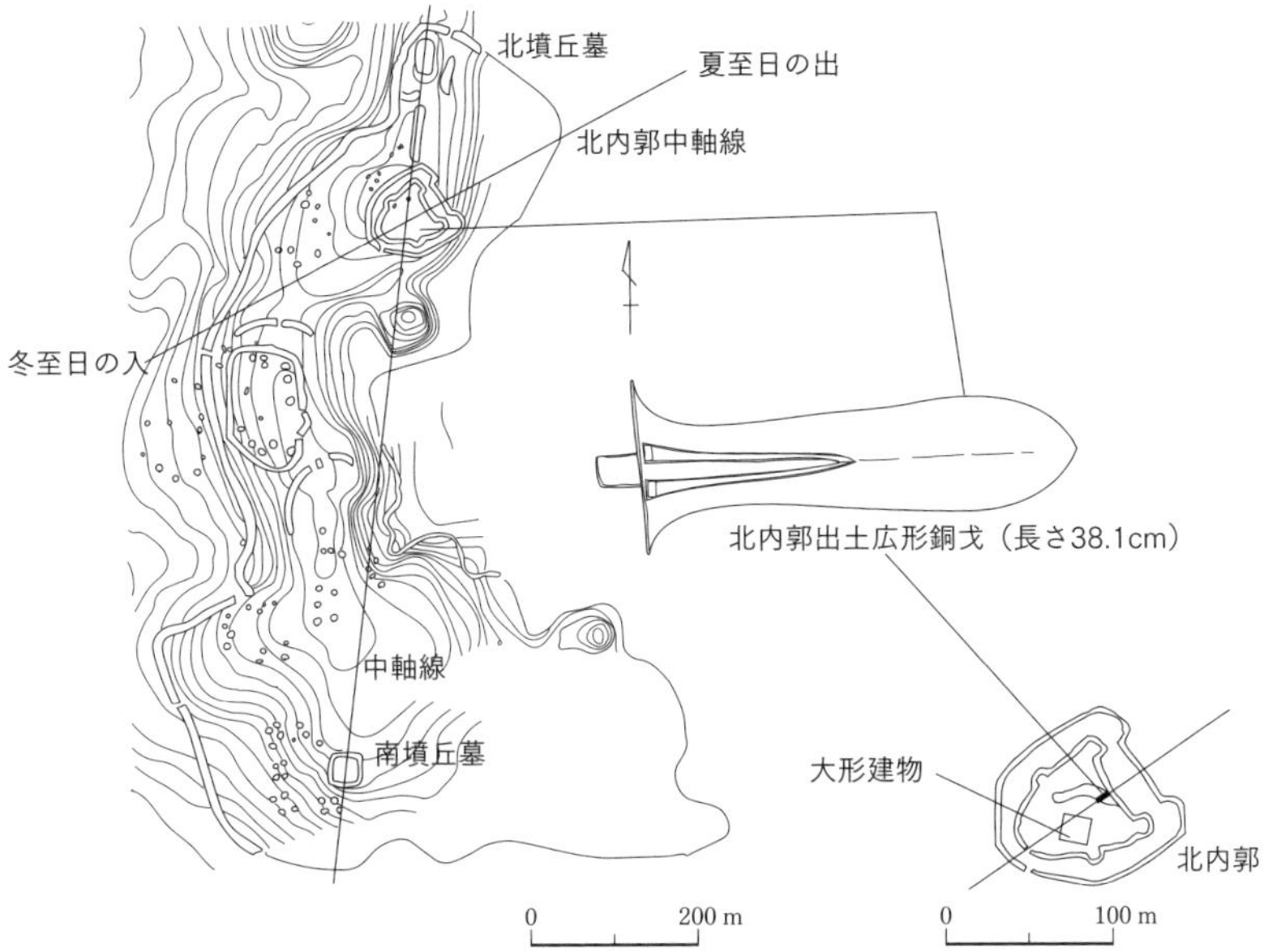

図39　吉野ヶ里遺跡（佐賀）北内郭と埋納銅戈

大形建物の交叉地点を通過する冬至日の入りと夏至日の出の方位の線上に沿う形に、広形銅戈が埋納されていたのである。金関は、こうした方位に墳丘墓と大形建物が並ぶことについて、大形建物を亡き首長霊を崇め祖先祭祀を行う場である宗廟とみなし、この建物と南北墳丘墓が同じ軸線上に並ぶ意義を説明し、宗廟の祭祀と方位信仰の起源を漢代に求めた。

このような方位信仰があったとして、それでは大形建物の構築前に埋納された広形銅戈はどのような意味をもつのであろうか。ここまで銅戈は辟邪として機能していたと述べてきたように、埋納することによって、その場に寄りつくよくないもの・ことを鎮める地鎮としての意味をもつと考える。そう考えることができるとすれば、銅戈が大形建物の構築前に埋納された状況からみて、地鎮として埋納され、同時に宗廟の下にあって、宗廟への厄災をはらう辟邪として機能したと考える。

戈の同形異材祭祀

戈は、剣と同様に同形異材が多く、石戈のほか、木戈と土戈が存在する。このうち木戈は西日本各地から出土し、柄とセットとなるものと柄と一体のもの、身のみのものの三種があり、銅戈の少ない近畿地方でも多数が出土している。木戈の広がりは、朝鮮半島南岸から日本列島の東海東部にまで広がるが、中部関東までには到達しない。

この木戈など武器形木製品については、すでに剣のところで模擬戦・舞について少し触れた。こうした模擬戦・舞に使用した可能性のある木戈は、手にもつことができるものが主流であるが、必ずしもすべて手にもって使用したかどうかはわからない。木戈のなかには南方遺跡出土例〔図22－17参照〕のように手で抱えなければ持てないほどに大きいものも存在していたので、祭場に奉納したものも存在したと考えたほうがよいだろう。木製武器形祭器を使用した祭祀には、模擬戦・舞のような場で実際に手に持って執り行う祭祀と、祭場に奉納する祭祀の二つが存在した点を確認しておくにとどめる。

こうした木戈にくらべて石戈は、戈の同形異材のなかでもっとも多く祭祀に用いられたようである。

弥生時代研究者の下條信行によれば、磨製石戈は、無樋で有茎、もしくは無茎の「九州型石戈」と、有樋有茎の「畿内型石戈」に大きく分けることができるとする。そして、畿内型の退行型として長野・群馬・新潟の諸例を位置づけた。北部九州のタイプもいくつかに分類できるが、弥生時代前期末から中期初頭の側縁が直線的なタイプと、これにやや遅れて出現する側縁が曲線的なタイプに大きく分かれ、日本列島の銅戈の変遷と一致した動向を示す。今のところ韓半島では石戈はみられないので、日本列島独自に形成されたものである。ここでは、こうした石戈のうち、同形異材の問題を考えるために、東日本において分布する問題について検討する。ここで、あえて東日本における問題を取り上げる理由は、戈の同形異材品の種類が西日本よりも多く、その派生品も多数存在するからである。

筆者が注目するのは、中期後半段階において、長野県から群馬県西部にかけて、石戈が集中分布することである。当地域で石戈が分布することは、これまでにも多数の出土例の検討により明らかにされてきた。確かに分布が集中しているのは明らかであろう。これほどまで石戈が集中して分布するからには、当地域において、銅戈自体も相当存在するのではないか、という可能性が考えられてきた。そして、長野県ではついに中野市の柳沢遺跡から九州系や近畿系の銅戈が出土するにおよび、石戈がこれまで近畿型銅戈の影響で形成されたという考え方に修正が必要となった。

筆者は、こうした長野県から群馬県などに広がる石戈を、石川日出志や中部高地の弥生時代を研究する馬場伸一郎の考え方を参考に、三つの系列が相互に影響し合いながら変化していると考えた［図40］。すなわち、第一の系列（無樋系列A）は、鎬をもつ九州型石戈（1）が祖型で、穿が一つになり（3）、全体が斧のような形（斧形）の有孔石剣となった（5）。第二の系列（無樋系列B）は、石剣（4）が祖型で、鎬をもつ有孔石剣（5）に変化したと考えるもので、第三の系列（有樋系列）は、樋をもつ近畿型銅戈（7）が祖型で、これをもとに樋と鎬をもつ石戈（8・9）が生まれたとするものである。

こうした石戈は、長野県から群馬県などに広がる一方で、石戈の影響を受けて出現した有角石器は、その外郭圏である関東南部や関東北西部から東北にかけて分布する。有角石器は二種あり、第一の系列と第二の系列における鎬《しのぎ》の特徴と第三の系列の戈形の特徴を受容し、長野県産の榎田型石斧の石材と形状の影響を受けて内に相当する部分を伸張させて斧形化し、まず有角石器A（6）が生まれた。そし

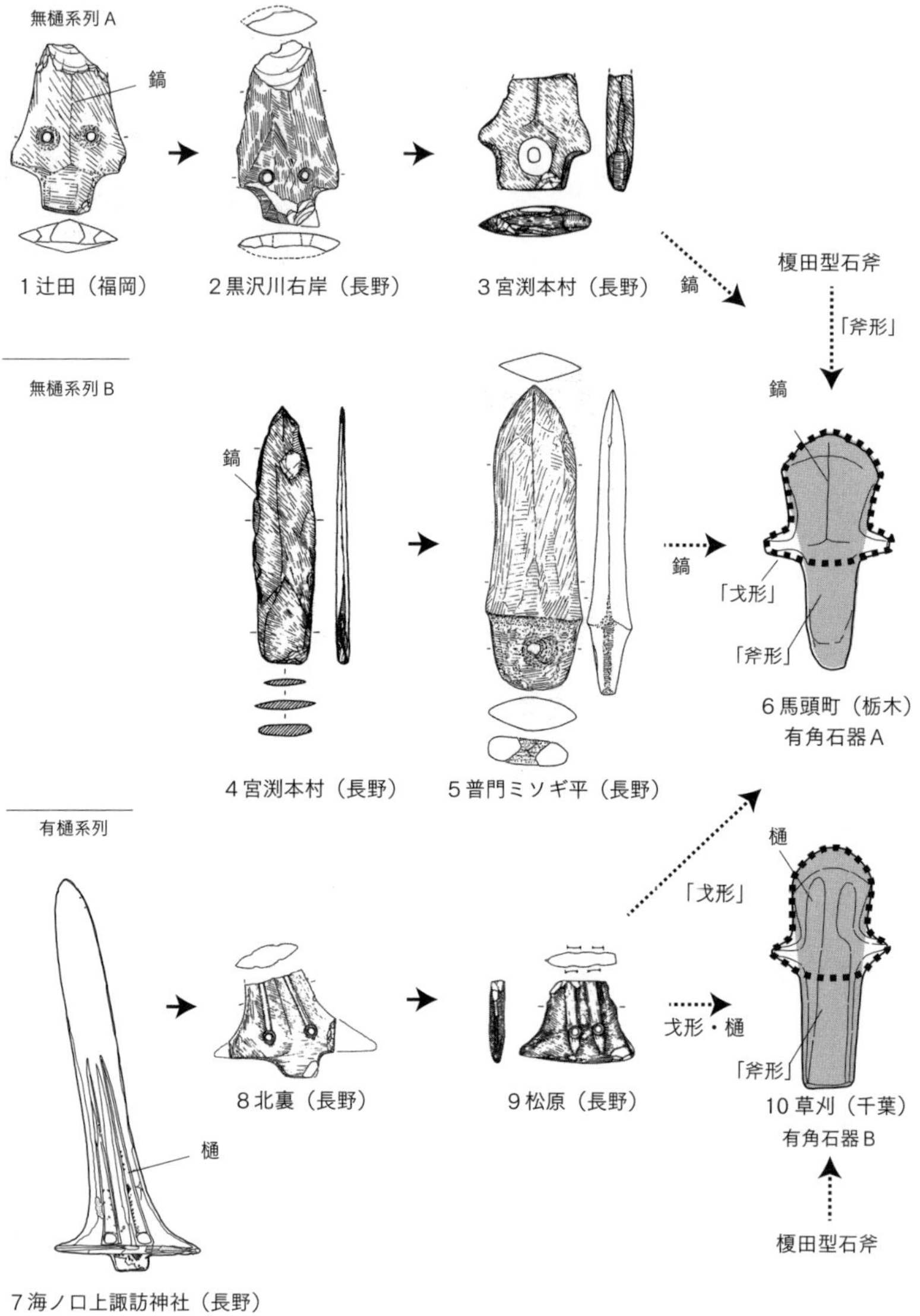

図 40　戈形の象徴媒体の変化

て、同様に榎田型石斧の影響で斧形化したものに、第三の系列の戈形と樋の特徴が加味され有角石器B(10)が生まれたと考える。有角石器に影響した「戈形」は、第二系列で形成された、石戈の刃の先端が欠損した「斧形」とも呼ぶべき形態が原型である。この斧形の形成については後述する。

このように、石戈と戈形を呈する有角石器などほかの武器にはみられない異常ともいえる連鎖的な同形異材での模倣の現象がみられる。しかも、この現象はこれにとどまらない。

長野県佐久市の社宮司遺跡で、韓半島の銅鏡である多鈕鏡の破片が出土している[図41]。多鈕鏡の破片とともに、板状の斧、多数の管玉ときわめて大きい翡翠の勾玉を一緒に壺に納め、土中に埋納した祭祀遺跡である。筆者が注目したのは、この多鈕鏡の破片の加工された形状にあった。

社宮司鏡の形状をよくみると、破片とはいっても、破断面を研ぐ、あるいは鈕の頭を研いで平らにするなど、何らかの形を意識しているのは間違いない。そこで、仮に長軸に垂線を引くと、左右が非対称な形状である。現在、このゆがんだ三角形状の底辺側に三カ所の穴があるが、このうち一カ所(C)は、もともと鋳上がりの悪さによって生じた穴で、ドリル状の鋭い工具で穿孔したのはAとBの二つであろう。この二つの穴は、Bについてはあえて水平に研いだ鈕の上からあけており、また、Aは途中で穿孔をやめ、Dのあたりでは何度も穴をあけようとした箇所が複数ある。もし、この鏡片をペンダントとして使うのであれば、Cの穴だけで事足りるわけであり、その他に二カ所も孔をあけるこだわりは、装飾品とは関係のない別の意図によるものであると考えたほうがよいだろう。それでは、こうした穿孔などの特徴は何を示すのであろうか。筆者は、この左右非対称の形と穿孔のあり方は、「銅戈」をイメージしたものであると考える。戈の本体は左右対称の形状ではなく、また穿と呼ぶ孔を二つもつのが特徴である。おそらく、銅戈、そして石戈の「戈形」の特徴を、破片となった多鈕鏡に重ねて表現した、とい

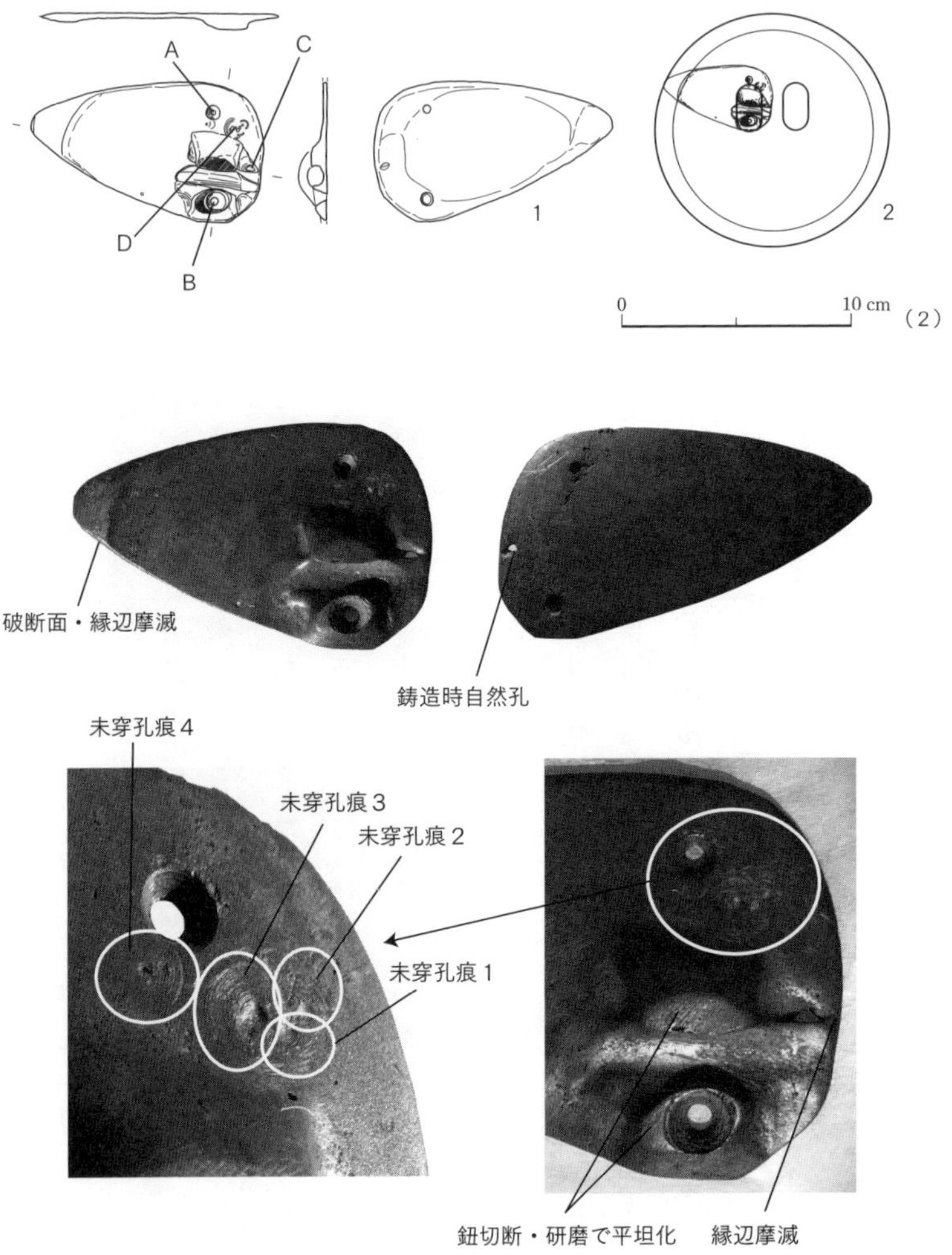

図 41　社宮司遺跡（長野）出土の多紐鏡破片

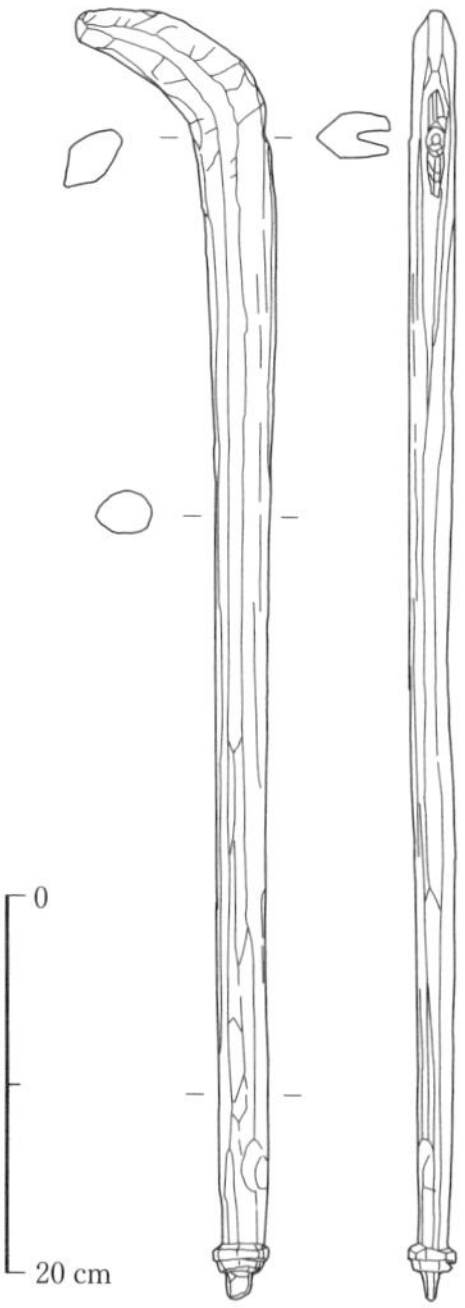

図 43　八日市地方遺跡（石川）出土の木柄

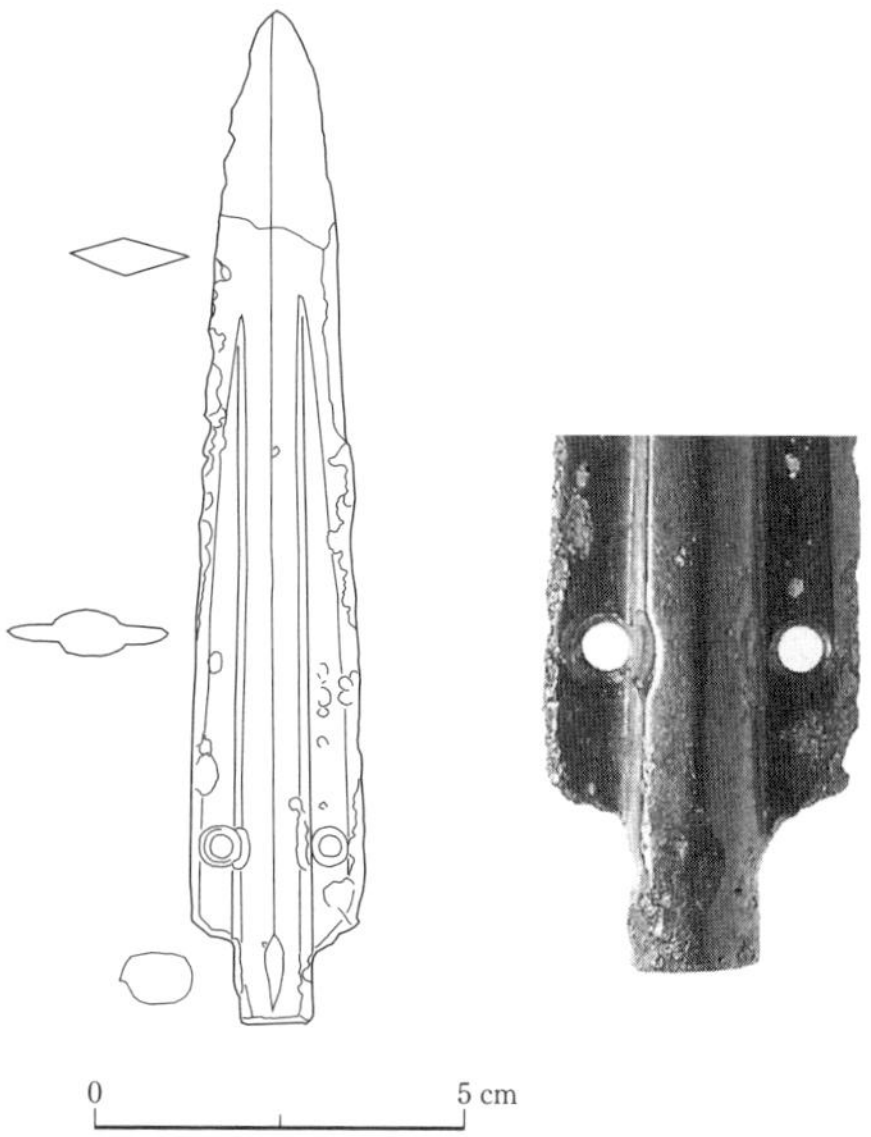

図 42　若宮箭塚遺跡（長野）の関部双孔

うのが筆者の解釈である。

　こうした孔を二つあけることは銅剣にも行われた。弥生時代中期に入ると、長野県千曲市の若宮箭塚遺跡から出土している細形銅剣〔図42〕のように「関《まち》部《ぶ》双孔《そうこう》」という銅剣の関（身の末端部分の名称）に一対の孔をもつものが出現するのである。吉田広によれば、北部九州以東にみられる特徴であり、この「関部双孔」を、吹き流し状の装飾を付加するものとみる一方、筆者は、この「関部双孔」については、銅戈の一対の穿を「戈形」の象徴として、銅剣の関部分に付加したものとみる。

　筆者がそう考えるのには理由がある。八日市地方遺跡では戈の柄が出土しているが〔図43〕、この戈の柄について、装着部の内の孔が円孔を呈し、貫通しておらず、形状と大きさからみて戈の内が挿入された可能性は低く、銅剣が装着されていた可能性がある。若宮箭塚遺跡の細形銅剣では、度重なる再加工により本体は小形化しており、関部双孔も繰り返し穿孔されており、つねに孔が二つなければならなかったのである。このような銅剣を戈にみたてることがあったとすれば、少なくとも東日本では、「戈形」の同形異材の象徴を形にした祭祀が行われていたことになる。同時に、「関部双孔」は西日本各地にみられるわけであり、今後、この問題について検討する必要があろう。

戈は、前述のように古代中国で最初に登場した武器で、鉤状の形状から辟邪の意味をもち、また弥生時代の武器のうち唯一絵画に表現され、さらに青銅器のなかでもっとも東方から出土する特別な武器である。弥生絵画で、戈のみを取り上げている例は、「戈形」に象徴的な意味があることを示している。

こうした状況がすべて関連性のある出来事であるとすれば、弥生時代中期後半から中期末（紀元前一世紀から紀元前後）ごろに、栗林式土器の分布圏を中心に「戈形」という「戈」の形を連想させる同形異材の象徴媒体が連鎖網を拡張し、銅戈・石戈・戈形の多鈕鏡の破片などが生まれたと理解でき、さらに有角石器の分布は東北地方にまで広がるのである。

こうした長野県を中心に発達した戈形の象徴は、どのように祭祀で用いられたのであろうか。まず埋納例であるが、柳沢遺跡では銅戈群は氾濫が頻繁に起きる千曲川の曲がり角付近に埋納され、洪水を鎮めるような祭祀として埋納された可能性がある。また社宮司遺跡で出土した戈形の多鈕鏡片は、噴火を頻繁に繰り返す浅間山のよくみえる場所に埋納されており、火山活動を鎮めるために埋納された可能性がある。

また、長野県から群馬県などに広がる石戈は、先端部分から身の中程までが折損・破損し、その部分を再加工する場合があり［図44－1］、有角石器ではそうした特徴を忠実に「斧形」として再現してい

1　松原遺跡（長野）

2　西一本柳遺跡（長野）

図44　石戈にみられる打撃痕と折損状況

る［図44－2］。すなわち意図的に先端部分を欠損しているところからみて、石戈で打撃行為におよぶ祭祀行為があったことは間違いない。これに関しては、青銅器研究者の柳田康雄によって柳沢遺跡の銅戈や長野県大町市の海ノ口上諏訪神社蔵の銅戈において、度重なる欠損と刃こぼれ後に研磨している状況が確認されており、戈形の同形異材の象徴媒体のいずれにも共通した祭祀行為とそれにともなう身体動作も共通性していたことになる。以上の石戈の打撃行為については、第10章で再度論じることにしたい。

東南アジアの銅戈と祭祀

ここまで、祭器としての戈に関する問題をいくつかみてきた。特に注目すべき点は、戈が古代中国で誕生し、日本列島の弥生文化に到達して、重要な祭器として用いられたことである。このような現象は、はたして弥生文化のみの特異なものであろうか。

この問題を考えるために、筆者は中国に起源する戈を弥生文化と同じように受容した中国の周辺地域である東南アジアにおいて検討を試みたことがある。この時に筆者は、中国で生まれた戈が、その祭祀性の強さゆえに、戈を受容した中国の周辺地域である各地域において、同じように祭祀において重要な役割をもったはずである、という仮説を立てた。そして、筆者は東南アジアにおける戈の検討を行うため、ベトナム、タイなどの東南アジア各地で調査を実施した。

東南アジアで、戈がもっとも多くみられるのはベトナムである。中国に比較的近い地域であるために戈が存在するのであるが、注目すべきは銅戈をどのように用いたかであろう。東南アジア考古学が専門の新田栄治は、ベトナムをはじめとする各地の銅戈について、形態的にほとんどが全長の長大化、ないしは身である援の広形化をまねき、さらに一方でミニチュアも作られ超小形品も登場したとした。さらに、ベトナム南部のロンザオ遺跡では約二〇本の銅戈が一括埋納されており、埋納行為も存在したと述べている。筆者は、このロンザオ遺跡の一括埋納銅戈群を実見し［図45］、新田が指摘した特徴の徹底さに驚いた。最初に驚いたのはその大きさである。図45－1は全長が五〇センチと長大で、このように大きな銅戈を柄に装着してふりまわすのは無理である。中原地域における戈は小形であり、ハノイ歴史博物館所蔵の中国式銅戈も援から内まで含めても二〇センチ前後にすぎないので、ロンザオ遺跡の一括埋納銅戈の長大さがわかる。さらに、弥生文化の銅鐸などを想起させるような緻密な文様がぎっしりと銅戈の身の部分に施されていた［図45－2］。中国中原の銅戈では、このようなものはなく、あるとすれば、ベトナムと同じように中国の周辺地域である四川省、雲南省、貴州省などでわずかしかない。

またロンザオ遺跡の銅戈では、刃を研いでおらず、実用品でないのは明らかである。その一方で、内には柄に装着した後に固定する紐や目釘を通す孔が開けられている。これは、祭器として何らかの祭祀で実際に用いられた可能性を示すものである。このように、ベトナムの銅戈は基本的に祭器化し、非実

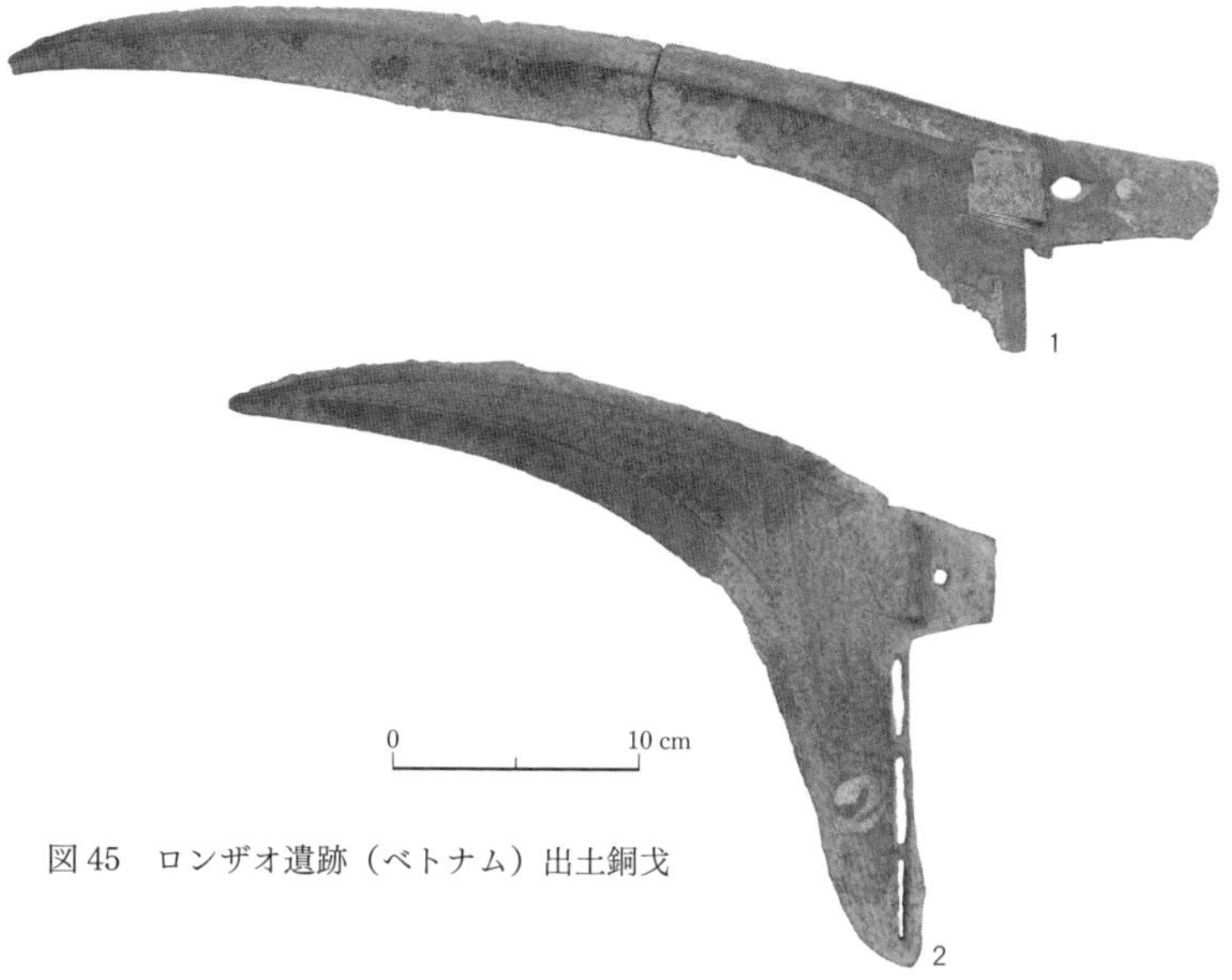

図45　ロンザオ遺跡（ベトナム）出土銅戈

用品化が著しいことがわかる。その他、戈の祭器としての性格を示すミニチュアについても触れておこう。戈のミニチュア化を示す資料は、ベトナム南部で確認した。すでに紀元前四世紀ごろから紀元前後ごろのドンソン文化期において、ベトナムの南北において銅戈のミニチュアの存在が知られている。

以上のような銅戈は、東南アジア全体で約三〇本出土しており、ベトナム以外にタイにおいても出土している。東北タイのバンチェン遺跡からは、ベトナムのものとほとんど同じ銅戈が出土している。そして、まだ筆者はみたことがないが、驚くべきことに、さらに数千キロ離れた海の彼方であるインドネシアにおいて、ベトナムでみられたような銅戈の変容したものが存在するという。東南アジア一帯には、紀元前五世紀ごろ以降、中国の雲南省あたりで形成された銅鼓という銅製の太鼓が、メコン河を南下し、さらにインドネシアまでの広い範囲でみられる。こうした東南アジアの銅

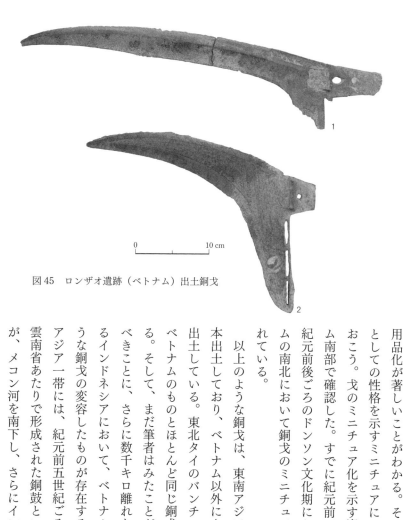

戈は、四川省に伝播した中国中原系の銅戈が、銅鼓の出現した紀元前五世紀ごろとほぼ同時期に、銅鼓と同様にメコン河を南下し、東南アジアで大形化し祭器となったようである。そして、銅鼓とともに東南アジアの広い範囲に広がっていったのであろう。これほどまでに武器のうち戈のみが特別な扱いを受けた背景には、やはり戈自体が特別な祭祀的な役割をもっていたからであると筆者は確信する。

中国外郭圏の銅戈と祭祀

ベトナムを中心にみられた東南アジアにおける銅戈の大形化と装飾化が進行した地域は、いずれも四川・遼西といった中原に接した地域を経由して間接的にその影響がおよんだ韓半島・日本列島、雲南・東南アジアである。これらの地域では、ほかにも注目すべき共通性がある。まず注目するのは、戈の柄の説明で少し触れた柄の房飾り・吹き流し状装飾である。

これらは、古代中国でもみられるものであり、河南省汲県の山彪鎮遺跡出土の銅容器の図像には、羽飾りを有する戈の柄の使用がある［図46－1］。また武器に羽飾りをつける習俗は、紀元前四世紀ごろのベトナムにおいてもみられ、先ほど触れた銅鼓でも古い段階のヘーガーI式の図像に、戈の柄ではなく盾に羽飾りをつけているものが描かれている［図46－2］。この後、第5章で戦士の鳥装について触れるが、身体に羽飾りをつけるほかに、武器に羽飾りをつける習俗は東アジアの広い範囲に共通してみられる。先に、戈の柄の房垂らしあるいは吹き流し状の房飾り装飾について触れたが、このような鳥装と戈を飾る風習が、戈とともに東アジア各地において共通することは、決して偶然のことではないであろ

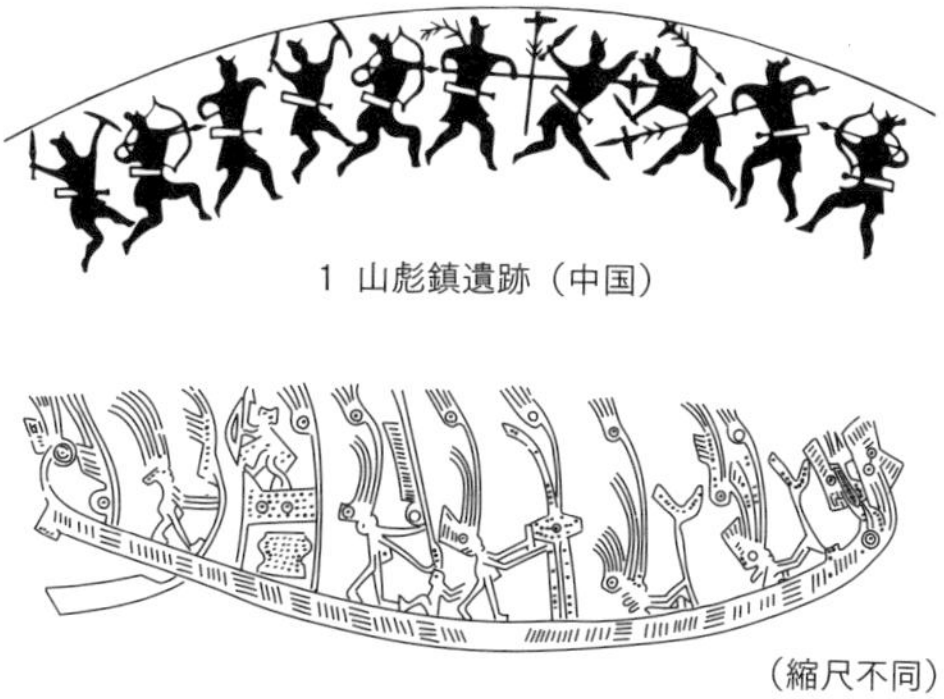

1 山彪鎮遺跡（中国）

（縮尺不同）

2 ドンソン遺跡（ベトナム）

図46　描かれた羽根飾り

う。

なお、柄の長さもこれらの地域では共通していた。古代の中国では長い柄の戈を用いたのに対し、弥生文化の銅戈の柄の長さはすべて六〇センチほどである。その短い理由は、古代中国のように戦いにおいて戦車を用いることがないため、二メートル以上の長い柄は必要ではなかったからである。韓半島や日本列島では、河川で平野が分断され、戦車が展開するような広大な平原はない。その一方、山林が多い戦いでは、長い柄は邪魔になる。四川省、雲南省、東南アジアの各地も韓半島や日本列島に類似する環境で柄は短くなったのであろう。こうして中国では長い柄に装着して振りまわすために、銅戈の大きさは二〇センチ以下と軽く小さめであったが、中国周辺の各地では、長い柄に装着する必要がなくなったことから、二五センチほどと大きくなっている。中国周辺地域で銅戈の大形化が顕著である理由は、まずこのような戈の実用的機能において大形化したことが背景にあるだろう。

以上のように、戈をめぐって中国の周辺地域では、大形化と装飾化が顕著で、ロンザオ遺跡のように埋納例がみられる。そして、戈に飾りがつけられ、さらに戈をもつ戦士が鳥装を扮することまで共通している。このような現象は、同じ武器でも剣や矛ではみいだせない。やはり戈自体が特別な存在で祭祀的な意味をもっていたからにほかならない。

筆者は、このような戈における共通の現象がみられる古代中国の周辺地域ついて、中国の外縁地帯の外側にある一帯であることから中国外郭圏と呼ぶ［図47］。この中国外郭圏にあって、共通性が生じた背景については、中国北方青銅器文化が東北アジアと東南アジアに伝播したと考える、中国考古学者の宮本一夫の説が重要であろう。宮本は、同じ中国北方地域から発する北方青銅器文化の伝播の波は、遼寧から日本列島へ至るものと、西域から四川、そして東南アジアへ至るものの二つの支脈に分岐したと考えた。銅戈は、その強い祭祀性によって、この二つの支脈にのって中国外郭圏の各地に伝播していったことになる。

このように、遼西から遼東へ、そして日本列島へとつながっていく銅戈・戈の支脈は、前述のように燕国と遼寧青銅器文化の接合という形で形成されたものが起源となった。したがって、弥生銅戈には燕国を通じた中原系の祭祀の体系なども付随して流入したのであろう。春秋戦国時代の中国外郭圏の問題は、戦争の拡大とそれに付随する文化的インパクトにより、周辺地域間の相互交渉が活発化し、急激に広域な交渉網が成立したことが背景としてあると考える。

戈から戟、そして矛へ

以上のように、日本列島の戈の問題を整理したが、戈は辟邪の象徴として機能し、地鎮などのために埋納され、また同形異材の戈が多数つくられた。また、戈はそのような象徴性の強さゆえに日本列島以外でも中国外郭圏の各地で同じように扱われた。

その後、銅戈は日本列島では遅くとも弥生時代後期中ごろ（二世紀）にはなくなり、古墳時代前期（三

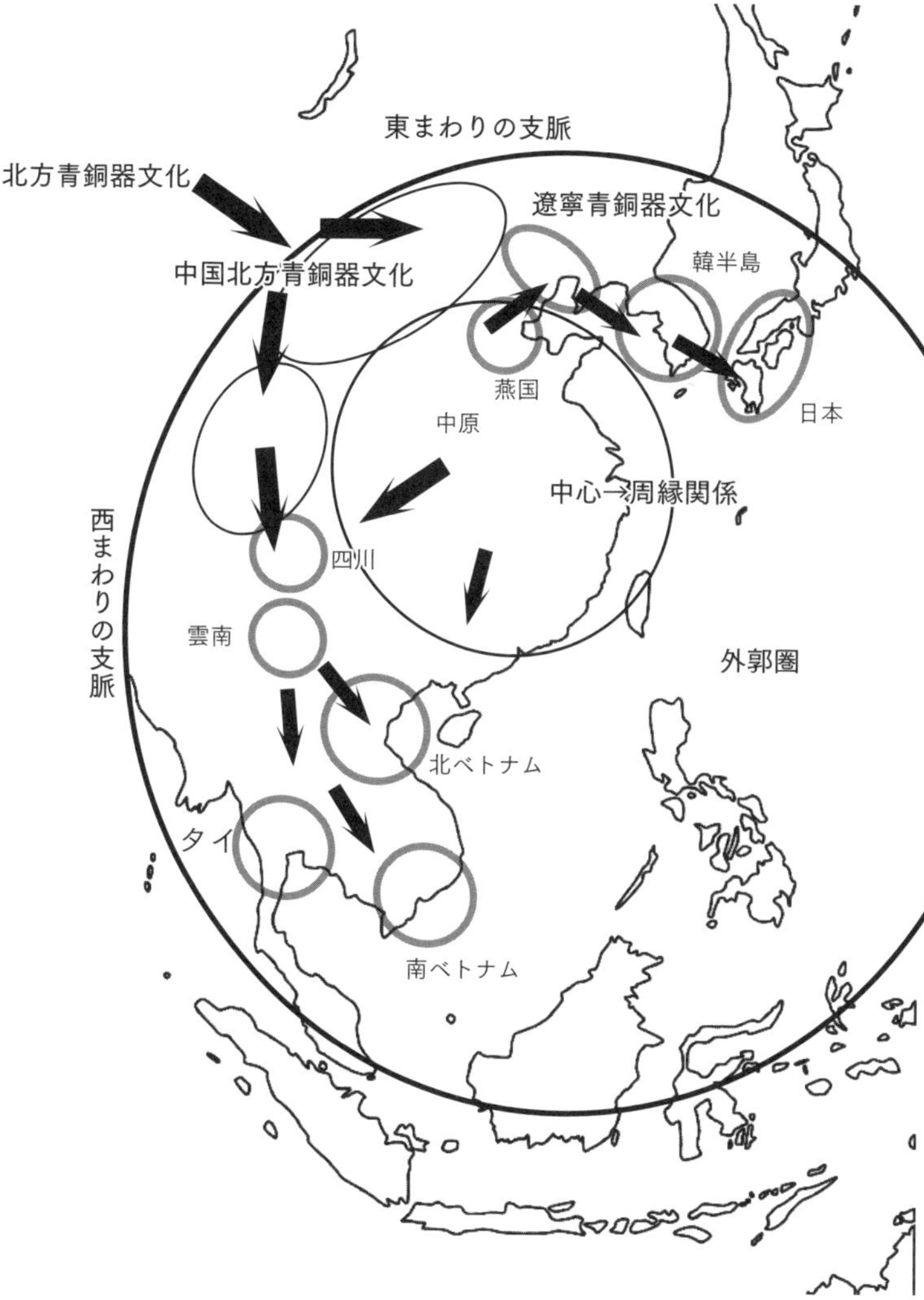

図 47　中国外郭圏の青銅器文化

世紀）には戈はほとんどみられなくなる。しかし、古墳時代中期（五世紀）ごろになると、戈に類する戟をもつ異様な形相の盾持ち人埴輪が出現する。弥生時代には、戈をもつ人物は、「戈と盾をもつ人物」であり、それが古墳時代になるとおそらく盾持ち人埴輪へと変化することが予想されるのである。このあたりの問題については、まず次章で「戈と盾をもつ人物」について検討をおこない、そして、第10章において盾持ち人埴輪とそこから派生する問題について検討することにしたい。

第5章

戈と盾をもつ人

弥生絵画の世界

文字をもたない先史時代の研究は、土器や石器といった遺物や住居などの遺構の分析を通じて行われる。年代や機能の推定はできても、そのものの意味を探ることは容易ではないのは確かである。しかし、弥生時代の土器や銅鐸には時として、絵画が描かれていることがある。こうした絵画を材料にして、弥生人の思考や精神世界に近づくことは可能であろう。

弥生時代の絵画をよくみてみると、複数の要素が集合して群をなしていることがわかる。その一つひとつの要素を「絵画」ととらえ、その個々の絵画にさまざまな意味が付与されているとすれば、そうした絵画が複数組み合わさることによって、新たな意味をもったことであろう。こうした絵画群が集まって形成されたものを、「神話」と呼びかえることができるかどうかはわからないが、弥生人の精神世界を支える重要なものであったことは間違いない。

絵画は、ヘラなどで土器や鋳型に刻まれたある種の記号であり、その絵に弥生人が思い描く意味が込められ、象徴媒体として機能したであろう。こうした絵画は、文字がない時代にあって重要な象徴媒体となり、文字の代わりに弥生人の神話世界を物語るものであった可能性が高い。

ここで最初に、弥生絵画について簡単に説明しておこう。土器や青銅器に描かれた弥生絵画は、弥生時代前期後半（紀元前四世紀はじめごろ）以降の福岡県で土器に描かれたものが最初期の例である。その後、中期前半から中葉（紀元前四～三世紀）に北部九州から中四国地域で青銅器の絵画例が増加する。そして中期中葉（紀元前三世紀後半）以降に中四国から近畿地方の土器の絵画例が増え、中期後半（前一世紀）に近畿地方で量的に最大のピークを迎える。こうして弥生絵画は、西日本一帯から、東は南関東地方、南は鹿児島県まで広がる。分布の中心は大和盆地の唐古・鍵遺跡とその周辺に明らかに集中する。ここでは祭祀の意味の考察を念頭におき、まず弥生絵画の画題についてみていきたい。

弥生絵画の画題

弥生時代の絵画を検討する上で、絵画の画題の出現頻度は重要な検討項目である。絵画に描かれたものが、当時の祭祀と何らかの関係があるとすれば、弥生人の祭祀の対象としたものが何であるかのヒントが得られる。

精力的に弥生時代の絵画研究を進める春成秀爾は、銅鐸と土器の絵画に描かれた画題の出現頻度を集計している。銅鐸に描かれた画題は、出現頻度の高い順に列記すれば、角のない鹿・人・魚・鳥・猪・トンボ・蛙・トカゲ・亀・角をもつ鹿・犬・カマキリ・人面・クモ・建物となる。狩猟対象である猪や昆虫・両生類といった水田や水路に棲息する小動物の世界、すなわち自然の光景が描かれているのが特徴である。

このうち出現率が全体の約一〇パーセントのものは、角のない鹿・人・魚・鳥の四種類に限定される。人の登場は、もっぱら杵で臼をつく人や狩猟、漁労、あるいは鹿をこらしめる場面など、日常の作業に関するものである。このように銅鐸絵画に描かれた光景は、集落における光景や自然界のなかでの出来事を描いていると考えることができる。

土器に描かれた画題は、出現頻度の多い順に並べると、建物・角をもつ鹿・人・角のない鹿・龍・鳥・船・魚・人面・スッポン・猪・犬という順番となる。出現率が三パーセント以上のものは、建物・角をもつ鹿・人・角のない鹿・龍・鳥・船・魚となり、このうち龍は後期に主体となる画題であるので、これを省くと、主要な動物の画題は、建物・角をもつ鹿・人・角のない鹿・鳥・船・魚となる。

以上の画題の構成は、銅鐸絵画と比較した場合、角のない鹿・鳥・人・魚を含むことから、明らかに重複関係がみられる。しかし、銅鐸絵画では出現率がきわめて低い建物がもっとも出現率が高い点に、土器絵画の最大の特徴があらわれている。すなわち、弥生絵画でみるかぎり、当時の弥生人は、祭祀で用いられる建物を重視し、集落内部の光景を描いているわけである。ただし、集落内部といっても、絵画に描かれている建物はいずれも祭殿と考える祭祀的建物であり、祭場の光景を表現していることになる。また、実際に弥生時代中期ごろの近畿地方を中心とする集落内部の中央付近には祭殿と思われる建物を配置しており、土器絵画は集落のなかでの祭祀の光景を描いていると考えてよいであろう。

そのほか銅鐸と土器に描かれている画題で重要な点は、鹿についてみた場合、銅鐸では角のない鹿が多数を占めるが、土器の絵画では角をもつ鹿が多数である。こうしたことから春成は、銅鐸を春の田植えにかかわる祭祀に関係するもの、土器を秋の収穫祭に関係するものと考えている。この差異は、鹿の角の生え変わりが季節的に展開することと農耕祭事の季節性を重ね合わせた重要な指摘であり、祭祀の体系性を考える上で非常に重要な観点である。

次に、絵画に描かれた武器に関して触れておこう。弥生時代の武器のなかで、土器や銅鐸などに描かれたのは、狩猟用の弓を除けば戈のみにかぎられる。代表的な絵画は「戈と盾をもつ人」であり、戈のみを描くものも存在する。武器では、戈だけが絵画の題材として選ばれていることには前章で述べたとおり重要な意味があるのだろう。

「戈と盾をもつ人」の絵画をめぐって

「戈と盾をもつ人」の全体像が明らかになったのは、佐賀県神埼市の川寄吉原遺跡で出土した銅鐸形土製品に線刻された「戈と盾をもつ人」の絵画資料であった〔図48〕。この資料について中村友博は、羽冠の表現があることからたんなる戦士ではなく、祭祀を執行している人物である祭人であり、祭祀で執行される戦闘は模擬戦であるとした。その後、東アジアの農耕文化を研究する甲元眞之は、「戈と盾をもつ人」を鳥形の仮面を被った鳥装のシャーマンとし、古代中国の文献に記載された「武舞」を描いているとした。

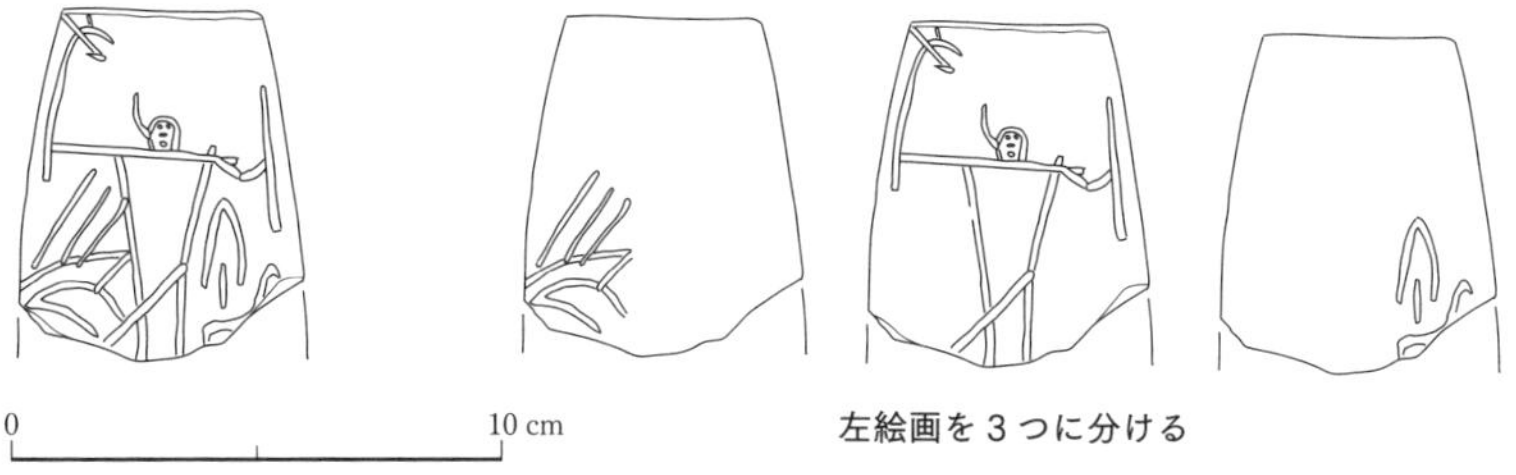

図48　川寄吉原遺跡（佐賀）出土銅鐸形土製品の絵画

そして、奈良県田原本町清水風遺跡の第二次調査で、二人の「戈と盾をもつ人」とそのほかの絵画が組み合った資料が発見され、この二人の人物に関して司祭者的性格をもつ男性、祖先の象徴、鳥装の司祭者で集団の指導的な階層にいる人物などさまざまな解釈がなされた〔図49－1参照〕。

この絵画について桑原久男は、「風土記」の検討から二人の人物と牡鹿とがまさに対決しようとしている場面をあらわしており、人間に対する鹿の服従、人間が邪悪な自然に打ち勝つというモチーフになっているとした。そして、この背景に、水田を維持し稲作を営んでいくためには、風水害や干ばつなどの自然災害のほか、鹿などの害獣や昆虫などの被害という自然の脅威をコントロールすることが重大な関心事であったからであるとした。また、弥生絵画を研究した安藤広道は、「戈と盾をもつ人」二人は、ともに鹿のほうをむき、鹿を相手にしているものであり、人間と対峙する鹿が矢を負っていることは、鹿の死、つまり人間に敗れたことを表現しているとした。

さらに、北部九州の弥生時代を研究する常松幹雄は、「戈と盾をもつ人」のなかで「戈」に注目し、辟邪や豊穣をテーマとする祭祀の道具立てとして「戈」は重要な役割を果たしたと考えた。そして、銅戈の内や銅鐸を模倣した銅鐸形土製品に描かれた「×」を、武器をもつ人物を象徴的に記号表現化したものと考え、釣り針のような鉤文様は辟邪として機能し、その一方で豊穣の象徴である鹿も同様な構図に表現されることから、辟邪と豊穣が並存する精神世界を想定した。常松のこの想定は決して理解不可能なものではなく、考古学の基本的な方法である型式学によって絵画の変化を見極めたものとして重要である。常松のこの想定によって、「戈と盾をもつ人」の絵画がよりいっそう弥生文化の祭祀において重要な役割をもっていることが明らかになったといえる。

また、弥生時代研究者の深澤芳樹は、「戈をもつ人」を鳥装の戦士像とし、中国の絵画資料などとの比較から興味深い検討を行った。戈をもつ人の身なりの基礎的な分析はもとより、身なりや身ぶりに海を隔てて中国のそれと共通する部分のある事実を指摘した。特に深澤は、描き方や身体技法の分析から、集団戦の存在を想定し、大陸から相当に影響を受けている点を指摘している。深澤の考察は、絵画に表現された人物の身ぶりから得られる情報の可能性を示した点でも重要であり、筆者も後で同様な視点での分析を行うことにする。

以上のように、「戈と盾をもつ人」の絵画それ自体が何らかの意味をもち、また絵画群のなかでも何らかの意味と役割を与えられていた。そして、それは絵画だけではなく、銅戈自体の祭祀的な意味とも関係があると想定できる。ここでは、以上のような絵画分析の優れた方法に導かれつつ、さらに詳細に「戈と盾をもつ人」の絵画について考察していこう。

「戈と盾をもつ人」の絵画資料

現在、「戈と盾をもつ人」の絵画資料は、土器五例、銅鐸二例、銅鐸形土製品一例がある。また「戈と盾をもつ人」の可能性が高いものが、土器で五例、銅鐸で一例ある。そのほかに、「戈のみをもつ人」の絵画を描いた銅鐸形土製品例があり、戈のみを描いた土器二例がある。代表例をみていこう。

①奈良県田原本町の清水風遺跡第二次調査出土例〔図49－1〕

すでに触れた清水風遺跡の絵画は、壺の胴部に線刻で描かれている。躊躇なく一気に描いており、失敗による描き直しはない。線刻はきわめて細く、土器から少し離れてしまうとみえにくいほどである。こうした線刻の細さは、他の資料でもいえることで、この種の絵画は、みる絵画ではなく描くことに意味があるかのようである。

土器を上から見た場合、六つの絵画が展開する。この絵画を平面に展開すると、図49－1のようになる。A3は特別な建物であり、おそらく祭殿と考えられる建物である。逆台形を呈する妻入り式の建物であり、独立棟持柱付建物（長方形の短辺中央やや外側にも柱をもつ特殊な建物で、伊勢神宮などの神殿造りの建物に似ている）に相当する。この近くに「戈と盾をもつ人」二人（C1・C2）が立つ。この左隣には、魚が五匹（D1）（うち一匹の背後に一匹の下絵が重なる）と、絵画（D2）が位置する。絵画D2は、魚の群れに接して描かれていることから、簗のような川に仕掛けたものを描いたものであろうか。

そして、この魚の群れの左側に背中に垂直に矢を受けた「矢負いの鹿」（H10）が祭殿方向をむいて立っている。矢羽は木の葉形で、鹿の身に木の葉形鏃が刺さっている。

この清水風二次例は、弥生時代中期後半の河川跡の出土であり、絵画の時期は中期後半（紀元前一世紀ごろ）である。

②奈良県田原本町の唐古・鍵遺跡例（北方砂層出土）〔図49－2〕

唐古・鍵遺跡出土のものは、壺の胴部に線刻で描いている。この絵画が重要である理由は、「戈と盾

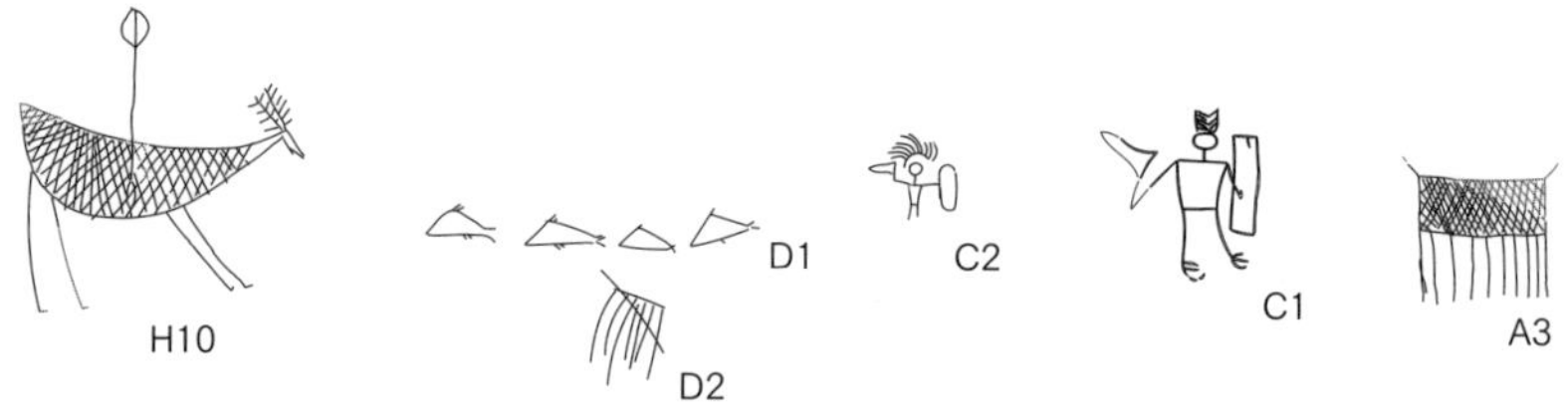

1 清水風遺跡第 2 次調査（奈良）

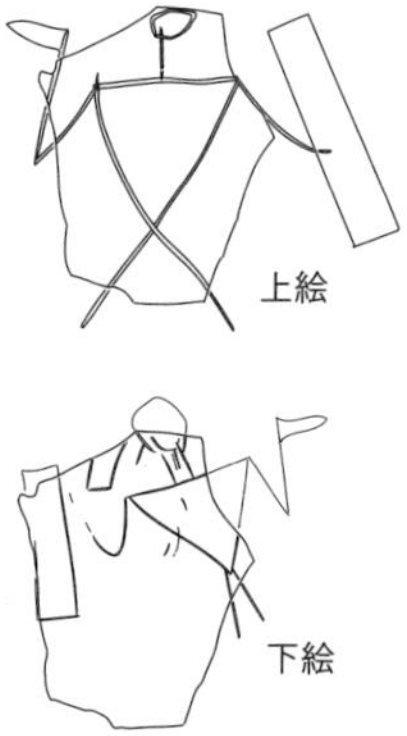

2 唐古・鍵遺跡北方砂層（奈良）

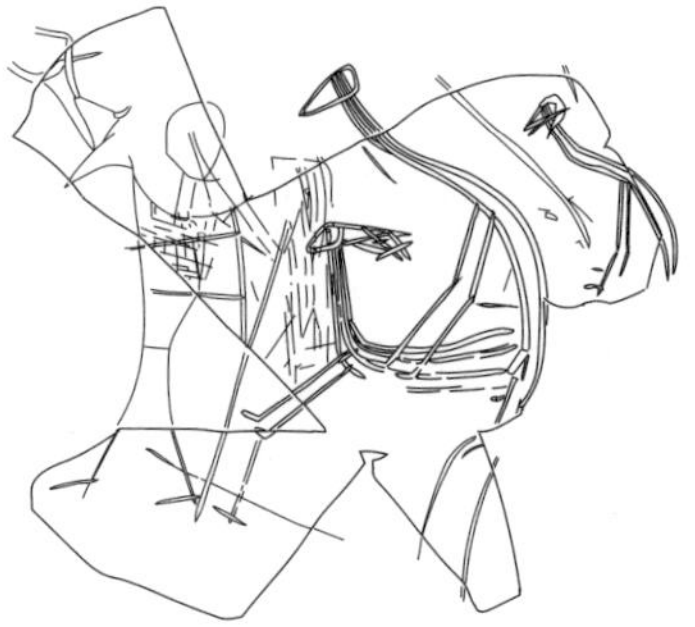

3 唐古・鍵遺跡第 93 次調査（奈良）

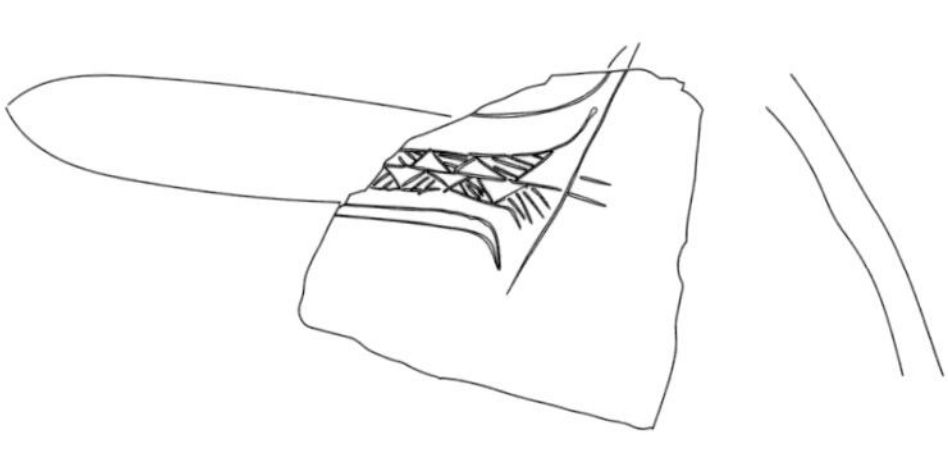

4 唐古・鍵遺跡第 50 次調査（奈良）

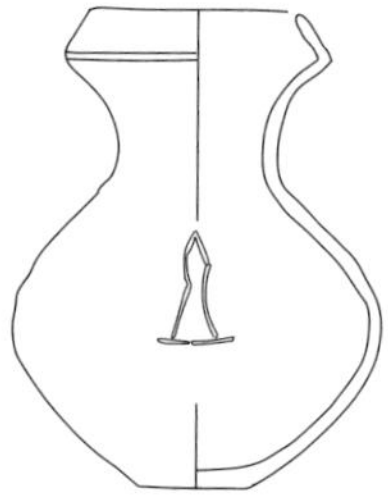

5 原の辻遺跡（長崎）

図 49　戈と盾をもつ人の絵画

をもつ人」の体のむきの異なる二つの絵画を、描き直しによって表現していることにある。この描き方は、唐古・鍵遺跡の調査研究を行う藤田三郎が発見し、絵画を描くこと自体が祭祀行為であることを明らかにした。さらに藤田の考えを参考に深読みすれば、何らかの一連のストーリーを示しており、話の展開過程で、次の話の展開に移るとき、先ほど描いた絵画を消して、そこに次の場面に登場するものを描いたと想定できる。このような想像をこの絵画は可能にする。

この二人の「戈と盾をもつ人」の絵画は、異なるタッチで描いている。まず下絵は細い線刻で描き、その後、この絵を指でなで消し、線刻の最深部のみが器面に残った。そして、そこに上絵を太い線刻で描いている。土器の時期は、弥生時代中期後半ごろである。

そのほか、本遺跡の第九三次調査出土例の絵画も描き直しの興味深い例である［図49－3］。この絵の線刻でも、細描きと太描きの二種があり、細描きのほうは指でなで消している。線刻は、目を凝らしてみなければ何を描いているのか判別するのが難しい。細描きしている「戈と盾をもつ人」は、左手に長方形の盾を持ち、右手に短柄の戈を握り、右肩後方斜めやや上に振り上げているようにみえる。この絵を指でなで消した後、上に太描きの鹿と鳥を描いている。弥生時代中期後半ごろの資料である。

これらの絵画資料から、土器に描かれた絵画群には、それぞれ描かれるタイミングに時間的先後関係があり、この先後関係は、何らかのストーリーの展開にしたがったものである可能性が高い。そして、この点から推測されるのは、土器の器面に描かれた複数の絵画である絵画群には明確な位置するべき場所と順番が決まっていることである。この問題については、後でくわしく検討することにする。

③佐賀県神埼市の川寄吉原遺跡出土銅鐸形土製品［図48参照］

川寄吉原遺跡出土のものは、銅鐸形土製品の身の部分に、三つの絵画を詰め込んだ構図となっている。

中央に「戈と盾をもつ人」が位置し、左に矢負いの鹿を配置し、そして右に銅鐸と思われる絵画がある。なお、この下に鳥の可能性のある絵画があるが断片的で不明である。戈の柄は、先端部分が内湾する形態である。盾は一本の線刻で描かれている。人物は、戈をもつ手を伸ばし、盾をもつ手はやや肘を曲げている。腰から斜めに引かれた太い線刻は、剣か刀とされる。左側頭部に短い羽飾りが付く。この銅鐸形土製品は、弥生時代後期前半（紀元後一世紀ごろ）に位置づけられる。

この絵画資料で興味深いのは、各絵画の詰め込み方である。土器の場合は、壺の胴のあたりに時計まわりに絵画を描いているが、銅鐸形土製品ではそのようにはいかない。その結果、三つの絵画に表現された登場人物などの画題の先後関係を保ったまま、それら絵画群の列を後ろにむかって真っ直ぐに見通した構図になっている。この説明はなかなか難しいが、人が整列している状態を絵画群とすると、この列を横からみた場合が土器の絵画で、この列の先頭の目の前に立ち、その列の後ろを見通したのがこの銅鐸形土製品の絵画と考えることができる。そして図48のように、これらの詰め込まれた絵画を分解し、他の似たような絵画群の資料と比較することによって、分解した各絵画の先後関係がわかるであろう。

④戈のみを描いた絵画土器

弥生絵画のなかで、武器は戈だけが描かれた。このことから、戈が祭祀において特別に扱われていたことがわかる。今のところ、唐古・鍵遺跡第五〇次調査出土例［図49－4］と長崎県壱岐市の原の辻遺跡例［図49－5］の二例が知られている。原の辻例は、壺の体部に、鉄戈と考えられるものを、援の刃先を上にして描いている。弥生時代中期後半から後期（紀元前一世紀から紀元後一世紀ごろ）の資料である。唐古・鍵五〇次例も、壺の体部中位よりやや上に、近畿地方に弥生時代中期中ごろに分布する近畿型銅戈を横にむけた状態で描いている。援の半分を欠損しており全体の形は不明であるが、内や樋の鋸歯文の表現を忠実に描いている。線刻は非常に細く、さらに浅いためみにくい。

身体・戈・盾の特徴

①身体の表現

以上、「戈と盾をもつ人」の絵画をみてきたが、その特徴について概観してみよう。まず、頭部の表現はいずれも○である。この表現方法は、銅鐸では男性の表現に特徴的とされており、「戈と盾をもつ人」は男性と考えられる。肩部は、水平といかり肩の二種がある。ほとんどが前者のタイプである。これらは体部の装飾をともない、木製短甲を表現しているのかもしれない。また、体部の表現は、逆台形、逆三角形、底辺の閉じない二本の平行線の三種がある。逆台形の底辺と逆三角形の頂点が腰をあらわすのか、足の付け根付近を示すかどうかは明確にできない。

顔面部の表現は、仮面をかぶっているような状況を示すもの、目・鼻・口の表現をもつもの、何も表現しないものの三種がある。この点については、第10章で検討するので、ここでは説明を省く。

脚部の表現は、いずれも一本の線刻で表現され、足先部は三本の短線、コの字状、一本の短線がある。このうち三本の短線の表現は、清水風二次例が典型的であるが、この表現は、このほかに鳥装の人物の表現によくみられる。腕・手部の表現は一本の線刻でなされ、手先は鳥装のシャーマンの三本指のように表現されない。

このように鳥装である「戈と盾をもつ人」は、そのほかに羽飾りの表現をもつ。後頭部につけ前頭側に巻き上げる羽冠状の飾りや、前頭の付近につけ後頭部のほうに巻き上げる羽冠状の飾り、側頭部に付く羽飾りの三種がある。形状は、清水風二次例ではV字に羽を左右に束ね、これが顔側にむかって垂れるようなタイプで、そのほかに後頭部に取り付き、上に跳ね上がるものが確認できる。

②戈と盾の表現

絵画における戈は、銅戈を比較的忠実に表現したものと、三角形状のもの、線刻表現で柄と合わせてT字状になるものの三種がある。清水風二次例は、その形状から判断して近畿型銅戈を装着した状態であると考えられる。また、川寄吉原例などはやや省略されたタイプで、線刻表現で柄と合わせてT字状になる。なお、柄の表現はいずれも短く、直柄と曲柄の二つが存在する。

しかし、省略表現としても形状において問題がある。当時の銅戈・鉄戈・磨製の石戈・打製の石戈の形態では、柄に挿入する内は短く、柄を突き抜けることはありえず、絵画表現は実物には即していない。このように省略した理由としては、たんに戈を装着している状態を簡略化した結果と考えることができるが、木製武器形祭器を表現している可能性もあろう。木製武器形祭器とされるもののなかには、戟と推定できるもの、戈と柄でT字形を呈するものがあり、鹿角製短剣もT字形に近い形をしているので、戈と同様な扱い方をしていた可能性もある。以上のようなケースがありえたとすれば、儀器化した銅戈や鉄戈のほかに、木製戈・戟を手にもった模擬戦の姿を具体的に描いている可能性もある。そして、絵画で表現される盾はすべて持ち盾であり、盾表面に装飾などの表現がないもの、文様装飾を施しているものの二種がある。

身体技法からみた「戈と盾をもつ人」の動作

①体のむき

「戈と盾をもつ人」の絵画をみると、何らかの動作を表現しているものがある。しかも、動作はいくつか種類があり、登場する場面によって動作を描き分けている可能性がある〔図50〕。この人物の身体技法に最初に注目したのは、先述のように深澤芳樹である。ここでは深澤の検討に導かれながら話を進める。

まず注目するのは、羽飾りである。羽飾りは、前頭部付近に付けて後頭部に巻き上げる羽冠状の飾りと、側頭部に付く羽飾りの二種がある。このうち後者は川寄吉原例〔図50－5〕のみである。このうち、まず清水風二次例の右側人物〔図50－4a〕は、後頭部への巻き上げ状態が描かれておらず、正面観を意識して描かれていると判断できる。一方、左側の人物〔図50－4b〕は、頭の飾りは横に展開しており、右手の戈の方向にむかって顔をむけている側面観を表現していると考える。

鳥取県米子市の日吉塚古墳例〔図50－2ab〕は、一見、羽飾りは側頭部に取り付くようにみえるが、清水風二次例〔図50－4a〕を参考にすれば、左右の人物の羽飾りは前頭部付近に付け、後頭部の方に巻き上げる羽冠状の飾りであり、左側の人物〔図50－4b〕は左側をむき、右側の人物〔図50－4a〕は右側をむいていると考えることができる。また、川寄吉原例〔図50－5〕は、顔面表現は明確に正面観で描いており、体のむきも正面観である。羽飾りについては、後頭部から低く跳ね上がった羽飾り表現を強調するためにあえて側面につくかのように表現したか、あるいは最初から側頭部に飾りが取り付いていたか、どちらかの表現であろう。

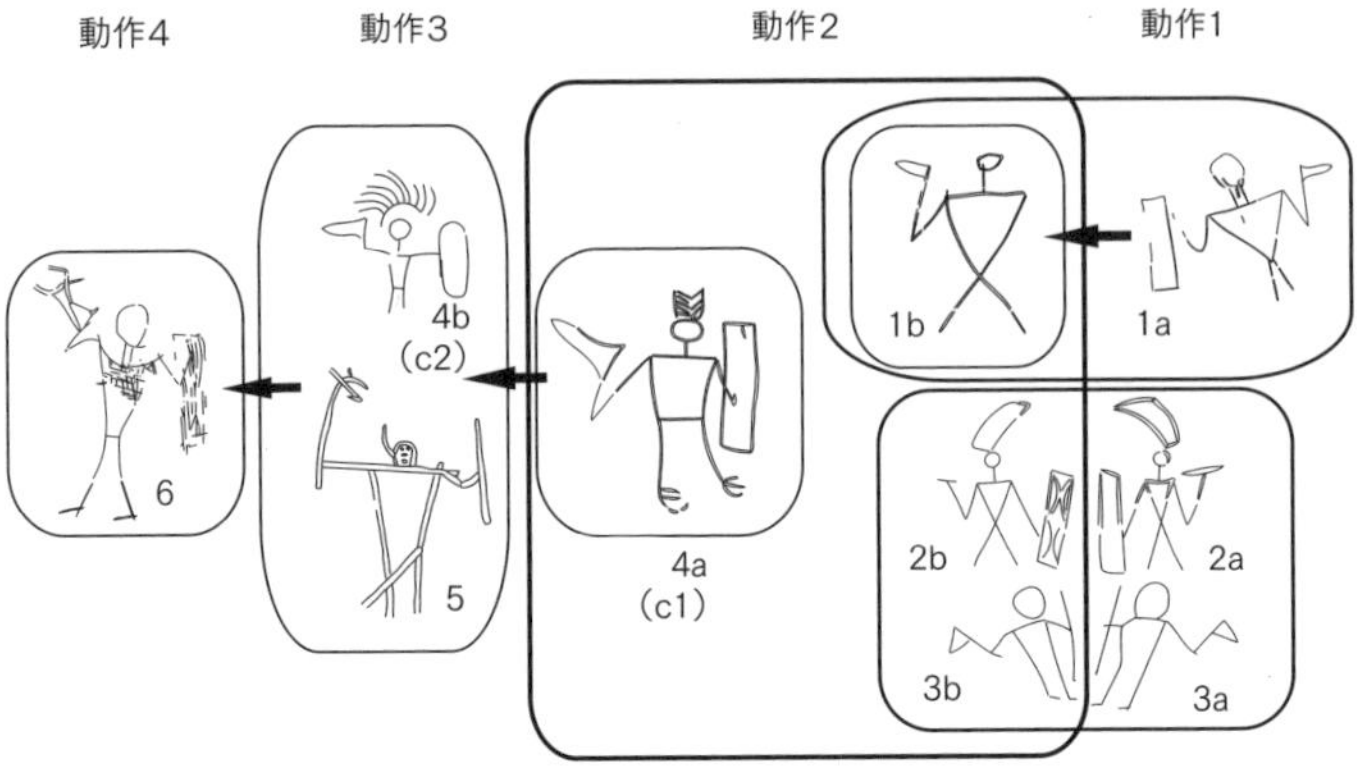

図50　戈と盾をもつ人の基本動作

②戈のもち方

戈のもち方は、肘の使い方と腕の位置で分類すると、肘を下にのばして戈と盾をもつ動作と、両肘を肩の位置付近の横に上げて戈と盾をもつ動作の二種に分けられる。腕の動作は、(a)柄の握り基部の位置が腰の位置の高さにくるように腕を下げ気味にもつ動作、(b)腕を肩の高さにまで上げて前に掲げるようにもつ動作、(c)後ろ手に戈をもち肩の高さ付近に柄の握り基部の位置を上げて振り上げるような動作の三種に分けられる。

　これらの肘と腕の動作は、(a)戈を腰の位置に下げた最初の構え→(b)肩まで上げた動作→(c)振り上げる、といった一連の動作を表現しているようにみえる。このうち、最初の構えが後ろに強く引いた動作であるか、または体の前方に突き出した構えかどうかを確定するのは難しい。最初の動作として、盾とともにある程度の防御行為を意図した構え、すなわち、最初は戈を前に差し出す形の構えであった可能性もある。

　また、後ろに手をもっていくのであれば、足の位置も重要であろう。立ち方については、絵をみるかぎり両脚を開いてはいるが、それ以上の動作はみられない。人物が左にむいて戈を打ち込もうとしているのであれば、左足は少なくとも前に踏み出し、右足に体重をかけなければ威力はでない。最初の構えでの戈をもつ手の位置は、後ろと前の両方の可能性があることを確認しておく。

③盾をもつ位置

盾については、敵の矢などから身を守る場合、盾の上部が目線の付近にくるようにもつのが適切であり、目線とほぼ同じ、目線より上に位置するものの二種がある。この二つの動作は、先の戈をもつ動作で分類した、(a)戈を腰の位置に下げた最初の構えと、(b)肩まで上げた動作にそれぞれ対応し、戈を振り上げるときは目線のあたりに盾の上部の位置を戻している。

「戈と盾をもつ人」の儀礼における基本動作

以上、描かれた人物の動作を詳細に検討してきたが、それはすでにみたように儀礼として位置づけていかねばならない。儀礼においては、一連の基本動作が存在した可能性が高い。これに関連して、弥生時代の絵画を検討した豊岡卓之は、清水風二次例について、場面の進行方向は右から左へと展開し、戦士や鹿の画題には、空間性や時間性といった一連の意味に対する場面転換の機能が付与されているとした。筆者も正常な場面、すなわち時間と空間の進行方向は絵画を正面からみて右から左へ展開し、さらに正常ではない場合は、逆行すると考える。「戈と盾をもつ人」の儀礼における「一連の動作」は、この原理によって描き分けている。

こうした時間の経過からみれば、清水風二次例では、「戈と盾をもつ人」二人（C1とC2）は同一人物と考えるべきであり、最初に独立棟持柱付建物側に立ち、次に集落の端側の魚群と簗状のものがある地点手前に移動したと判断する。この時間経過のなかで注目するのは、身体動作も同時に変化していることである。

「戈と盾をもつ人の基本動作」の流れは、前述のように、最初の動作は、図50を参照すると、「(1)戈を腰の位置に下げ、盾の上部を目線のあたりに置く構え」である〔1a～4a〕。そして、この動作はさらに、唐古・鍵北方砂層例における下絵〔1a〕と上絵〔1b〕の前後関係から、「右手に盾をもち、左手に戈をもつ動作」が最初にあり、次に「右手に戈をもち、左手に盾をもつ動作」となることがわかる。ここでは、最初の動作を「動作1」、後者の動作を「動作2」とする。2abと3abのように体のむきが左右で鏡像的関係にあるのは、同一人物による「動作1」から「動作2」への変化を描いたものと考える。おそらく、「動作1」の人物は背中をむけて描いており、右側に戈をむけ、右側に身体もむくような姿勢を意識して描いている可能性がある。2bの左側の人物表現で盾の文様が表にみえており、右側の人物の手にもつ盾に文様がないのは、右側の人物が背中をむいていることを示している。

次に「動作3」は、「(b)戈を肩まで上げ、盾の上部を目線のあたりまで上げる動作」であり、4b・5が相当する。そして「動作4」は、「(c)戈を振り上げる」段階である。今のところ、「戈と盾をもつ人」の絵画では、井向一号銅鐸例で戈を振り上げた絵画があるが、これ以上の動作を示すものはない。基本動作の最終段階は、戈を振り下ろすのではなく、頭上付近に戈を上げる構えまでであることがわかる。

以上のように、現在知られる絵画例について、ほとんど例外なく四つの基本動作に整理できることから、一連の動作の流れで考えることができる点を確認しておきたい。

「戈と盾をもつ人」が登場する空間構成

次に、この動作がどこで行われたのかを考えてみよう。儀礼における「戈と盾をもつ人」の基本動作を実行に移す場、すなわち「戈と盾をもつ人」が登場し儀礼を執行する場は最初から決まっている。あらかじめ一つの儀礼の流れである「祭式」があり、基本動作は、その「祭式」にしたがった「所作」であると考えるわけである。

このように考える理由は、「戈と盾をもつ人」が登場する絵画群のあいだには、偶然とは思われない類似性があるからである。そこで、注目するのは、清水風二次例〔図51上段〕、川寄吉原例〔図50中段〕、稲吉角田例〔図51下段〕の三つの絵画を構成する個々の画題の位置関係である。ここで行う方法は、この三つの絵画群の画題をバラバラに分解し、相互に同じものをつなぐというものである。

分析にあたって、図51では、各絵画群の画題にそれぞれアルファベット記号を付し、同じ画題が複数回登場する場合は数字で区別している。なお、川寄吉原例については、前述のように銅鐸形土製品に描いている個々の絵画題を分解したもので、そのほかの絵画群については土器の頸部に描いたものを横に展開させた。そして、稲吉角田例は、「戈と盾をもつ人」が登場しない絵画群であるが、他の画題において関係性があるので取り上げた。

まず清水風二次例は、全体の構成をみると、魚群と簗状の施設と矢負いの鹿／祭殿と「戈と盾をもつ人」の空間を区切ることが可能である。これを集落内外の境界とし、図のように矢負いの鹿のいる自然界と、集落内部を区別する。祭殿の近くに人物C1が位置し、境界付近の位置に人物C2が位置する。

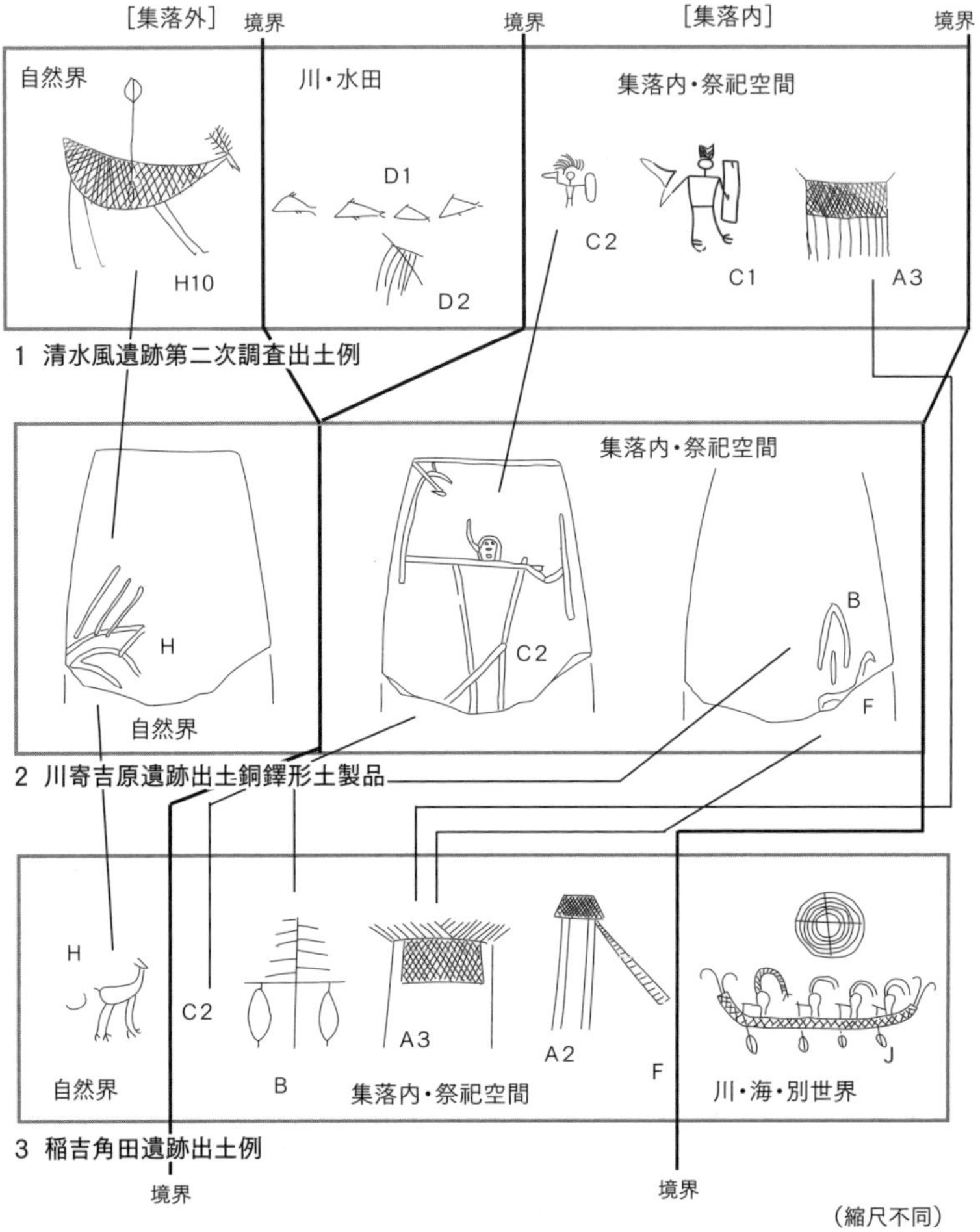

図51　戈と盾をもつ人の絵画群関係図

ここに登場する人物C１・C２は、前述のように同一人物と考えられる。同一人物であるとすれば、先の基本動作２から３への変化が動的に表現されており、C２の位置で「戈と盾をもつ人」は境界の先の矢負いの鹿の方向にむかって戈と盾を挙げて威嚇行動に出ていると読み取れる。

次に川寄吉原例については、銅鐸形土製品の身の部分に「戈と盾をもつ人」をはじめとして複数の絵画を詰め込んで描いている。この絵画群については先に、各絵画に表現された登場人物などの画題の先後関係を保ったまま、それら絵画群の列を後ろにむかって真っ直ぐに見通した構図になっていると考えた。これを横からみた場合が土器の絵画と考えたわけである。

画題を分解して横に展開させ、清水風二次例の画題の位置関係からみると、人物C２→矢負いの動物Hという前後関係に並べ直すことができ、動物Hは人物よりも手前に位置すると理解できる。そして、稲吉角田例の祭殿の左側に銅鐸が吊されているような表現があり、銅鐸と思われるもの（この右下の絵画は鳥の可能性があるが不明）は人物C２の背後にあるとすれば、図51の中段のように三つに分離できるであろう。

そして、三段目の稲吉角田例については、清水風二次例のC２の人物と同じ動作をしている川寄吉原例の人物の背後には銅鐸が位置しており、かつ清水風二次例の祭殿の前に銅鐸が位置するとすれば、三つの絵画例の空間構成は類似する。絵画に描かれた画題の位置関係からみた光景がこれほどまでに似ているのは偶然ではないであろう。

最後に、これらの絵画群の画題の配列において、同じ位置にあるものを線でつなぐと、図51のような位置関係の図が完成する。この関係図において、C１の人物が銅鐸Bの先か手前のどちらにあるのかを特定できない点を除けば、各画題の位置関係は驚くほどに共通する。こうした、弥生絵画の関係性にみる法則性は、さらにほかの絵画群とのあいだでも関係が成立する。これについては、第7章で絵画の体系として全体を整理することにしたい。

以上の関係性からみれば、それぞれの絵画群を構成する画題の位置関係は矛盾なく相互に結びつけることができ、奈良県・鳥取県・佐賀県と広域に離れた地域間において、「戈と盾をもつ人」の意味や役割を共有していたことになる。このように広域に「戈と盾をもつ人」の共通した儀礼の内容が流布している状況から、筆者はそこに「祭式」と「所作」が決まっていたと考えたわけであり、近畿地方で弥生時代中期後半ごろに盛行する「戈と盾をもつ人」の絵画は、日本列島に広域に伝播した基層的な儀礼であった可能性を示している。そして、同じような絵画は古墳時代初頭にまでみられるように、長く祭祀のなかで重要な役割を担っていたのである。

「戈と盾をもつ人」の登場する季節

「戈と盾をもつ人」の登場する季節は、これまでの研究成果から、ある程度限定できる。先にふれたように、土器絵画に登場する鹿の儀礼について、春成は秋の収穫祭の可能性を指摘している。雄鹿の角は春ごろから生えはじめ、秋ごろに立派になり、そして翌年の春ごろになると落角する。養久山・前地遺跡例［図52－1］のように、鳥装のシャーマンがいる祭場に到来する直前の鹿は、いずれも角をもっており、収穫の時期、すなわち秋ごろであることを暗示している。

このように鹿が儀礼の場に登場する季節を考えるとすれば、「戈と盾をもつ人」が登場するのは、鹿

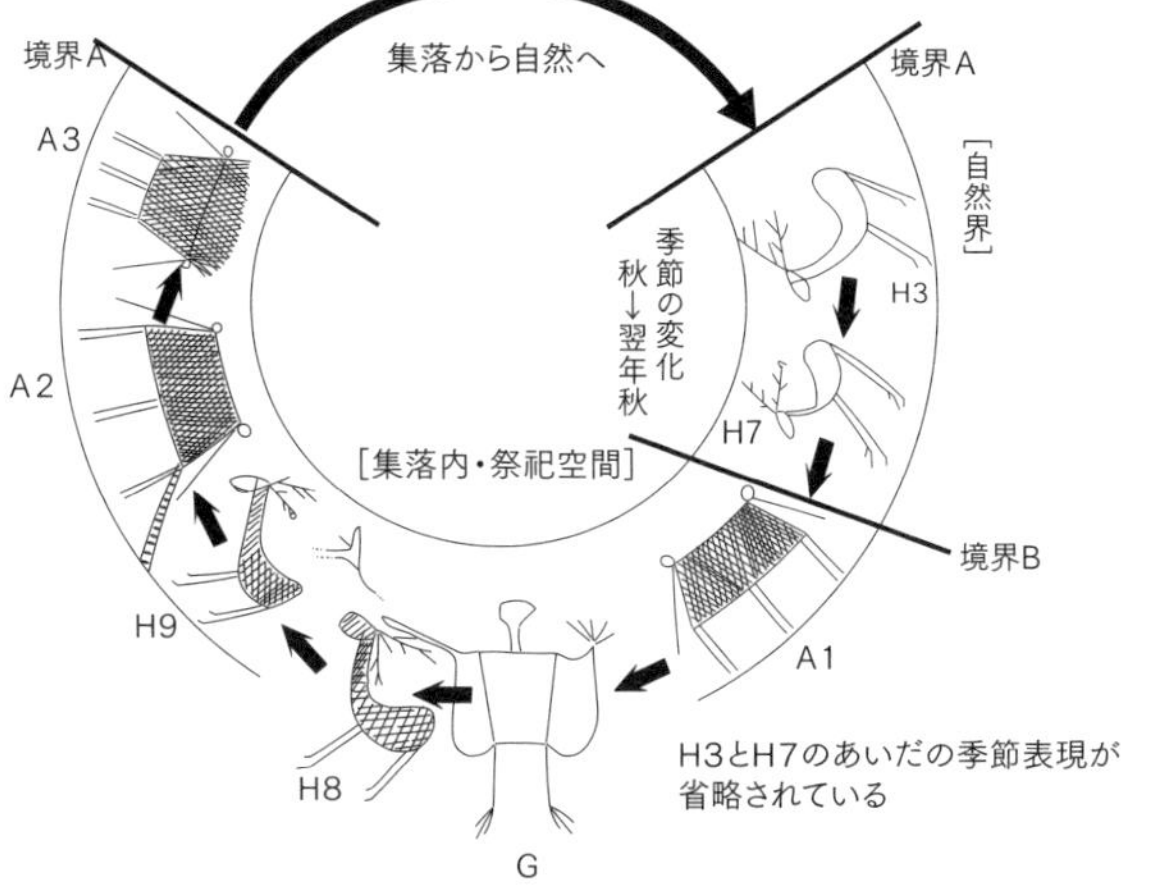

1 養久山・前地遺跡（兵庫）例にみる時間と空間の表現

2 伝奈良県出土銅鐸（奈良）

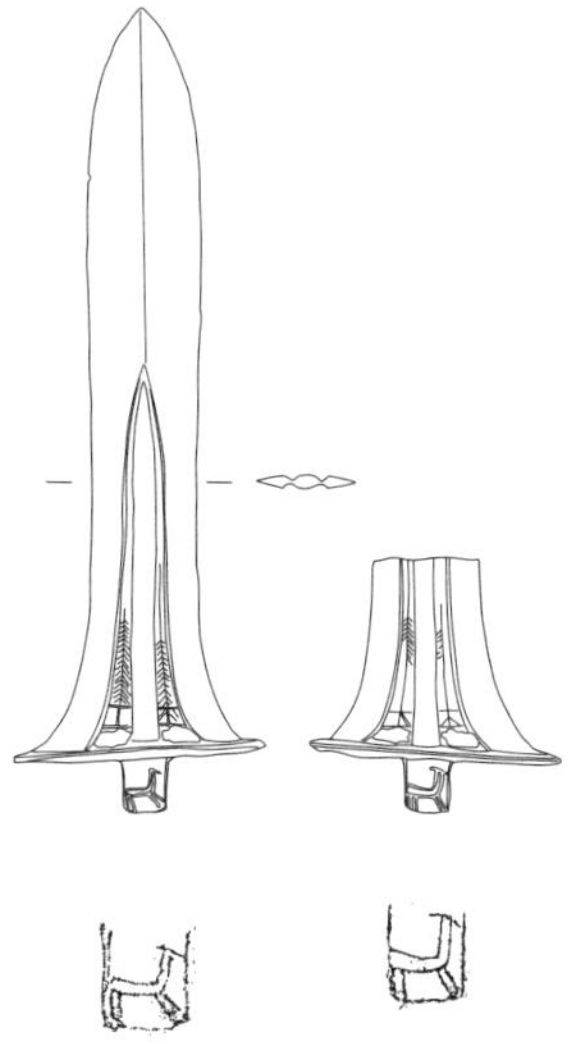

3 隈・西小田遺跡22号（福岡）

（縮尺不同）

図52　角のない鹿と「鹿の子斑」の鹿の絵画

が集落の儀礼に登場した後、すなわち秋の収穫祭以後の季節となろう。稲の収穫以後、翌年の収穫までのあいだ、弥生人がもっとも回避したいのは種籾が発芽せずに収穫できないことであり、収穫を妨げる自然災害や戦争のような不安定要素を取り払う役割を「戈と盾をもつ人」はもっていたと理解する。

また、伝奈良県出土銅鐸〔図52－2〕の鈕には「戈と盾をもつ人」二人（同一人物が集落内部から外部に身を反転していることを示す絵画）を描いているが、この銅鐸の裾には同時に角のない鹿とサギを描いている。角がなく春先ごろの時期を示しており、伝奈良県出土銅鐸の鈕の「戈と盾をもつ人」は、春先ごろに存在することを意味している。おそらく田を荒らす鹿を威嚇し追い払う意味で、「戈と盾をもつ人」を同じ場面に対応するように描いていると考える。春成は、銅鐸の祭りは春先の儀礼をあらわすとするように、「戈と盾をもつ人」は春先にも登場する可能性がある。ただし、鹿に対峙するのはC2の人物であり、時間的にそれよりもさかのぼるC1の人物については、収穫後から春先のあいだに登場し、「戈と盾をもつ人」の登場する季節は複数あるとみるべきであろう。

以上と関連し、銅戈の内に鹿の絵画を描いたものが数例存在する〔図52－3〕。いずれも角をもたない鹿であり、先の伝奈良県出土銅鐸例の「戈と盾をもつ人」と類似する。おそらく同じ季節に埋納行為が行われたことを示すのであろう。

「戈と盾をもつ人」の意味

清水風二次例では、「戈と盾をもつ人」と「矢負いの鹿」は対立関係にあった。ここで筆者が注目するのは、矢負いの鹿は、体表を線刻で充塡し、これがない鹿との区別化をしている点である。筆者は、これは「鹿の子斑」の模様を表現したものと考える。鹿はオスもメスも夏にはこの鹿の子斑があらわれるが、それを点の集合ではなく斜線を充塡して表現したのであろう。この斑点は、決まった季節に体表にあらわれ、また消えるというサイクルを繰り返す。このような、鹿の異様な生態を熟知していたのであろう。

民俗学者の野本寛一は、稲の生育季節と鹿の生態サイクルの対応を考え、この鹿の子斑について、苗代の季節に母胎から出現してくる仔鹿は、その白い斑模様によって、稲＝米を象徴し、その稲（米）の豊穣を約束し、そして弥生人は、こうした斑点が浮き出る状態を、異常な状態、ある段階から別の段階への移行の状態、もしくは霊的存在となった鹿として描いているのであろうという。古代祭祀研究者の岡田精司は、こうした霊的な鹿について、早苗や稲穂を喰い荒す害獣であることが、古代の人々の鹿に対して特別な感情を懐かせることになり、そこに神の化身をみいだし、また多くの伝承を生むことになったのであろうと考えた。弥生人も同様な祭祀的な意味をみいだしたに違いない。

養久山・前地例［図52－1］では、自然界の鹿は白抜き表現、祭場内の鹿は斜線を充塡した鹿の子斑の表現と区別しており、非日常と日常の境界領域では「鹿の子斑をもつ鹿」として区別している。したがって、霊的な存在となった状態は、日常と非日常の境界的・移行的な状態にあることを示し、善／悪、正常／異常といった両義的な存在であったと考える。このような両義性は、鹿が自然界の象徴的存在であり、人間に対しては「恵み（豊穣）」をもたらす存在であるとともに、「危機（旱魃や洪水）」をもたらす存在であることをも意味するのであろう。内に鹿を描いた銅戈を埋納する例は、このような自然災害を避ける意味があったのであろう。そして、鹿の子斑をもつ状態が善悪どちらであるかは、その居場所によって判断できる。

養久山・前地例の祭場内にいる鹿の子斑をもつ鹿は、霊的な崇拝対象であり、清水風二次例〔図51上段〕の鹿の子斑をもつ鹿は祭場外にいても鹿の子斑をもつ鹿であることから、正常ではない霊的存在の鹿であると想定する。通常の絵画では、土器を上からみて時計まわりに時間と空間の関係が進行しているが、清水風二次例の矢負いの鹿の子斑をもつ鹿は逆時計まわりのほうをむき迫ろうとしており、時間に逆行する異常な状態であることが理解できる。このように考えることができるとすれば、集落の外に登場した矢負いの鹿の子斑をもつ鹿は、神聖な祭祀空間にいる鹿とは対極に位置する存在、つまり集落内の世界を脅かす存在であり、それは旱魃や洪水といった自然災害などの祭祀空間を脅かすものの象徴として表現していると考える。

戈と盾を用いた儀礼の行方

戈と盾を用いた儀礼の行方は、前述のように、古墳時代初頭〔三世紀中ごろ〕までたどることができる。具体的にその存在を示す資料として、四世紀ごろの伝高崎市出土の狩猟文鏡がある〔図53〕。

設楽博己は、この鏡の儀礼を、「韓伝」記載の春と秋の予祝祭ならびに収穫祭の光景とみる。内区の絵画群は、鈕の中心を通るように鏡面を半分に分割できる。このうち、長い武器をもつ人物のいる空間を外部、両手を挙げる人物のいる空間を内部と二分割する。内部では、角をもつ鹿〔Ｈ８〕は両手を挙げる人物〔Ｇ１〕の方に時計まわりに進み、Ｈ９の位置にくると、壺をもつ人物に種籾と思われるもの

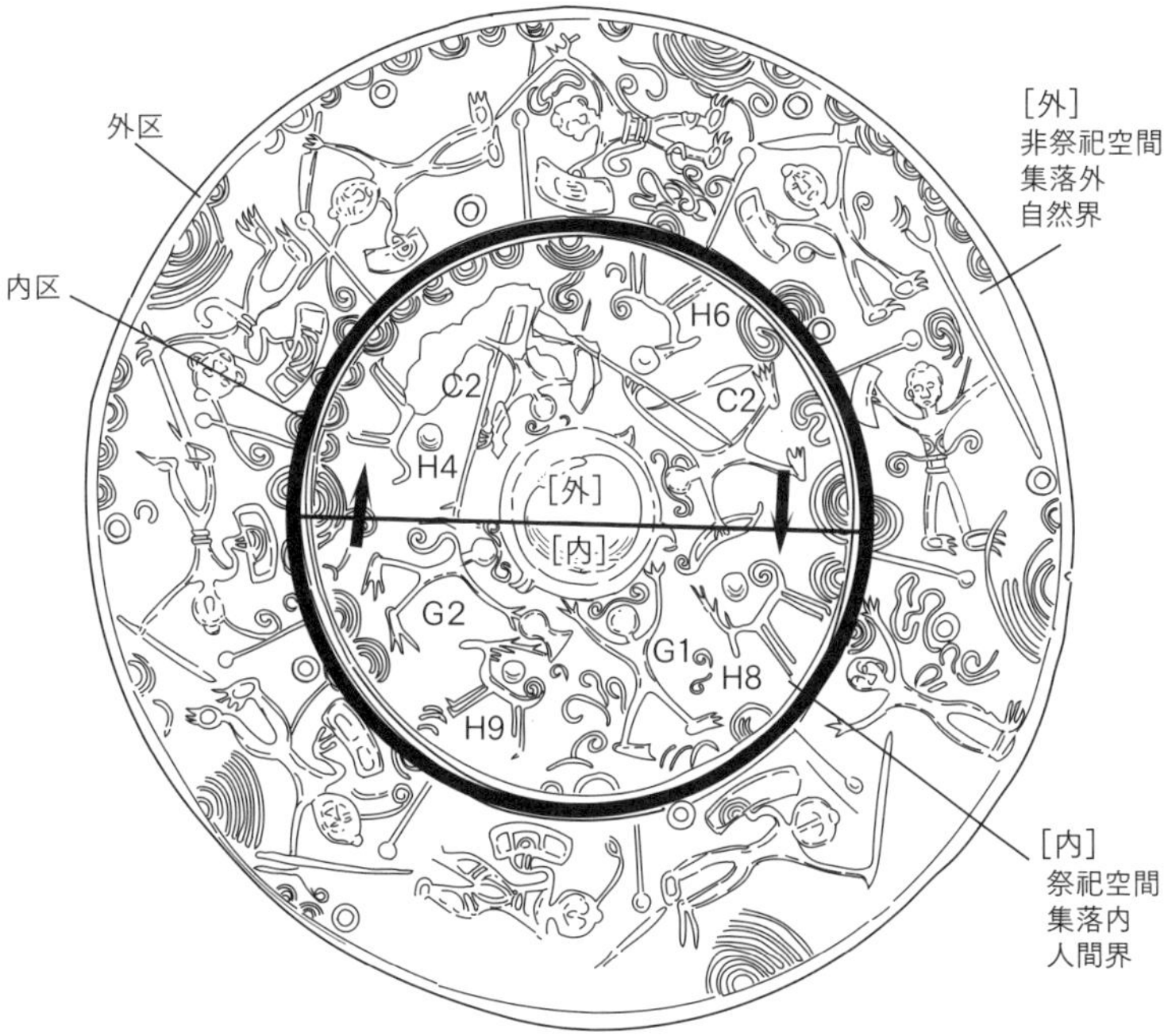

（径 18.1cm）

外区は内区を守護。内区はさらに［内］［外］の 2 つの祭祀空間と非祭祀空間に分割される。鹿は角をもつ秋〜冬のはじめに内部の祭場にいたり、手を挙げる人物 G1 と交感し、人物 G2 によって壺に入った種籾を振りかけられる。外部では、鹿は角をもたず、春〜夏の季節に戟をもつ人物 C2 に威嚇されている。

図 53　狩猟文鏡にみる絵画群の構造

を振りかけられている。季節は、角の存在から秋ごろに想定できる。また、こうした内部の空間を祭祀空間とすると、外部の空間では、鹿は角がなく、春から夏の季節の光景であり、C2の人物がもつ武器は、先端が二股になる戟と考えられ、田を荒らす「荒ぶる鹿」を威嚇している光景を示している。外区の武器をもつ人物群の光景は、こうした内区の祭祀を守護する光景をあらわしている可能性があろう。漢代以降、戈の機能は鉄戟に置き換わり、主要武器から姿を消していくので、儀礼の場での器物の意味は戈から戟に変換している。

以上のようにみると、この内区の光景は、養久山・前地例〔図52－1参照〕などのような弥生絵画A群の表現と共通する。内区の絵画群では祭祀空間の内部としてこの光景を描いていることになる。画題の進行方向、すなわち時間の推移の方向と空間表現は、いずれもよく似ており、弥生時代の儀礼の体系が、少なくとも古墳時代までは継承されていることがわかる。

こうした光景の一部は、文化人類学者の山口昌男が分析した『常陸国風土記』における「夜刀の神」などの記述にも垣間みることができる。夜刀の神の記述とは、次のような内容である。箭括氏《やはずのうじ》麻多智《またち》という人物が田を開墾しようとしたとき、夜刀の神（体は蛇で頭に角をもつ）が群行し、耕田を妨げ、みる人に祟りをなした。麻多智は怒って甲鎧を著被《つ》けて、自身で杖を執り打ち殺そうとする。そして、山との境界に「杭を標てて堺の堀を置」き、「此より上は、神の地たることを聴さむ、此より下は人の田と作すべし、今より後、吾、神の祝と為りて、永代に敬ひ祭らむ。翼はくは祟ることなく恨むことなかれ」とし、「吾、神の祝と為りて、永代に敬ひ祭らむ」と夜刀の神に告げ、社を設けて祭りを行った。

山口は、まずここに登場する「夜刀の神」は、神であるとともに正反対の性格をもつ「荒ぶる神」と結びつき、「混沌＝反秩序＝反分類＝反日常生活」という一連の、日常生活の側からみた否定概念に対応するとする。「人の田」を秩序の側に属するとすれば、群行し、耕田を妨げ、みる人に祟りをなすという行為は反秩序にして否定されるべき範疇というわけである。そして、「荒ぶる神」である「夜刀の神」に対して、麻多智は混沌と秩序の境界を明確に画する役割を演じていると山口は指摘する。また、麻多智は「杭を標てて堺の堀を置」いて神の地と人の地を分かち、「夜刀の神」に殺戮(使を介した「交感」)と敬い祭る(「言葉」を介した「交感」)という相反する行為で対応した。つまり彼の役割は、「「郊原」＝蛇＝夜刀の神という形で表現、喚起される「自然」＝混沌に対して、「田」という形で確認される「文化」＝秩序の間の仲介者であるということになる」。さらに、麻多智の役割について山口は、「象徴論的には政治的指導者の原型」を示しつつ、「物語の記号論のレヴェルでは「負」の価値の「正」の価値への転換のための仲介者」であるとし、「宇宙論的にいえば、「秩序」を確かめるために、「混沌」を喚起する役割」と説明した。

以上のうち、「夜刀の神」は、弥生絵画における正常ではない「鹿の子斑が表出した異常な状態の鹿」、すなわち「荒ぶる鹿」に類似し、麻多智の役割は、「戈と盾をもつ人」に相当する。弥生絵画の鹿は、土地の精霊と考えられる神であり、敬い祭る対象であるが、同時に田を荒らす害獣でもあり「戈と盾をもつ人」物をもって威嚇すべき存在である。「戈と盾をもつ人」は、「鹿の子斑が表出した異常な状態の鹿」のような、「負」の価値を「正」の価値に転換するための仲介者であり、彼の行為のもう一方の極には、作物が無事に稔り、豊作となる願いの意味が込められていた。このような類似性は、決して偶然ではないであろう。なお、「夜刀の神」は、蛇の身で頭に角をもつ点で蛇と鹿の合体した神と考えられ、このころ蛇と鹿はともに土地の精霊とみなされ、風土記において両者は融合し「夜刀の神」となったのであろう。「戈と盾をもつ人」の儀礼の意味は、武器の種類などが変容しつつも、狩猟文鏡をへて古代の日本にも継承されたと考えられるのである。

なお、古代中国の文献『周礼』によれば、戈と盾をもって儀礼にあたる人物は、「夏官」、すなわち軍旅兵馬を掌る職掌のなかで、王車に従う「旅賁氏」、朝覲などで儀礼を掌る「節服氏」と山川の精怪・疫鬼を駆逐する役である「方相氏」がある。「戈と盾をもつ人」がこうした古代中国の人物のうち、どのような人物であったかについては、第10章において検討する。

第6章

杵で臼をつく人

「杵で臼をつく人」の絵画

弥生人が絵のなかに描いた農作業の光景は、杵を両手でもち、臼で何かをついている「杵で臼をつく人」のみが、銅鐸に描かれている。なぜ、「杵で臼をつく人」のみが弥生絵画に選ばれたのであろうか。

弥生絵画に登場する杵と臼は、竪杵とくびれ臼である。江戸時代中期以前、木臼（摺り臼）が導入される以前には、脱穀（穂から穀粒を分離する）・籾摺り（籾殻をとりはずす）・精白（玄米を白米にする）作業は、原則として杵と臼で行っていたという見方がある。また近代以前の民俗例に登場する竪杵とくびれ臼による作業は、「餅つき」など「つきつぶす」動作をともなうさまざまな食物加工に利用されていたことから、弥生絵画で描かれた作業が、いずれの作業を表現したかを特定するのは難しい。しかし、筆者は、「杵で臼をつく人」の絵画に表現された作業は、「脱穀」か「精白」である可能性を考えている。その理由は「杵で臼をつく人」の絵画の意味と深くかかわっているので、後で考えることにするところで、「杵で臼をつく人」の絵画では、ほとんどの人物が特徴的な身ぶりで表現されている。いずれの人物にも「手を大きく挙げる身ぶり」が共通してみられるのが特徴である。このような、身ぶりの共通性の背景には、身ぶり自体にも何らかの意味が込められ、祭祀行為と関係している可能性が考えられる。本章では、こうした「杵で臼をつく人」の絵画の身ぶりに注目し、絵画の意味について検討することにしたい。

身ぶりの象徴考古学的研究

人の身体、身ぶりと、祭祀や儀礼・社会との関係を理解するためには、どのような方法が有効であろうか。ここで筆者が注目するのは、フランスの社会学者のピエール・ブルデューによる「信仰と身体」についての考え方である。

ブルデューによれば、人間は、社会空間のなかで、身体を通じて物腰や語り方、あるいは性別の役割といった慣習的行動をつくりあげる。絵画に描かれた人物像も、こうした慣習的行動を表象しているであろう。そして、ブルデューが注目するのは、身体の動かし方における、上/下、前/後といった動作の要素、また生物学的にあらかじめ決まった性的な側面（男/女、強/弱など）である。ブルデューによればば、これらに社会的な意味作用と社会的価値を重ね合わせ、身体動作の要素である上/下のような身体空間と階層的な上位/下位に区別化されるような社会空間が等しい関係であることを無意識のうちに教え込まれるとする。

ブルデューは、こうした信仰と身体の関係を「儀礼的実践の原理」として説明する。この原理は、人間をとりまく空間を、身体空間と社会空間に分割し、要素をさらに対立関係に分割するとされる。これら分割された対立物は、異なる論理、たとえば季節や気候の変化（暑／寒）などにより再統合され、統合されたものはさらに分割される。こうした身体と社会のあいだで形成される二項対立的な要素を、分割と統合という原理で再構成することにより、「世界像」の検討が可能となるとブルデューはいう。

ブルデューは、以上のような儀礼を含めたさまざまな行為における身体・動作についての説明などをふまえつつ、アルジェリアのカビル社会における民族誌の分析を行った。そこでは、儀礼を軸とした社会空間において、社会内部の諸要素は対立（乾燥／湿潤、上／下、男性／女性、支配／被支配など）、分割（性別分業や対立にみられる分割など）の関係にある。さらに、そうした諸図式を農業暦、神話年などと重ね合わせ、この周期のなかでさらにさまざまな行為（身体動作を含める）は、意味において季節的な変動のなか、相同、もしくは移転（逆転）の関係にあることを明らかにした。

以上のブルデューの分析は、物質文化全般を具体的に扱っており、きわめて分析的であり、考古学的な観点から身ぶりの社会性・文化性を検討する上で重要な視点を与えてくれる。身体と社会が織りなす象徴的な各カテゴリー間の分割・対立や統合の関係性を明らかにする方法は、欧米でかつて盛んに議論された象徴考古学的方法と接点をもつ。

筆者が考える象徴考古学的な考えでは、儀礼において、その儀礼が意図する目的を達成するために、器物や装飾、そして身ぶりを表象するものは、身のまわりの環境のさまざまな事象のなかから近いものを類似（アナロジー）、あるいは隠喩（メタファー）とされることになる。すなわち、人が象徴媒体となり、類似（アナロジー）、あるいは隠喩（メタファー）によって象徴的な身ぶりを生み出す。そして、こうした関係性は、似たような身ぶりや他の事象に連鎖し、同じ意味を有する象徴の連鎖である象徴伝統を形成すると考える。そしてブルデューの分析法と組み合わせて検討するのが有効であろう。

以上のような、儀礼における身体技法や身ぶりは、ブルデューによれば、無文字社会では口承だけにもとづく伝統の保存様式でのみ継承され、身体からは決して切り離せないものである。絵画は、儀礼行為の一つであり、そこに描かれる身ぶりも同様な保存様式で継承されたのであろう。これに関して、ブルデューの以下のような一節を添えておこう。

「そこ（無文字社会）では伝承知は身体化された状態でのみ生き続けることができるからである。知はそれを運ぶ身体から決して分離されず、特別に知を呼び起こす一種の身体訓練による以外には再構成できない」

杵で臼をつく人の身ぶり

ここでは、杵で臼をつく人の身ぶりについて検討しよう。図54は、銅鐸のなかで「杵で臼をつく人」など身ぶりのわかるものを抜き出し、種類ごとに時期別に並べたものである。まず、弥生時代中期前半段階（紀元前四世紀から三世紀ごろ）の福井県坂井市の井向二号銅鐸例［図54－1］では、杵で臼をつく人は一人で、臼からは少し離れた位置に両脚をやや広げて立っている。両手で杵の中央部を、あいだを少し

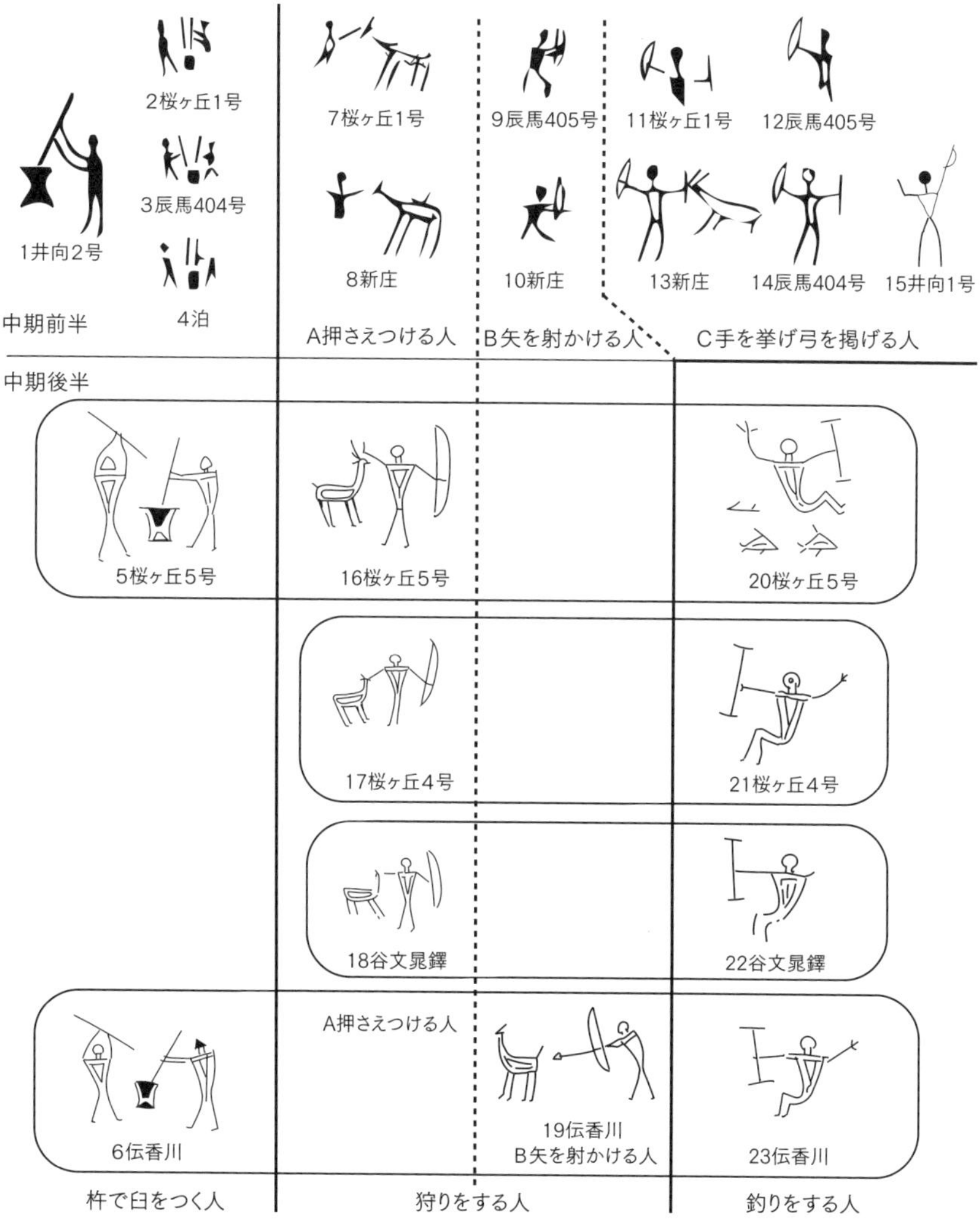
1井向2号
2桜ヶ丘1号
3辰馬404号
4泊
中期前半
7桜ヶ丘1号
8新庄
A押さえつける人
9辰馬405号
10新庄
B矢を射かける人
11桜ヶ丘1号
12辰馬405号
13新庄
14辰馬404号
15井向1号
C手を挙げ弓を掲げる人
中期後半
5桜ヶ丘5号
16桜ヶ丘5号
20桜ヶ丘5号
17桜ヶ丘4号
21桜ヶ丘4号
18谷文晁鐸
22谷文晁鐸
A押さえつける人
6伝香川
19伝香川
B矢を射かける人
23伝香川
杵で臼をつく人
狩りをする人
釣りをする人

図54　人物像の変遷（1）

あけて握り、肘をやや折りまげて腕を振り上げている。握り部を顔の上あたりでとどめ、頭上までには振り上げない身ぶりである。

同じく中期前半でも次の段階に位置づけられる兵庫県神戸市の桜ヶ丘（旧神岡）一号銅鐸例など、同じ鋳型で作られた五つの銅鐸群からなる連作五銅鐸絵画群［図54－2〜4］の段階では、杵で臼をつく人の数は二人に増える。絵画はいずれも不鮮明で、完全には判断がつかない部分もあるが、身ぶりについては、まず、井向二号銅鐸例にくらべて、臼に近い位置に立って作業しており、両脚の間隔もやや広くなっている。両腕は、肘をまげる表現がなく、杵をもつ握り部は顔よりも少し下あたりに位置している。杵はほぼ垂直をなす。左右の人物の身ぶりは、ほぼ同じとみられ、ともに杵で臼をつく身ぶりである。

中期後半（紀元前一世紀ごろ）段階の桜ヶ丘五号銅鐸例［図54－5］では、前段階同様に二人による作業を描いている。右の人物は両腕は肘をまげる表現がなく、杵をもつ握り部は顔よりもやや下あたりに位置し、垂直に近くやや斜めに臼をついている。左の人物は杵を頭上斜めに大きく過剰に振り上げている。脱穀作業であるとすれば、手を挙げすぎに表現しているであろう。両腕は、やや肘がまがる。両人物ともに、両脚の幅は前段階よりもやや広めになっている。この絵画における二人の人物による身ぶりは、交互に杵を振り上げて臼をつくものと考える。

桜ヶ丘五号銅鐸例に後続する伝香川銅鐸例［図54－6］は、桜ヶ丘五号銅鐸例によく似た絵画である。右の人物は、桜ヶ丘五号銅鐸例にくらべ臼からの距離が離れ、杵の角度が臼にむかってやや斜めをなす。左の人物は、頭上に挙げる両手の肘がまがっていない点と、杵を握る両手の間隔がやや広がった点以外は、桜ヶ丘五号銅鐸例とほぼ同じである。

桜ヶ丘五号銅鐸例と伝香川銅鐸例の絵画とそれ以前のあいだには、身ぶりにおいて大きな差異がみられ、桜ヶ丘五号銅鐸例段階に前段階まではない杵を頭上に大きく振り上げている人物が描かれている点は問題である。脱穀・籾摺り・精白の作業は、通常、中期前半の井向二号銅鐸例や桜ヶ丘一号銅鐸例のように杵をあまり振り上げずに臼をつく必要がある。しかし、桜ヶ丘五号銅鐸例と伝香川銅鐸例のような杵を頭上に挙げてついてしまえば、粒が飛び散り、あるいは傷めてしまうので、身ぶりとしては不自然であり、過剰に臼をつくような大げさな身ぶりに意図的に変更されている可能性がある。

なお、絵画が実際の状況をある程度反映しているという前提に立った場合、絵画で表現している杵の長さを復元すると、遺跡出土の実物よりも長めに表現されていることがわかる。木製農具研究を行った上原真人は、近畿地方の木製臼を検討するなかで、弥生時代の後半になると、大形臼の背が次第に高くなり、竪杵の短小化と対応する点を指摘している。近畿地方の木製杵の出土例の集成をもとにこの見解を検証してみると、弥生時代前期前半は杵の長さは平均約一二四・八センチで、中期後半で一〇七・三センチと上原の指摘どおり短小化している。一方、絵画に描かれた杵について、人物の身長との比率を割り出し、弥生人女性の平均身長を約一五〇センチと仮に設定して換算してみると、中期後半段階の桜ヶ丘五号銅鐸例で約一一二・五センチ（左例）と約一二二センチ（右例）、伝香川銅鐸例で約一三六・五センチ（左例）といずれも同時期の実物よりも長い。特に伝香川銅鐸例のうち、頭上にふりかざす杵の長さは、絵画例のなかでもっとも長く表現されている。これは決して偶然ではないであろう。中期後半ごろに身ぶりの強調が生じたことを示しているのである。

以上のような身ぶりの変化は、「杵で臼をつく人」のみの表現だけではなく、すべての人物の絵画に共通して「手を挙げる」身ぶりの強調化が図られている。次に各人物像ごとにみてみよう。

身ぶりの強調化過程

①鹿狩りをする人

鹿狩りをする人については、A押さえつける人、B矢を射かける人、C手を挙げ弓を掲げる人に分類できる〔図54－7～20〕。

中期前半段階では、Cの人物に関してみると、桜ヶ丘一号銅鐸（A面）と次の滋賀県守山市の新庄銅鐸（A面）の関係が問題となる。桜ヶ丘一号銅鐸〔図54－11〕では人物のみであるが、新庄銅鐸〔図54－13〕では人物の右側に鹿がつけ加えられ、鹿を押さえつけるように変更され、鹿に対してより攻撃的な強いイメージをもたせている。春成秀爾は、これを「口先を押さえる」身ぶりとし、佐原真はこの場面を「鹿の服従」とした。このような弓をもつ手を挙げ、鹿を押さえつけてこらしめる身ぶりの絵画は、中期後半段階の桜ヶ丘五号銅鐸例〔図54－16〕の段階に定型化し、後続段階の絵画〔図54－18・19〕に継続する。

春成は、新庄銅鐸の絵画で、鹿を押さえつけるような身ぶりに変化したことについて、佐原の「鹿の服従」説を認めつつも、銅鐸製作工人が絵画の模倣を繰り返すうちに、原作から改作へと変化したことによって生じたとした。しかし筆者は、弓矢をもつ手を挙げ、手で鹿を押さえつけるという身ぶりは、鹿に対してより攻撃的な強いイメージをもたせるという効果をもたらしており、意図的に追加された可能性を考える。新庄銅鐸段階で身ぶりを変形した絵画が、桜ヶ丘五号銅鐸例段階に定型化する状況は、たんなる工人のあいまいな記憶などによるものではなく、絵画の背景となる神話を伝承する人間が関与していると考えるべきであろう。

②漁をする人

次に桜ヶ丘五号銅鐸例で表現された身ぶり〔図54－20〕について考えてみよう。座った姿勢で、左手にI字形道具をもち、右手を上に挙げている。この動作の意味は、右手の下の「型持ち孔」で切られている絵が体の方向を逆さにした魚を示しているならば、魚を釣り上げている動作である。

この絵画が出現する以前の段階には、人物を示さず「I」字形器具のみを描いた東博三六六七号銅鐸の絵画は存在するものの、中期後半段階になって突然、この器具を手にもち、さらに手を挙げる身ぶりに変化し、以後、伝香川銅鐸段階まで定型化している。さらに、「I」字形器具をもたないほうの手の指について都出比呂志は、もみじのように三本である点を指摘した。都出は、この三本指のしぐさが伝香川銅鐸例〔図54－23〕と類似する点を挙げ、このような身ぶりを「魚あるいは魚の棲む水に近いところで行う姿態」とした。しかし、三本指のしぐさは、後述する鳥装の人などにもみられ、都出の指摘のような意味には限定はできない。この三本指のしぐさでもっとも考えられるのは、手の五指を大きく開きつつさらに大きく手を挙げる状態を示しているのであろう。ただし、この三本指の線の特徴が、同じように手を挙げる複数の人物で共通している点は興味深い。

③闘争し仲裁する人

春成は、桜ヶ丘五号銅鐸例〔図55－6〕における闘争し仲裁する人の動作についても、改作によって形成されたとする。しかし、重要であるのは結果として描かれた絵画の内容である。

桜ヶ丘五号銅鐸例では、中央の○頭のやや長身の人物（男性）が闘争する人物の仲裁に入る絵画であり、中央の人物は両手を挙げて両脇の人物の武器と頭を押さえつけている。すなわち男女のこの身ぶり

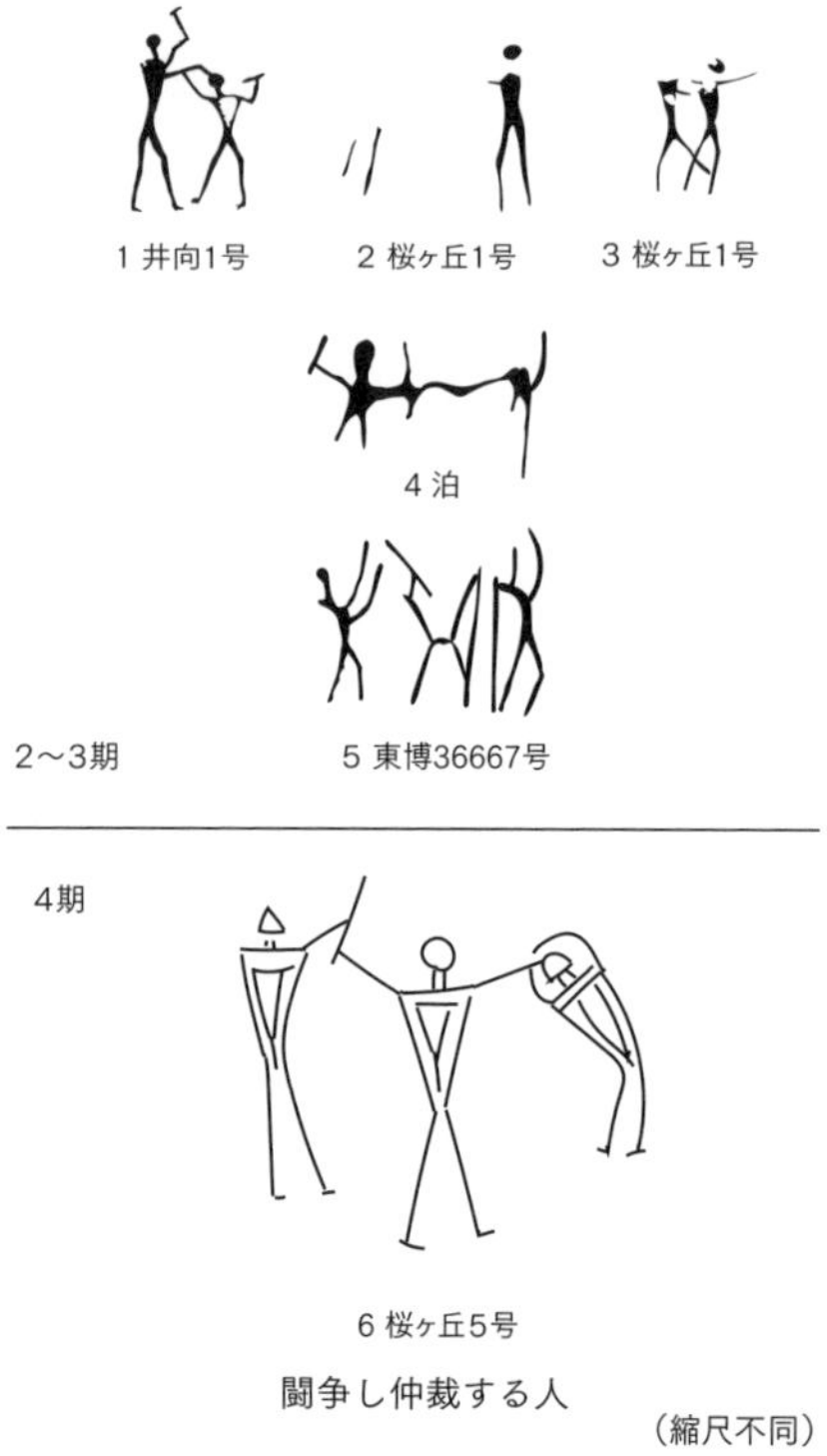

図55　人物像の変遷（2）

は、対象が鹿から人に代わっているものの、先に筆者が手を挙げる身ぶりの強調化を示すものとした、桜ヶ丘五号銅鐸例〔図54－16〕のような弓矢をもつ手を挙げ、手で鹿を押さえつけるという身ぶりと非常に類似する。この闘争し仲裁する人物の動作も、中期後半段階に相当し、同じ時期にこれまでの例と同様に大きく手を挙げる動作が強調されている。

こうした闘争の光景は、実際の闘争の状況をあらわしていると考えることもできるが、第3章で検討した儀礼的な模擬戦の光景の可能性もある。

④戈と盾をもつ人

前章でのべたように、戈と盾をもつ人の絵画の身ぶりについては、四つの段階にわたる一連の基本動作〔図50参照〕をもつ。

ここで再度、基本動作の流れを整理すると、まず戈を腰の位置に下げ、盾の上部を目線のあたりにおく最初の構えの状態で集落の中心部分側に体をむけ（動作1）、次に体を一八〇度反転し、集落の外側方向にむける（動作2）。そして、集落の端に移動し、集落外の「矢負いの鹿」にむかって威嚇するように戈を肩まで上げ、盾の上部を頭にまで上げる（動作3）。さらに威嚇する意味で、戈を大きく振り上げる（動作4）。

以上の基本動作の流れからみれば、戈と盾をもつ人には、戈を大きく振り上げる身ぶりによって、「矢負いの鹿」を威嚇するという役割が期待されていたわけであり、これまでみてきた各人物の手を挙げる身ぶりなどとも通じると考えることができる。また、この人物の絵画は、中期後半に近畿で突然盛行し、ここまでみてきた銅鐸の人物絵画と同様、手を挙げる身ぶりの強調化と連動している。

⑤鳥装の人

鳥装の人物は、銅鐸には明確には描かれていない。しかし、両手を挙げた人物がわずかに認められ、羽状飾りは表現していないが、鳥装の人物の可能性を残している。

金関恕は、早くから絵画土器や銅鐸その他の絵画にあらわされた鳥装の人物像を祭祀の執行者としての「鳥装の司祭者」とし、春成もこの種の人物を鳥装の司祭者あるいは巫女としている。弥生・古墳時代の祭祀を研究する辰巳和弘は、頭上に鳥の羽をかざした司祭者が頭巾をかぶってタマフリを行う姿で、神意をいち早く知り、場合によっては神自身に化する鹿をその胸に描くことは、まさに司祭者の性格を象徴するものとする。

こうした、鳥装の人物の絵画で両手を挙げた人物は、弥生時代前期の北部九州において線刻による絵画土器として描かれているが［図56－1］、中期前半段階を含めてもわずかしか認められない。しかし、

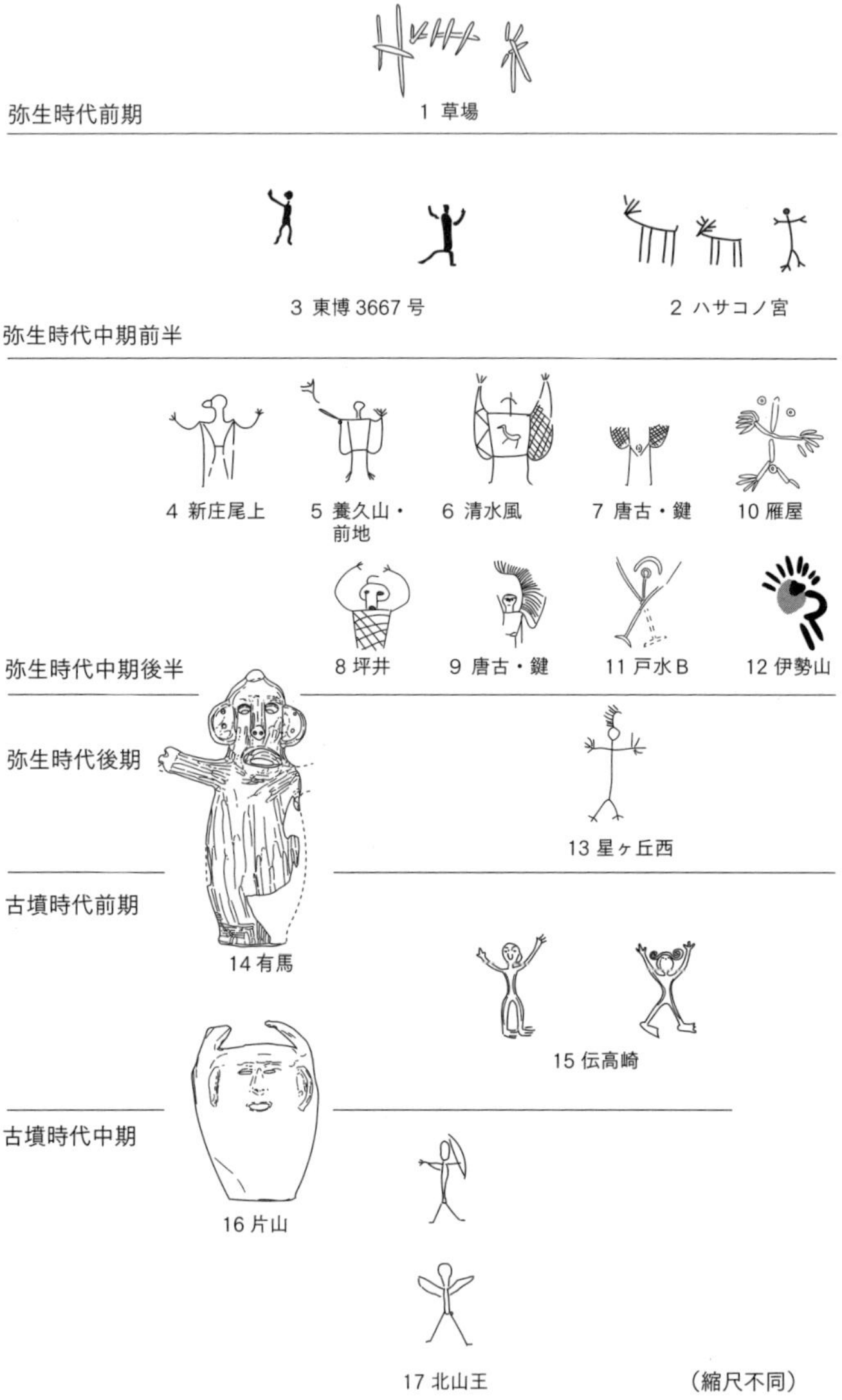

図 56　手を挙げる人物の変遷

中期後半段階になるとその数が急増する〔図56－4～12〕。この段階の土器に描かれた鳥装の人物の身ぶりは、いずれも両手を大きく挙げる点で一致しており、あるいは両手を前後に大きく振りながら挙げている可能性も指摘しておきたい。

このような両手を挙げた人物像は、中期後半段階以降の後期にも継続して表現された。特に注目されるのは、絵画のほかに土製人形として表現されるようになることで、群馬県渋川市の有馬遺跡などから異形の顔をもつ両手を挙げた人物像が出土している〔図56－14〕。また、古墳時代前期の群馬県高崎市から出土したとされる狩猟文鏡には、有馬遺跡の人形のように頭部にこぶ状の突起を有する人物像が多数描かれている〔図53参照〕。こうした類似性は同じ群馬県のことでもあり注目される。さらに、線刻絵画では古墳時代中期の熊本県八代郡の北山王古墳例にまでその行方をたどることができ〔図56－17〕、古墳時代中期の長野市の片山遺跡で挙手人面土器〔図56－16〕が出土している。北山王古墳例では、人物埴輪の胴部に手を挙げて鹿を狩る人物と大きく両手を挙げた人物像が描かれている。おそらく、この人物埴輪の絵画のうち両手を挙げる人物は両腕の表現からみて鳥装の人物と関連するであろう。

絵画の文法と手を挙げる身ぶりの意味

以上、杵で臼をつく人の絵画に導かれつつ、他の人物絵画の身ぶりについてもみてきた。その結果、段階をへるにしたがい、いずれの人物の絵画にも共通して「手を挙げる」身ぶりの強調化が図られ、誇張されているようにみえる。そして、この変化の画期は、中期後半段階の桜ヶ丘五号銅鐸の段階にある。

こうした、本来、異なる場面の絵であるにもかかわらず、共通した身ぶりの変化、すなわち「手を挙げる動作」の強調がみられるということは、やはりそこに何らかの意味があり、さらに何らかの作用が働いていると考えるべきであろう。この問題を考えるため、これまで考えられてきた「弥生絵画の文法」と筆者の分析した身ぶりの関係について検討しておく必要がある。

銅鐸における「絵画の文法」は、弥生・古墳時代研究者の小林行雄によって、四区あるいは六区袈裟襷文銅鐸の考察によって大きく進展した。小林は、これら各所に配置された絵画を「上から下へ順をおうて一編の叙事詩を図示したもの」と考え、そこには「生きものを食う動物」「狩猟」などのような弱肉強食が描かれ、下に「穀倉や、臼と杵で米をつく」絵画が描かれていることから「暴力の世界を否定して、農民の平和を祝福しているように見える」とした。そして、小林は「叙事詩」を次のようにまとめた。

「生きとし生けるもの、すべて己の生きんがためには、弱者の生を奪うこともさけがたく、われら人もまた、鹿を狩り猪を追う生活に永い月日を送ってきたが、いま農耕の業を教えられてより、年々の実りは豊に満ち、明日の食を憂うこともなきにいたった。いざ、わが祖神の恩沢を讃えようではないか」

この小林による銅鐸における「絵画の文法」の解読は、佐原によっても追認され、現在に引き継がれた。そして、小林と佐原の「絵画の文法」に新たな視点を導入したのが都出比呂志である。都出は、絵画における頭部表現について、佐原と同様な観点から、弥生時代の生業活動における性別分業の根拠と考え、社会組織の分析に援用した。ただし、都出の検討は、むしろ小林が想定した「叙事詩」における

「弱肉強食」「争い」という観点をさらに深めた議論にあった。
都出は、この分析の過程で、桜ヶ丘五号銅鐸〔図55－6参照〕の絵画における、女どうしの争いを仲裁する男性の絵画に関し、女性よりも男性を大きく描いている点に着目し、生業における男女の性別の労働分担にとどまらず、女性どうしの争いをも超越しうる男性の強さが描かれているとした。「自然界と人間界を通じての争いの輪廻のなかで最も優位に立つ大人の男性の姿が強調されているのではなかろうか」ととらえ、絵画のなかに「男性優位の思想」をみた。
また都出は、「争う人、弓矢、楯をもつ人、船団」のように戦闘を表現した「英雄叙事詩の息吹をされ感じる」とし、銅鐸祭祀の解釈について、「単に農耕の豊饒を祝う牧歌的な共同体の祭祀」とするそれまでの通説を批判する。その上で、自身が分析した環濠集落や高地性集落、あるいは戦闘用の武器の発達に認められる戦乱の激しい時代を示す点と、弥生文化の成立にあたって海を渡ってきた渡来集団の役割も無視できず、この両者を念頭に小林の「叙事詩」を書き換え、次のようにまとめた。

「船団をくりだして海を渡り、新たな大地に耕地を拓き、戦闘によって領地を維持し、今日の豊かさを築いた祖先を讃え、その祖先の加護を祈願する祭祀の性格がふくまれているのではないかと考えられる。このような祭りにおいては、祖先と共同体の成員との媒介者としての司祭者的な人物の役割が重要であり、さらに、これを統括する共同体首長の威信が強く前に出てくるものと思われる」

その後、安藤広道は、銅鐸と土器の絵画を対象に、個々の画題どうしの対立構造の分析を通じて、人間／自然、男／女という対立軸のなかで、つねに前者が後者に打ち勝つという観点があり、それは水田稲作による「自然」の超克を意識した世界観であると考えた。安藤の解釈は、分析手法は異なるものの、小林が自身の「叙事詩」を構成するまでの「弱肉強食」「争い」についての分析視点、さらに小林説に「男性優位の思想」と「戦闘を表現した英雄叙事詩」の考え方を補強した都出による解釈と同様な結論にいたっている。

ここで、先の筆者の分析結果と照合してみよう。手を挙げる身ぶりは、狩猟・漁労・戦いにかかわる人物（闘争を仲裁する人・戈と盾をもつ人）では、明らかに敵を倒すという意味を表象しており、手を挙げる身ぶりによって視覚的に強調化を図っている。すなわち、これら三つの場面では、いずれも手を挙げる身ぶりは、対象物をしとめるという意味において「死」を与える行為の表象ともなり、「正」ではなく「負」の意味を重ねているとみるべきである。

こうした関係性は、「弱肉強食」「争い」「男性優位の思想」「戦闘を表現した英雄叙事詩」、また、「人間／自然、水辺／水田と野山／大地、男性／女性という三つの対立軸」と「前者が後者に打ち勝つという関係」など、「絵画の文法」でみてきた諸点の意味と相同関係にある。こうした、いずれの解釈においても、絵画には「死」や「負」の意味が表象されており、手を挙げる身ぶりの強調化についての筆者の解釈と意味において相同関係にあり、すべてにわたって同じ意味が貫徹しているといってよいであろう。このように考えることができるとすれば、「杵で臼をつく人」の絵画の意味にも「死」や「負」の意味が表象されていることになる。

杵で臼をつく人の絵画の意味

それでは、なぜ「杵で臼をつく人」の絵画が、「死」や「負」の意味を示すのか。「絵画の文法」と同じ文脈で考えれば、次のような解釈が可能である。すなわち、脱穀のような「杵で臼をつく」作業は、米を食べるようにする行為であり、稲を収穫し米を食べるために手を加えることである。ここに捕食関係、あるいは自然／人間、稲／人間という対立関係の連鎖をみることができる。しかし、米を食べることに意味があるならば、稲だけを表現した絵画にするか、実際に食事の光景を絵画にするであろう。なぜ、杵で臼をつく光景が選ばれたのであろうか。この問題を考える上で、稲の生長過程と人の一生・成長過程との比較を手がかりとして、理由を考えてみたい。

図57は、稲の生長過程と人の一生・成長過程を重ねて図化したものである。農業では、種籾に霊が宿り、その後播種して苗とし、田植えをへて稲が成長したのち収穫を迎える。これを人間の一生に重ねてみれば、播種は「受胎」、そして苗の発芽が「懐妊」、田植えから夏場の成長が「成長」、そして実が熟し稔りとなって「成熟」となり、収穫は「死」に相当するだろう。

このサイクルのなかで、稲は収穫にあたり「死」を迎えるが、実際に稲自身が腐って死んでしまうわけではない。種籾が次の年の生命、すなわち新しい年に誕生する稲ともなるわけであり、そうした「再生」への過渡的存在であると考えることができ、収穫以後は「生／死」の両義的な状態である。こうしたなか、脱穀をはじめとする作業は、この「再生」を断ち切る最終的段階のプロセスであり、稲に二度と発芽できない「死」をもたらす。こうした農業暦と人の一生・成長過程との意味の上での相同関係が、

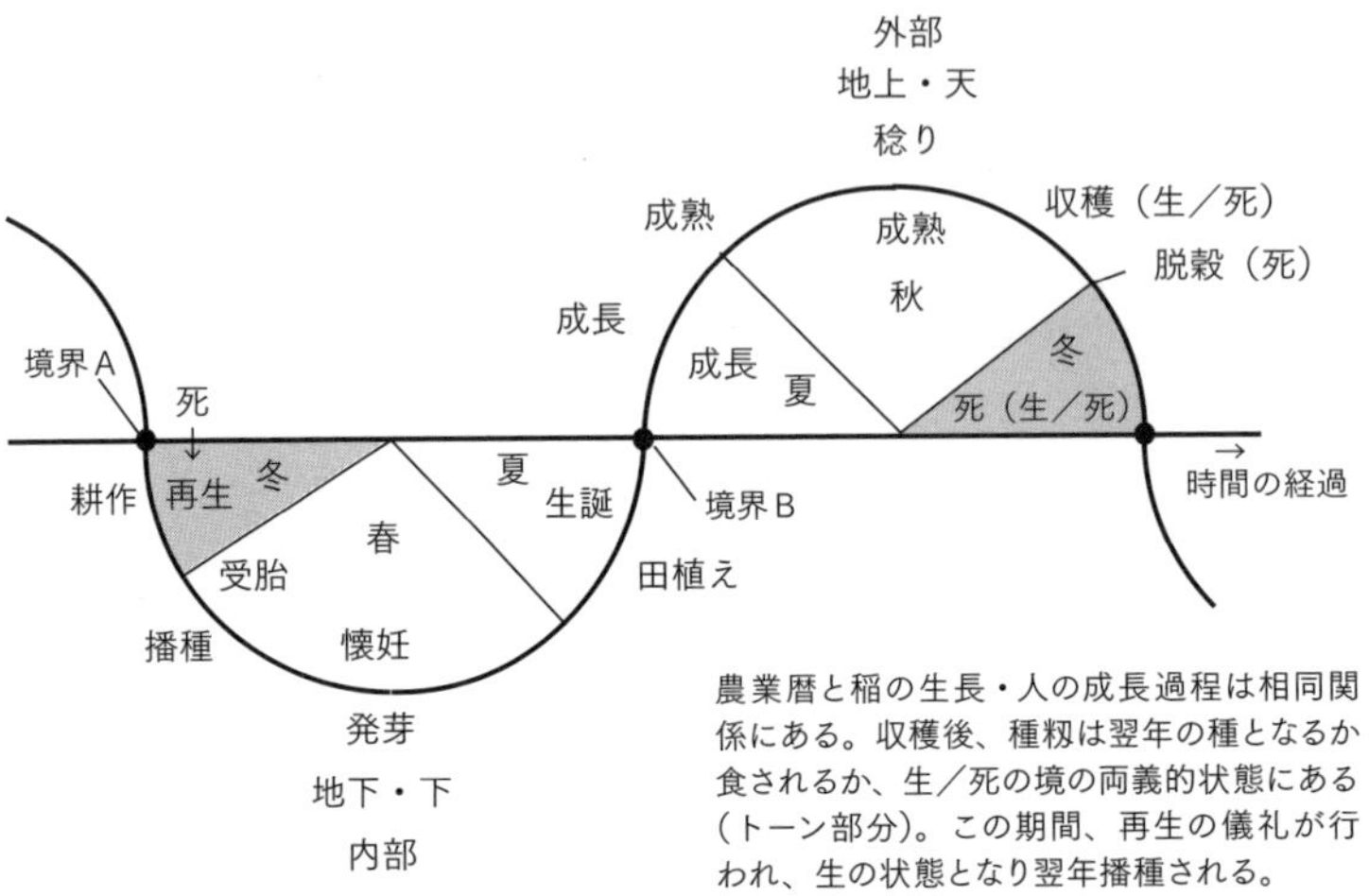

図57　農業暦と稲の生長・人の成長過程の相同

杵で臼をつく身ぶりにも連鎖し、この絵画が「稲の死」の表象として選択されたのであろう。

以上のような、杵で臼をつく人の絵画は、稲の「死」を表象するだけではなく、先の検討のように「手を大きく挙げる身ぶり」の強調化作用によって、さらにその表象である稲の「死」を強調している。

「手を大きく挙げる身ぶり」の強調化作用は、弥生時代中期後半段階に盛行することを確認したが、この段階に盛行する原因については、安藤が指摘するように、中期前半以降の人口増加とそれにもとづく集落数の増加と大形化、そしてその帰結としての社会の複雑化といった社会変化が考えられよう。近畿を中心とした地域では、儀礼も複雑化し、所作の事細かな点にまで徹底した祭式の創出をも促し、それによって絵画の内容が次第に複雑化したのであろう。こうした現象の背後には、おそらく社会の複雑化と規模の増大によって、それまでにくらべて祭祀の大規模化や内容の複雑化が必要となり、儀礼でのパフォーマンスなどの所作が過激化し、オーバーなものへと変化したのであろう。

以上のように、「杵で臼をつく人」の絵画について考えたが、もう一つ解決しておきたい点がある。それは、伝香川銅鐸のB面に描かれた建物の絵画である。この建物は、独立棟持柱付建物であり、仮にこの建物を米の貯蔵庫、あるいは祭殿と考えれば、人物を除いて農耕にかかわるものとしてはこの建物のみとなる。これまで検討してきた銅鐸における「絵画の文法」の文脈から考えて、この絵画にも「負」の側面の意味が重ねられているはずである。そして、稲の死を意味すると考える「杵で臼をつく人」の絵画に並列して描いているところからみて、生死をさまよう両義的状態の種籾を保管し、その生死を人間が握っていること、すなわち自然を人間が支配するという意味を表現していると考える。そして、同時に、翌年に稲が実ることを願うはずであると考えれば、再生の願いも込められているであろう。

死と再生の象徴としての稲

先に試みた稲の生長過程、人の一生・成長過程の図式では、ブルデューが指摘するように「対立」や「分割」の関係をみいだすことができる。すなわち、稲の生長過程では、まず大地である水田に耕作・播種・田植えをする初冬から夏までの時期と、稲穂が地上に伸びて成長して稔り、収穫して脱穀されるまでの時期に分割できる。そして、この二つの分割は、地中・地下（耕作・播種・田植え）／地上（稲穂の伸張）という対立関係を想定でき、さらにこの関係は、内部／外部、下／上、地／天と隠喩的に統合が可能である。また、人の一生・成長過程は、受胎・懐妊・誕生までと、成長から死までに大きく分割でき、これは大きくは胎内／体外という対立関係とすれば、ここから内部／外部の関係が連想されよう。

以上の諸要素の分割・対立・統合の関係は、前述のようなブルデューが行った分析を参考に、図57のように水平線下の半円と水平線上の半円として区別できる。

この図式のなかで、下円部と上円部の接合点は、前者から後者、さらに後者から前者へ移行する境界となる。特に、上円部から下円部への境界Aについては、収穫から播種までの期間、脱穀されるか翌年の種籾となるかといった、生と死の間を浮遊する両義的状態にあり、この境界を越えることで再生して播種されることになる。稲は、脱穀のような杵で臼をつく行為で死をむかえる一方、つねに再生への道を歩むわけである。そして、この二つの境界の時期である「田植え」「収穫」こそ、現在まで続く農耕祭祀の重要時期である。

こうした稲の「死」と「再生」の繰り返しは、三・四月ごろから生えはじめ、翌年の二・三月ごろに脱落する鹿の角の成長過程のサイクルや鹿の子斑の表出などとも相同関係にあり、前章において、岡田精司や野本寛一、春成といった鹿と農耕儀礼を検討した諸説を引用したように、こうした点が弥生時代や古代における鹿の神聖視につながったのであろう。

鹿はこのように神聖視される一方、田を荒らす害獣でもあり、善悪両面が両義的意味として鹿に込められている。銅鐸に登場する鹿は、矢で射掛けられ、手で押さえつけられるが、鹿は土地の精霊として稲を育てる特別な霊力をもち、土器の絵画において祭殿にむかい、鳥装の司祭者によって何らかの儀礼が行われている光景として絵画に表現されている。鹿が霊的存在であり、稲の成長サイクルとも相同関係にあるとすれば、鳥装の司祭者によって行われている儀礼とは、生／死の両義的状態にある種籾を「生」の状態にする、すなわち再生の儀礼を意味するであろう。

ところで、稲作の祭祀は、民俗学的研究から、祖霊信仰とも接点をもつ。そうした接点が生まれた背景には、後で述べる鳥の信仰のほかに収穫後の死と再生の祭祀が、人の死と再生と、意味の上で類似することが理由の一つであると考える。

第7章

弥生絵画の体系

絵画のマトリックス

ここまで、弥生時代の絵画について「戈と盾をもつ人」と「杵で臼をつく人」に注目し、それぞれ検討をした。前者では、絵画群の配列や登場する場所に何らかの決まりごとがあり、さらに地域を越えてそうした決まりごとが徹底していた可能性を考えた。また、後者では、銅鐸絵画における身ぶりに注目し、「手を挙げる」動作がさまざまな絵画で共通し、それが当時の社会変化と関連していると考えた。

本章では、このような弥生時代の絵画にみられる何らかの法則性を抽出する試みをさらに前進させてみよう。なお、本章での議論には、ここまで述べてきたことと重複する部分があるが、絵画の法則性を述べるためには、再度、そうした点に触れなければならない。

ここで問題とする弥生絵画は、弥生時代中期後半（紀元前一世紀ごろ）、畿内地方を中心にみられる土器の絵画を基本的な分析対象にし、これに加えて、中期前半から後半（紀元前四世紀から前一世紀ごろ）の銅鐸の絵画も対象とする。こうした銅鐸の絵画については、土器の絵画と重複する部分と、そうではない部分があり、両者の役割はあらかじめ決められていた可能性がある。銅鐸については、土器の絵画と関係のある絵画についてのみ触れることにする。

弥生絵画に描かれた世界には、ある程度日常が反映していると思われるが、当時の非日常的な光景である「神話的世界観」を描いている可能性がある。弥生絵画が「神話的世界」を描いているとすれば、その分析にあたって、レヴィ＝ストロースによる構造主義的な神話研究が参考となろう。すでに、安藤広道や山田康弘によってレヴィ＝ストロースの構造主義的な分析による弥生絵画の分析作業がなされている。安藤は、銅鐸と土器絵画の画題群に通じる構造の分析を行い、水田耕作による「自然」の超克を意識した世界観をそこにみいだした。また山田は、銅鐸と土器などの画題個々をレヴィ＝ストロースの「神話素」に相当させ、山陰地域の絵画群について、陸・海・空という三つの対立軸に整理した。本章での分析は、両氏の検討を参考にしながら、具体的に絵画の画題相互の関係性に着目する。

レヴィ＝ストロースの神話研究では、過去の民族調査によって採集された神話資料をフランス語に翻訳して、さらに構造分析を行っており、きわめて分析的な手法を用いている。神話のテクストを、「文」、すなわち、主語と述語の関係として取り出し、こうした関係を表示する「文」を「神話素」として分解する。そして、時間軸に沿って左から右へ出来事の経過として不可逆的に、上から下へ出来事の対比の関係として可逆的にも読める形でマトリックス（行列式）として配置する。本章での弥生絵画の研究でも、このレヴィ＝ストロースの神話の分析のように、絵画のマトリックスを作成し、分析のための基礎を検討しなければならない。ここで、レヴィ＝ストロースの分析方法に導かれつつ、絵画の分析法について考えておくことにしたい。

まず絵画の単位についてであるが、複数の画題（モチーフ）が連なって、「絵画群」を形成するものと考えるが、このとき個々の画題の最小単位を「絵画素」とする。すなわち、個々の画題（「絵画素」）が、ある一定の規則にしたがって、土器の器面に配置され、さらに複数連なって絵画群を形成し、相互に関連づけられていると考える。このような分析方法を援用するため、分析にあたって、土器の器面上に複数の画題が展開する資料を選択する。本来ならば、数多くの破片資料などの絵画群総体を検討すべきであるが、画題が一つ判別できる程度の破片資料での分析では、画題の連なりによる関係性がわからないので、良好な資料による分析を優先させた。そして、器面上における絵画群について、横の展開に修正して絵画相互間の関係性を分析する。

こうして、各「絵画素」は全体として一つのマトリックス上に配置することができ、相互の関連性を分析できる。この資料操作はいたって簡単であり、各絵画群に含まれる同じ画題を相互につなげていけばよいのである。こうした操作を繰り返し、さらに画題の内容に留意しつつ、網の目のように絵画群の関係性を整理する。その結果、各絵画群はいくつかに分類が可能であり、それぞれまったく孤立した存在ではなく、相互に関係したものであることが明らかとなる［図58］。

なお、この図を作成する過程で、筆者は絵画素の順番をいっさい入れ替えていない。また、基本的にすべての絵画群は同じ数の絵画素の集合体ではなく、必ずどこかが一部欠落している。これは、レヴィ＝ストロースの神話分析においてもみられた現象である。欠落していると思われる箇所を勘案しても、それ以外のすべての絵画素が矛盾なく上下に相互につながっていることは興味深い。この状況は、弥生時代の絵画に表現されるような神話があったとすれば、少なくとも近畿を中心にかなり厳密にストーリーが決まっていたことを示している。

絵画群の分類

分類できた絵画群は、絵画群A~Fの六群である。このうち、絵画E群と絵画F群については、空間表現の方法が他の絵画群と異なり、各絵画素の関係性を同一のマトリックス上に展開することが容易ではない。したがって、他の絵画群によって形成されるマトリックスとの関係を想定しつつ、絵画E群と絵画F群は別の絵画群とする［図59］。

このように絵画E群と絵画F群が他の絵画群と異なる様相を示すのは、この二つの絵画群は、中期後半の土器絵画群に先行する銅鐸絵画であることが最大の原因である。中期後半の絵画群は、それ以前の絵画群の影響のもとに形成されており、絵画E群と絵画F群とその他の群のあいだには、共通する部分と異なる部分の両者が認められる。この絵画A~D群と絵画E・F群の関係については、後述したい。

なお、図58では、建物をA、銅鐸をB、戈と盾をもつ人をC、魚群をDと簗をE、鳥をF、鳥装の司祭者をG、鹿をH、船を操る人をI、船をJ、手のない祖霊をK、とそれぞれ記号を付し、同じ画題（絵画素）が複数回登場する場合は数字で区別する。

A群　祭場に鳥装の司祭者が両手を挙げて立ち、鹿の神が来訪し祭殿にいたる光景。祭殿A3よりも右側の空間が重視される。

B群　船とともに頸の長い鳥の神が祭殿にいたる光景。建物は描かれ、鳥はいるが、鹿や鳥装の司祭

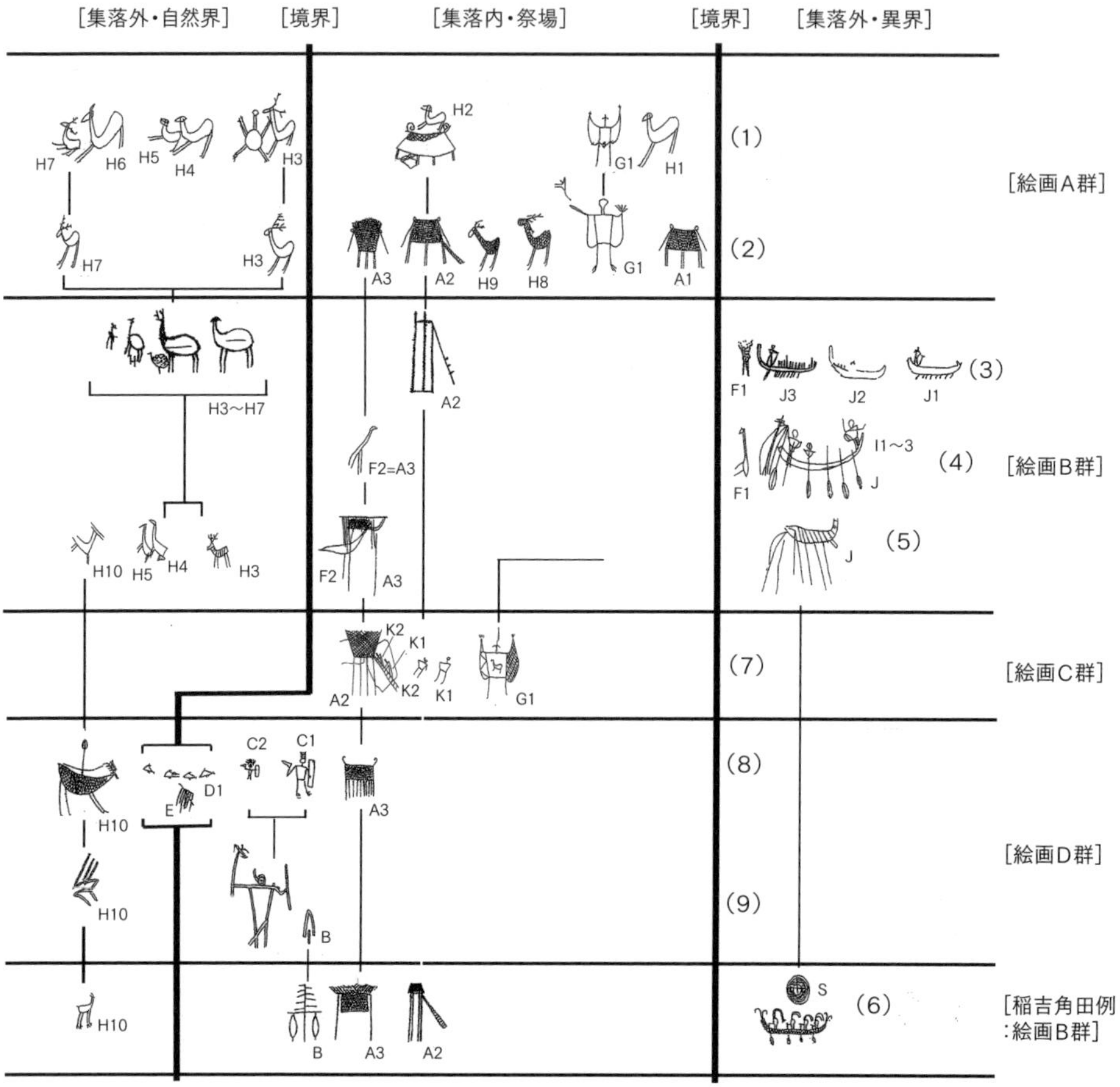

(1) 唐古・鍵22次(奈良)　(2) 養久山・前地(兵庫)　(3) 井向1号(福井)
(4) 唐古・鍵1次(奈良)　(5) 上鑵子(福岡)　(6) 稲吉角田(鳥取)
(7) 清水風1次(奈良)　(8) 清水風2次(奈良)　(9) 川寄吉原(佐賀)

(縮尺不同)

図 58　弥生絵画の体系

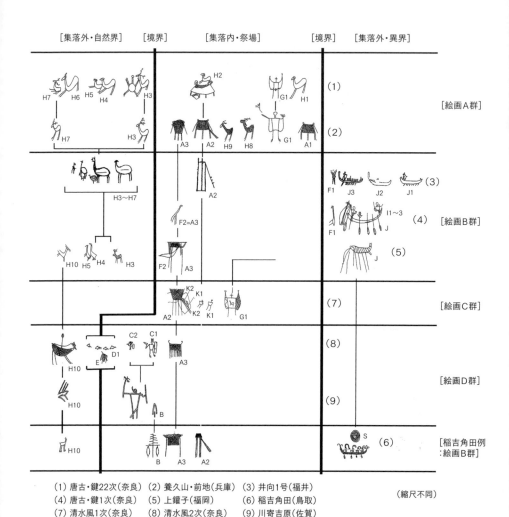

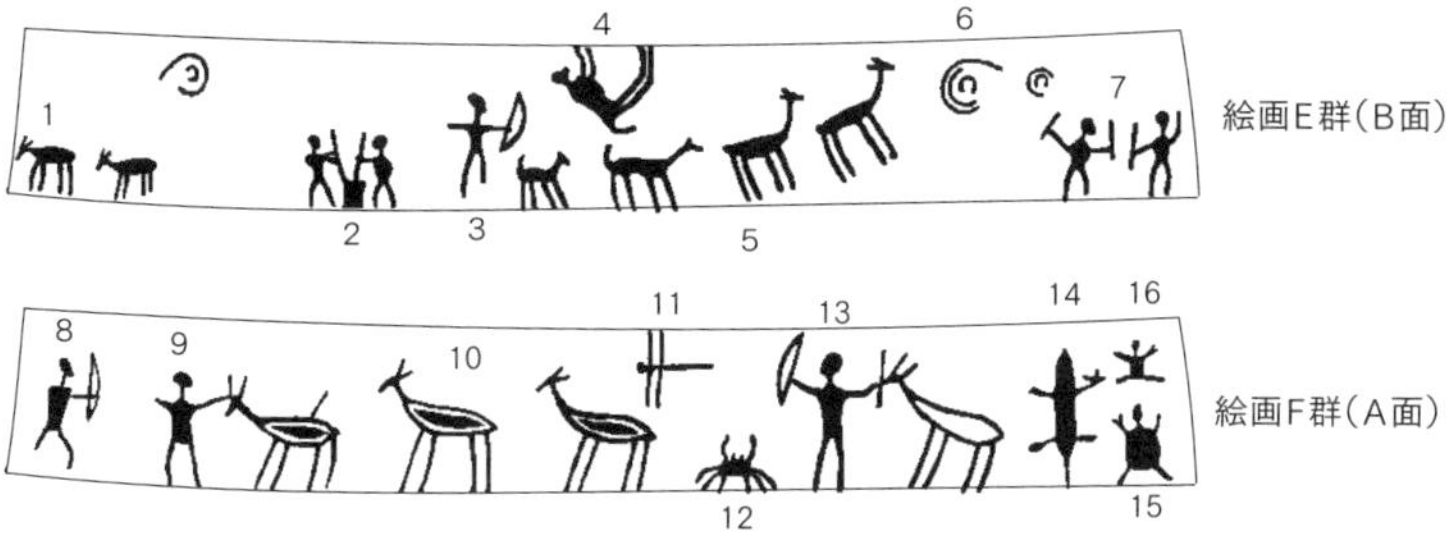

図59　同笵5銅鐸群の絵画E群（A面）と絵画F群（B面）

者とは共存しない。また絵画D群と共存関係にはない。A群同様、祭殿A3よりもすべて右側の空間が重視される。

C群　鳥装の司祭者の祭祀終了後、男女一対の人物（祖霊）が祭殿へいたる光景。A・B群同様、祭殿A3よりもすべて右側の空間が重視される。

D群　一連の祭祀の終了後、祭殿に神々が宿るなか、祭殿を脅かす自然の脅威の象徴である斜線を体に充塡した（鹿の子斑の表出した）鹿と「戈と盾をもつ人」が対峙して威嚇し、祭殿を守護する光景。祭殿A3よりも左側のみの光景に限定される。集落には鹿や司祭者は共存しない。船・鳥も描かれない。

E群　杵をつく穀霊の死／再生から、土地の精霊としての鹿の自然への回帰と鹿を誘導する人物を描いたもの。マトリックスでいえば、祭殿より左側の空間、さらには集落外、すなわち自然界での場面であると考える。

F群　水田を荒らす「荒ぶる鹿」を矢によってこらしめ、手を挙げて押さえつける光景。E群同様、祭殿より左側の空間、さらには集落外、すなわち自然界での場面であると考える。

これらの絵画群は自然界での光景を除き、祭場もしくは集落内での光景に限ってみれば、祭殿A3の右側の空間で展開する絵画群Ⅰと左側で展開する絵画群Ⅱに大別できる。

また、この分析で重要なのは、絵画群として識別できる一群の単位が、まったく別の場面を描いているにもかかわらず、関係する絵画素を介してそれぞれの絵画の空間的位置関係が相互に関連づけられていることである。特に祭殿A3を介して、すべての絵画群がつながることになる。このように全体の関係性を整理できるとすれば、個別の絵画群は別の場面を描いているが、全体として一つの体系をなしていることがわかる。

こうした絵画の体系、マトリックスをみて気づくことは、各絵画群は、たんに絵画素を並列しているだけではなく、そこに独特な空間と時間の表現をしていることである。ここで分類した各絵画群に描かれている時間と空間の表現の検討をもとに、弥生絵画の体系についてさらに検討することにしたい。

絵画における空間表現

絵画に描かれた光景は、自然界の動物、川、人、建物というようにさまざまな画題を描いている。そしてマトリックス内部をみてわかるのは、つねに祭殿A3を中心に絵画が展開することである。総体としては、当時の祭祀の光景、もしくは祭場とその周辺、さらには祭場を取り巻く環境を表現しているのは明らかである。筆者の観察では、養久山・前地例などの祭殿と思われる建物については、描き直しの頻度が高いことが判明した〔図60〕。特に梯子の位置の描き直しが多いようである。養久山・前地例では、この建物以外には描き直しがなく、他の絵画は躊躇なく一気に描いている。これは、一つの絵画群のなかで、はじめに建物の位置を決めて先に描き、この建物との位置関係で他の絵画素を埋めていくことを示している。

図60　祭殿絵画の描き直し（養久山・前地遺跡）

弥生時代中期の唐古・鍵遺跡には北西ブロックに祭殿が位置している。また同時期の畿内の中核的大規模集落の内部には、祭殿と想定する独立棟持柱付建物が位置することが多い。したがって、弥生土器絵画に描かれている光景は、集落の中枢に位置する祭殿を中心に展開する状況を描いたものと仮定しておこう。

次に、祭殿の右側の景観における境界表現についてみてみよう。これについては、すでに第5章において清水風二次例、川寄吉原例、稲吉角田例の三つの絵画群の分析を行った［図51参照］。これら三つの絵画群では、それぞれの絵画群が矛盾なくつながっており、互いの空間構成の位置関係は同じである。境界表現については、清水風二次例の絵画における表現が重要であろう［図61］。本例では、祭殿（A3）からC2の人物を配置して集落内部の状況を構成しており、魚群（D）と簗状のもの（E）が川か水路を示す指標であるとすれば、そのむこうに矢負いの鹿（H10）がいることになり、この魚群を境に自然／集落の境界を表現していると理解する。また、土器の絵画素間の間隙をみると、祭殿とシカのあいだには幅広い隙間があり、集落の内外の境界はここに相当すると考える。あるいは、鹿／建物と並列させることで、この両者のあいだに鹿／建物＝自然界／人間界（集落）という意味の連鎖を表現している可能性もある。すなわち、この絵画は、祭殿をもつ集落とそこに二人の「戈と盾をもつ人」がおり、この集落の水田か川を越えたむこうの矢負いのシカと対峙関係にある状態を描いたものである。

こうした境界表現の関係性については、先に第5章において「戈と盾をもつ人」の分析で検討した三つの絵画群の関係性によっても補強でき、その結果、先の絵画の体系のようなマトリックスを構築できたのである。以上によって、集落内部と集落外部を区別する境界表現に関しては、ほぼすべての絵画を通じて一貫していることが理解できる。

ただし、こうした絵画で注意すべきは、唐古・鍵遺跡は環濠集落であるにもかかわらず、絵画には環濠、すなわち濠の表現がないことである。魚が泳ぐ川の表現が水を湛えた濠の可能性もあるが、明確に表現されているとはいえない。むしろ、川自体が境界として認識されていた可能性を考えておくほうがよいかもしれない。唐古・鍵遺跡では、小河川が遺跡に接続しており、川は重要な存在であったであろう。また、船の表現は川が集落のすぐそばにあることを暗示している。絵画群の関係性からみた場合、祭殿をもつ祭場と集落内部、そして、周囲を川などで区切られている景観を表現していると推定できる。以上の諸点をもとに、図58では、太線で祭場・集落の境界線を引いている。

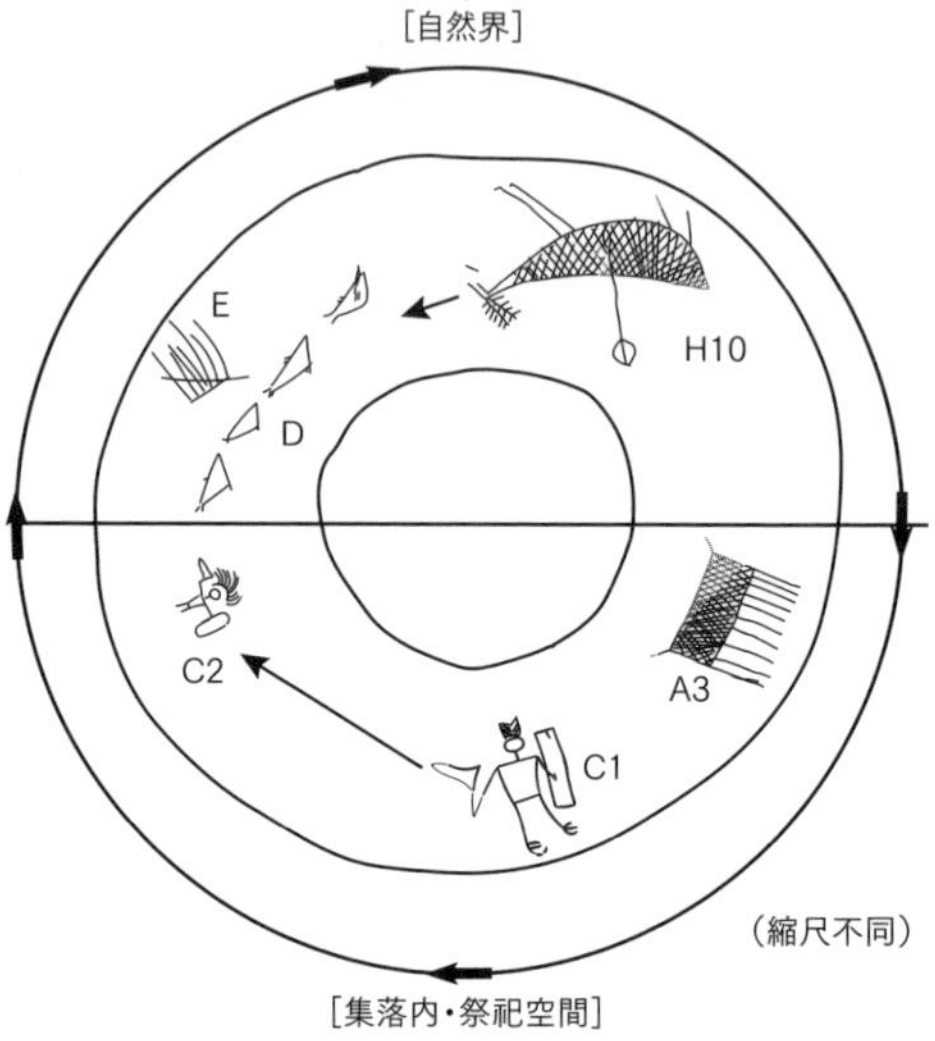

図61　清水風２次絵画群の関係性

畿内の絵画群の祖型である井向一号銅鐸例のような銅鐸の段階は、絵画を描く表面（キャンバス）が平坦であり、ここに絵画を描こうとすると、弧状か帯状に横へ絵画素を連続させるか、四角の区画内に複数の絵画素を入れ込むしか表現ができない。これに対して、土器の場合は、こうした銅鐸の描画方法の制約から解放され、それまで表現することができなかった土器に特有な表現を実現している。

絵画は土器の壺の胴部の上、ほぼ肩よりやや下に水平方向に描かれている。また、器面は一周すれば、起点が終点ともなる。絵巻物などであれば、水平方向の空間はいずれはどこかで遮断されてなくなってしまうが、土器絵画の場合は、切れ目のない空間あるいは一つの完結した空間構造を形成していることになる。したがって、描いた絵画の空間構造は切れ目のない連続的な表現を可能とする。さらに、起点と終点が一致する連続的空間表現により、時間の経過をそこに表現することが可能となった。

絵画に表現された時間

①時間表現としての異時同図法

このように、円環状に切れ目のない連続的空間を手に入れた弥生時代中期後半の弥生人は、絵画素間の並列関係において、空間的な表現に加え、時間的な表現を可能とした。

弥生絵画における空間表現は、静態的な側面をもつものの、時間的な推移ついても表現されている。特に、現在の一コマ漫画のように、異なる場面を同じ画像中に表現する、いわゆる「異時同図法」が実践されている。複数の時間表現を同じ図に表現していることから、多時点画という表現もよいかもしれない。豊岡卓之はこのような表現方法を画題連鎖と呼ぶ。

②鹿の絵画と時間表現

弥生土器絵画における異時同図法は、一定の方向性をもっている。基本的な方向性は、土器を上方からみた場合、時計まわりに表現しており、これはほとんどの絵画で観察できるパターンであり、基本的

本絵画は、鐸身部分の絵画を反転したもの

図62　井向1号銅鐸A面鐸身絵画群にみる時間と空間の表現

な時間の経過や推移を表現する方向性であると考える。豊岡卓之も、弥生絵画の画題の空間性と方向性に関し、左横方向への画題進行が一般的であることを指摘している。

こうした弥生絵画の時間経過の方向性を示す典型例は、井向一号銅鐸例にはじまる［図62］。本例で、鹿の群れは、まだ集落外にあって、円弧に沿って梯子のついた高い祭殿にむかうように少しずつ体のむきを変えている。この列のなかには鳥も存在することに注意したい。船三艘も、祭殿のほうにむかって進行しているように描かれている。図65に示した船とともに鳥が来訪する絵画群と同様な光景を描いているのであろう。したがって、井向一号銅鐸例は、絵画A群とB群の両方の性格をもち、鹿・鳥両方がまだ祭場に行き着いていない段階の光景を意味している。

次に唐古・鍵遺跡第二二次調査出土の絵画資料［図63］では、鹿（H3）から鹿（H7）までたくさんの鹿を描いている。ここで、これらの鹿がすべて同一で時間が経過していく状態を示すと考えると、有角状態（H3）→

落角（H4〜H6）→有角（H7）という変化を表現していると想定できる。ただし、この落角期間と想定する間には、小形に描かれた鹿もあり、あるいは初夏に仔鹿が生まれた光景を描いているのかもしれない。鹿の角は、三、四月ごろから生えはじめ、袋角の状態で秋になると成長を終えて袋がとれて化骨化し、翌年の二、三月ごろに脱落する。仔鹿が誕生するのは初夏のことである。したがって、有角状態（H3）→有角（H7）という変化は、ほぼ一年が経過したことを示していると考える。

このように鹿の一年間の時間経過の周期的表現を認めれば、鹿の生活する場は自然界ということになり、有角状態の鹿（H3）と有角の鹿（H7）にはさまれた下半の空間は、自然界ではない、集落、もしくは祭場の空間ということになる。有角状態の鹿（H3）と有角の鹿（H7）の両脇には、空隙が認められ、空隙を場面の展開の区切り、境界として、祭殿（A2）と角をもつ鹿（H3）とのあいだに一つの境界を設定し、さらに角をもつ鹿（H7）と角のない鹿（H1）のあいだにもう一つの境界を設定し、集落、もしくは祭場の空間を確定できる。なお、唐古・鍵二二次例の絵画群では鹿は角をもたない。

これについては、祭場に来訪した正常ではない状態の鹿を表現する一つの方法として、無角の状態を表現していると考える。また、有角の鹿（H7）が祭場に来訪し、いわば霊的な存在に変化するのであろう。霊的な存在と

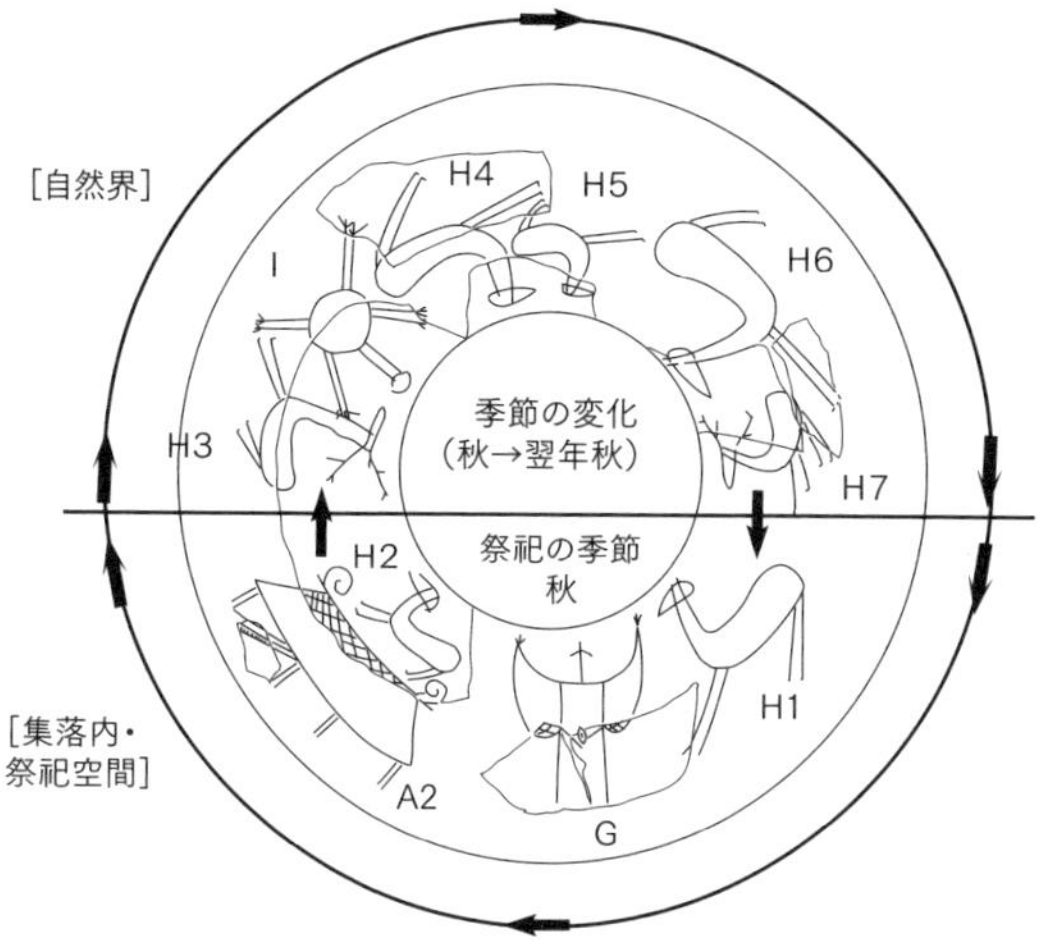

図63　唐古・鍵22次絵画群にみる時間と空間の表現

なった鹿は、鳥装の司祭者と交感、交流し、祭殿へと招かれる。このように霊的な存在となった鹿の行く先である祭殿は、寄棟の祭殿A2のみが表現され、空中に霊的な存在となった鹿が浮く状態をもって祭殿に宿る状態を表現していると考える。

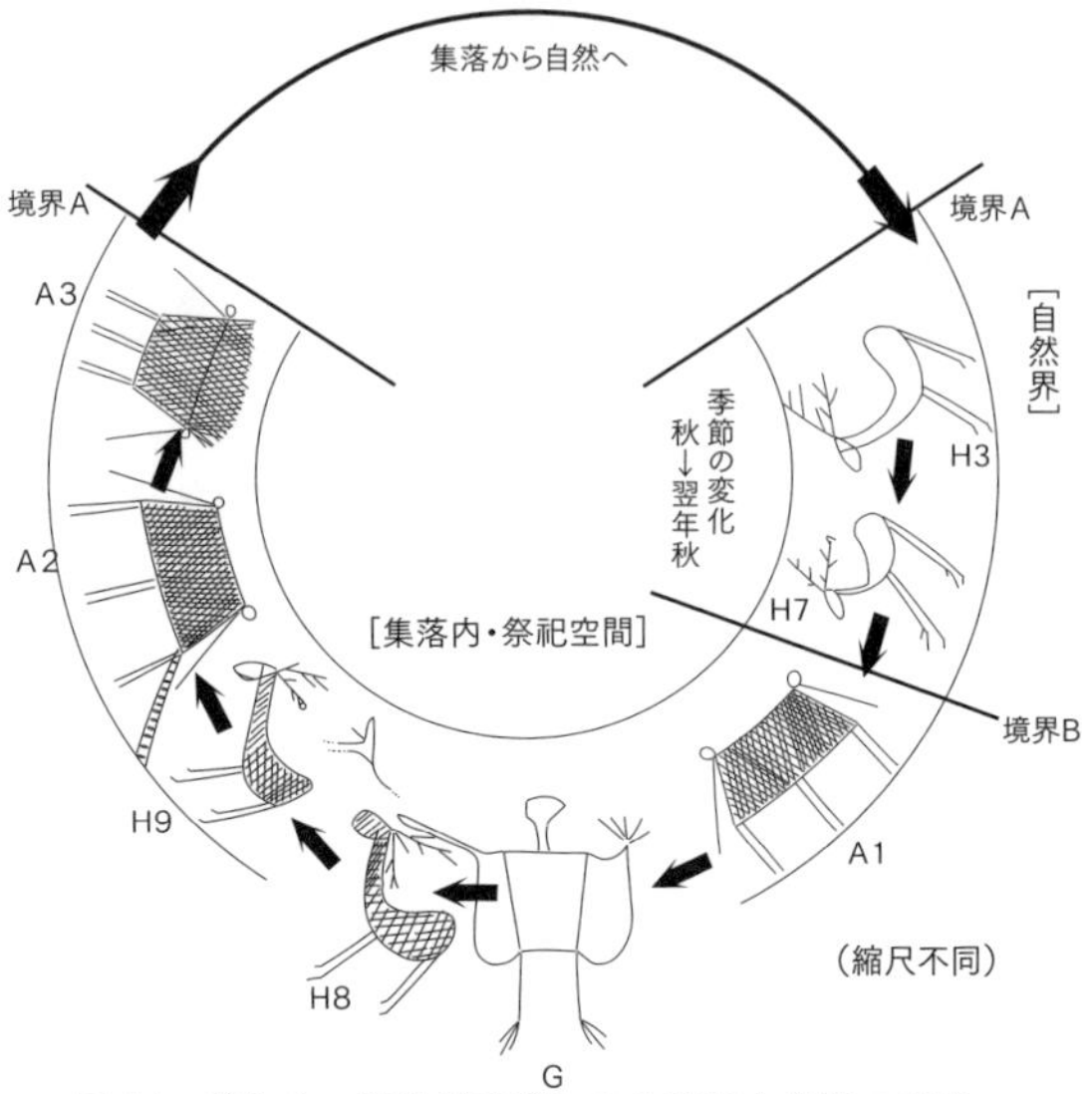

図64　養久山・前地絵画群にみる時間と空間の表現

この唐古・鍵二二次例と非常に似た絵画として、養久山・前地遺跡例［図64］がある。養久山・前地例では、自然界の表現については、唐古・鍵遺跡例のH4〜6に相当する鹿の表現を省略しているほかは、ほとんど唐古・鍵遺跡例と同様な内容をもっている。鹿の表現が少ない理由は、おそらく土器の頸部が近畿にくらべて細めで必要な絵画をすべて描ききれなかったことに起因するのだろう。また本例では、祭場内の光景について、祭殿の数が二棟多く描かれている。祭場内の鹿の表現は、唐古・鍵遺跡例における表現法とは異なるが、自然界の鹿の体部には何も充塡せず、逆に祭場内の鹿の体部には斜格子文を充塡し区別している。これは前述のように鹿の子斑が体表に表出している様を表現したものであろう。ただし、立派な角を有する鹿で、時期のあわない鹿の子斑を有する鹿が表現されており、こうした表現自体が特殊な鹿の表現であると理解できる。

以上が、土器絵画にみられる正常な時間経過の表現方法であり、ここでは、鹿の成長の周期的サイク

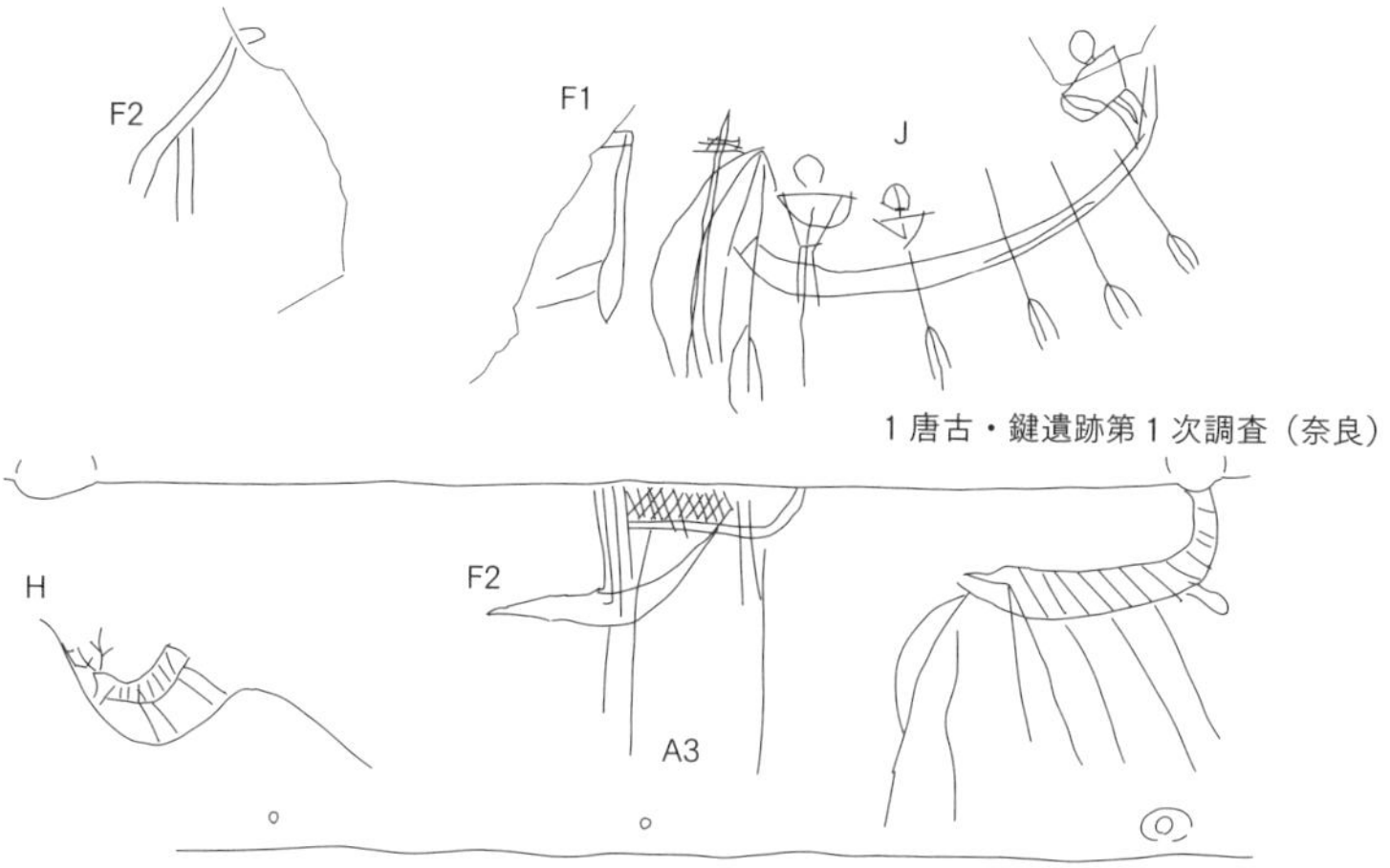

1唐古・鍵遺跡第1次調査（奈良）

2上鑵子遺跡（福岡、木製琴）
本例は絵画を反転している
（縮尺不同）

図65　去来する鳥と時間表現

ルを描くことで、一年間の時間経過を表現している。こうした時間経過の表現は、いずれも土器を上方からみた場合、時計まわりに表現しており、先に指摘したように、これは正常な時間の経過や推移を表現する方向性であることが確認できる。

③去来する鳥と時間表現

唐古・鍵遺跡第一次調査出土資料は、船とともに鳥が祭場に来訪する光景を描いている［図65－1］。この絵画では、左側に進む船（J）と、船を漕ぐ人と船頭と思われる人物の先に左側をむく長い頸の鳥（F1）が位置する。この絵画の左側は破片により空白部をもつので不明であるが、左側の先には、右側をむく長い頸の鳥（F2）が位置する。この絵画に関連して、福岡県糸島市の上鑵子遺跡で出土した木製琴の側板に線刻した絵画には、切妻造りの祭殿（A3）と長い頸の鳥（F2）を重ねて描いている［図65－2］。このように唐古・鍵一次例と上鑵子例によって、右側をむく長い頸の鳥（F2）と祭殿が同所に位置するという可能性がより高まった。なお、鳥に関して、唐古・鍵一次例における鳥の姿勢をみると、飛ぶ鳥ではなく、静止し、しかも尻を下にして座っているように表現している。これは、鳥の姿勢にしては不自然であるので、すぐ後方の船に乗っていることを暗示しているのであろう。したがって、鳥は飛翔し来訪するのではなく、船とともに来訪することを暗示していると理解する。

金関恕は、弥生時代の祭祀に登場する鳥に関して、「神の国と人の世のなかだちをする使者」あるいは「神を招く鳥」として鳥を祭り、そのために鳥に扮した巫師が存在したと考え、鳥を穀霊の運搬者とみなして祭っているとした。

そして金関は、弥生時代の遺跡から出土する鳥形木製品に関し、棒に挿して鳥竿として立てるものであり、『魏志』東夷伝韓伝の条の記録に蘇塗とよばれる聖域に鬼神が祀ってあるとする。蘇塗は本来鳥竿であって、それが後に鳥竿を立てた場所を意味するようになったとされる。さらに金関は、この蘇塗とよばれる聖域に祀られた鬼神とは祖霊のことであるとし、木偶をその祖霊にあてた。鳥は祖霊を祀る空間のシンボルであり、祖霊や穀霊の棲む場である「神の国と人の世のなかだちをする使者」である。周代をはじめとする古代中国においては、農耕祭祀と祖霊祭祀は、首長の祖先を祭る祭祀と同一視されていた。弥生時代の場合も、祖霊祭祀は首長もしくはその一族や同族の祖先を祭る行為であり、この祖霊を招く仲介者が鳥に象徴化されていたわけである。

このように金関説にしたがえば、季節的に神が棲む場と祭場を行き来するのであるから、祭場を来訪した鳥は、神が棲む場に戻る際に一度来た方向に戻らなければならない。このとき神が棲む場は自然界ではなく、鳥が飛ぶ天・空の彼方でもあり、果てしない地平線のむこうにほかならない。また祖霊は、過去にこの世を去った人物の霊であり、鳥は時間的に過去と現在をつなぐ超越的存在でもあると考える。

そして鳥は、空間的・時間的に超越した世界を行き来する存在であり、それを絵画に表現するために、鹿などの一般的な絵画で表現される方向とは逆の方向をむくように表現され、さらに左から右へ時間をさかのぼるように表現されていると考える。このように鳥によって表現された時間の経過は、祭祀における鳥の象徴性とその全体における役割によって、正常ではない時間経過として表現されたわけである。次に、ここまでの検討をふまえて、絵画群A～Fの相互関係を検討することにしたい。

絵画群の相互関係

①絵画群の空間的関係性

マトリックス分析における絵画群全体に関し〔図58参照〕、祭殿群を中心にみた場合、祭殿より右側の空間を主たる場とする絵画A～C群と、祭殿より左側の空間を主たる場とする絵画D群、さらに絵画E・F群も左側の自然界を主たる場とすると考えることができる。先に筆者は、この両者の差異に関し、祭殿を境とした右側の空間を描いた絵画群をI群、左側の空間を描いた絵画をII群とした。この両者の空間の差異は、登場する人物の性差にも反映しているようであり、I群は女性、II群は男性の空間構造であることがわかる。

I群（絵画A・B・C群）：女性：祭殿より右側

II群（絵画D・E・F群）：男性：祭殿より左側

このような絵画群の空間的関係性は、土器と銅鐸という絵画が描かれている対象物の差異とも関係性があるようだ。すなわち、土器の絵画は圧倒的にⅠ群を中心に描き、一方、銅鐸ではⅡ群のみといってよいほどに差異が顕著である。ここから以下の関係が想定できる。

土器の絵画：Ⅰ群／銅鐸の空間：Ⅱ群

ただし、この関係はすべての絵画に徹底しているわけではなく、両者をまたいで登場する絵画群も存在する。それは、先にみた「戈と盾をもつ人」の登場する絵画D群である。「戈と盾をもつ人」は、祭殿を守護する役割を担う人物であり、祭殿の近く（C1）と祭殿のある空間に外側から何者も入り込まないように、集落の端で守護する（C2）。この位置関係は、Ⅰ群絵画と祭殿を含めた空間が祭場であり、この空間を守護する状況とみれば、「戈と盾をもつ人」は、祭場の周りを守護する役割をもっていたと考えることができる。したがって、先の関係性は、祭祀空間にいるかどうかで以下のように区別できる。

土器の絵画：Ⅰ群／銅鐸の空間：Ⅱ群 ＝ 祭祀空間内／祭祀空間外

このように絵画群は、空間的に男／女や内／外といった区分原理にしたがい、絵画素の配置がなされている。そして、この関係性が土器／銅鐸という対立関係をも規定していると考える。

②絵画A・B・C群の関係

それでは、女性の空間とした土器に描かれる絵画A・B・C群のあいだの関係はどのように考えればよいのであろうか。いずれも祭殿より右側の空間に鳥装の司祭者・鹿・鳥・祖霊が登場する。したがって、これらの絵画素間に関係があるとみるのは決して無理な想定ではない。絵画群の進行する順番でいえば、鹿の登場する絵画A群→鳥の登場する絵画B群→祖霊像の登場する絵画C群、となる。こうした絵画群の順番を想定する決め手となったのは、唐古・鍵遺跡第九三次出土の絵画資料である［図66］。

この絵画では、「戈と盾をもつ人」を指でなで消して、その後に鹿、そしてこの鹿の上に鳥を重ねて描いている。したがって、この描画となで消しの順番を考慮すれば、（「戈と盾をもつ人」）絵画D群↓（鹿）絵画A群↓（鳥）絵画B群となり、先に作成したマトリックスの前後関係と整合性をもつことがわかる。

なお、図58ではA群を起点にマトリックスを構成したが、一年ごとに推移する祭祀はA↓B↓C↓D↓A↓B↓C↓Dというように繰り返していく。したがって、唐古・鍵九三次例からD群を起点と考えても、結果的には同じ順繰りとなる。ただし、実際に当時、D群をその年の最初の祭祀としていた可能性もあり、今後この問題の進展により図の修正をはかりたい。また、絵画D群をなで消し、その後に絵画A群・絵画B群を描いている点から、絵画D群は絵画A群・B群とは共伴してはいけないという原則が存在していたこともわかる。さらに藤田三郎によれば、清水風一次例の絵画において、鳥装の司祭者と二人の祖霊像を描いた絵画に関し、先に「戈と盾をもつ人」を描き、これをなで消して鳥装の司祭者と二人の祖霊像を描いたことを指摘した。この点からも、マトリックスの前後関係と整合性をもつことがわかる。

図66　唐古・鍵遺跡93次調査出土絵画

以上の関係性をみると、唐古・鍵九三次例では、鹿と鳥を重ねて描き、さらになで消していない。つまり、鹿と鳥はいずれかの段階で共伴する関係にあることがわかる。この鹿と鳥の関係について、春成秀爾は、穀霊を運ぶ鳥と土地の精霊である鹿の交合儀礼が存在し、鳥と鹿の交合により鹿に「鹿鳥」が宿ったものと考えた。
そして春成は、こうした鹿と鳥の交合儀礼を示す資料として、鬼虎川遺跡出土の木製品に描かれた、頭は鹿、身体は鳥（春成が鹿鳥とする）の絵画［図58－G1］などを挙げた。さらに、清水風一次例の鳥装のシャーマンの胴部に描かれた鹿とされる絵画についても、脚が二本であることからこれも鹿鳥であるとし、交合儀礼説を補強する。この鹿と鳥については、さらに別な見方も可能である。鹿は女性の象徴、鳥は男性の象徴であるとすると、梯子を登る二人の人物や手のない男女一対の祖霊像は、この鹿と鳥の関係を示す可能性もある。

二対の祖霊像と考えられる絵画〔図58－Ｋ１・Ｋ２〕については、絵画上では明確に男女差を区別できないが、木偶に表現されている男女像と関係があるとすれば、背の低いほうが女性像（鹿・土地の神）で、背の高いほうが男性像（鳥・穀霊・祖霊神）ということになるだろう。こうした鹿と鳥の関係について安藤は、「鹿は男性と衝突関係にあり、これに打ち負かされる存在としての鹿と女性の相同関係が、改めて想起される」とし、「女性は人間の中の「自然」として観念され、ゆえに「自然」の象徴である鹿と人間との間に立つ意味が生じた」と考えた。そして、衣装に翼がつくことの意味について、「大空に羽ばたくツル／サギは、水辺と大地、あるいは天と地、あの世とこの世といった二元的な世界の間を結ぶ存在、あるいはそれらの中間的な位置にある存在として観念されていた可能性があり、（中略）こうしたツル／サギの性質が「自然」と人間の間に立つメッセンジャーとしての女性に重ねあわされた」とした。

こうした鹿・鳥・祖霊像、三者の関係を考える上で、祭場への去来の方向性は重要であろう。すなわち、鹿の場合は土器の器面を時計まわりに進行する、先に正常な時間推移と考えた移動方向である。一方、鳥は左側から来訪し、また左側に戻るように体を反転し、その他すべての絵画素とは異なり、正常ではない向きを示す。鹿の場合が自然界の通常の季節のサイクルのメタファーとしてつねに回転する表現を示しているとすれば、鳥の動きは時間を逆行する、時間的に過去にむかう様を表現しているのではないか。こう考えることによって、鳥の行く先を、遠い世界・あの世・天・上、と連想することが可能となり、先に述べたように遥か遠くから来訪する穂落し神、さらに祖先の意味を重ねることができる。これと逆に、鹿を土地の精霊とみなし、山などの自然界から来るものとすれば、鹿の行き先は自然：大地：地面：下ということになろう。こうした意味の連鎖をまとめれば、鹿と鳥の関係は以下のようになる。

鳥／鹿＝男／女＝遠い世界：あの世／自然：大地：地面＝天／地＝上／下

いずれにしても、春成が指摘する「鹿鳥」の誕生は、鹿の霊と鳥の霊が無事に種籾に宿るように振りかけられ、翌年に立派な稲になるための生命が注入される行為、すなわち「受胎儀礼」を意味すると考える。こうした儀礼行為は鳥装の司祭者を仲介者となし、鹿と鳥の霊と交感・交流する所作をもって、受胎行為、すなわち交合を象徴する儀式をなしていたと考える。この儀式は梯子をもつ祭殿Ａ２で行われ、祭殿Ａ３には種籾が保管されていたと考えたい。唐古・鍵一次例における、梯子をのぼる二人の人物を二対の祖霊像とみなせば、この光景は霊的存在となった鹿（女：土地の精霊）と鳥（男：穀霊）が同時に祭殿に行き着く状況を表現しているのであろう。なお、この儀礼は辰巳和弘が指摘した、古墳時代の首長の居館である高殿において、王が妃とともに神の来臨をまつ性的な儀礼である、「男女同衾の儀礼」につながる可能性がある。

前述のように第6章で筆者は、種籾に新たな生命をこめる儀礼を「受胎」と考え、受胎以後、弥生人は、稲の一生に人の一生をメタファーとして重ねていた可能性を指摘した。そして、この連想は、懐妊（播種）、誕生（苗）、田植え（子ども）、子どもから大人へ（成長）、大人（稔り）、死（収穫）へとつながる。さらにこれは、耕起から苗代づくり、田植えといった耕作地である田のサイクルとも重なっていると考えることができる。

③絵画E・F群の問題

次に問題となるのが、絵画E・F群である〔図59〕。ともに、桜ヶ丘一号銅鐸の絵画である。先の絵画群の分類を検討したなかで、絵画E・F群については、他の絵画群と異なる様相を示すとして、マトリックス上には一緒にしなかった。こうした理由は、絵画E・F群の内容が、いずれも土器の絵画でいえば、集落の外部である自然界での光景であり、他の絵画群と大きく様相が異なるからである。したがって、絵画E・F群は、厳密には、他の絵画群を補完するものと考えることもできる。ただし、他の絵画群では描かれない光景もあるので、別に分類した。

このように、絵画E・F群は自然界での光景と考えられ、他の絵画群を補完するものとすれば、まず両群の鹿の列は、絵画A群〜C群と関係が深いと想定できる。おそらく、絵画A群〜C群の祭祀の後、祭場での役割を終えた鹿（の霊）が、自然界に帰っていく状況を描いていると理解する。そして、E群のように、土器の絵画ではみられない「杵をつく人」が存在するのは、一連の祭祀が収穫後に行われていたことを示している。

こうした「杵で臼をつく人」については、第6章において、稲籾は、そのままであれば翌年の種籾になるが、脱穀作業をしてしまうと、発芽のできない状態、すなわち稲籾の命を完全に失わせる最終局面を迎えることになり、その状態のメタファーとして、この絵画を描いたと考えた。弥生絵画の構造には、全体的に「自然／人間」という対立の構図があり、稲が人間によって支配される、すなわち食される行為の象徴的表現を、稲に死を与える脱穀作業をメタファーとして表示していると考えた。ここから以下の関係が連想される。

稲／人間 ＝ 杵をつく人：稲籾をつく：稲の生命を閉ざす：死

逆に、脱穀しない種籾は、受胎儀礼において穀霊と土地の精霊によって生命が振りかけられ、収穫において死への過程をさまよう稲を再生へと導くのであろう。こうした意味において、「杵で臼をつく人」は土器に描かれることはなく、銅鐸に描かれることになった。先の「戈と盾をもつ人」の描かれた伝奈良県銅鐸でのあり方とあわせてみて、銅鐸絵画は、決して単純に豊穣や再生といった、プラスな面をあらわすものではないことが理解できよう。なお、E群とF群の関係については、E群では「矢を射かける人」のみで「鹿を押さえつける人」はおらず、E群→F群へ進行した可能性がある。

また、絵画F群〔図59下段〕は、「矢を射かける人」と「鹿を押さえつける人」が存在することから、絵画D群の「矢負いの鹿」（H10）の直前ないし、これに近い段階の光景であると想定できる。今のところ「矢を射かける人」と「鹿を押さえつける人」は、銅鐸以外では、他の絵画群との共存はみられない。鹿は害獣であるが、反面、祭祀の重要な存在であり、人間にとっては両義的存在である。祭祀の行われる祭場は聖なる空間であり、そこでは鹿に矢を射かける行為は行われなかったことを暗示している。「矢を射かける人」と「鹿を押さえつける人」の役割は儀礼的行為であったとしても、それは聖なる空間を汚す行為であり、祭場の外、おそらくは集落外でなされることを意味していると考える。そしてこの「矢を射かける人」についても次のような意味の連鎖が想定できる。

角をもたない鹿／「矢を射かける人」「鹿を押さえつける人」
＝稲の生長を脅かす害獣としての荒ぶる鹿／稲を守護する行為

こうした「矢を射かける人」「鹿を押さえつける人」の存在は、絵画D群の「戈と盾をもつ人」の登場する直前の場面であり、絵画F群では表現が省略されている。そして、「矢を射かける人」「鹿を押さえつける人」「戈と盾をもつ人」と鹿の対立を人間と自然（土地）の対立とみなし、さらに鹿と対立関係にある人物を男性と考え、一方の鹿を女性格とみなせば、ここまでの関係は以下のように整理できる。

「矢を射かける人」：「鹿を押さえつける人」：「戈と盾をもつ人」／鹿

＝稲霊の守護／鹿の子斑をもつ鹿（稲の成長を脅かす両義的存在としての角をもつ荒ぶる鹿）：角をもたない鹿（稲の成長を脅かす害獣）

＝人間／自然（土地）＝男／女

先に、絵画の構成要素のなかで人物表現を検討した際、以上のほかに、自然と対立関係にあるのは、「漁をする人」「闘争し仲裁する人」であるが、いずれも銅鐸絵画に登場する人物である。そして両者は、ともに「魚を釣り上げる男性」「男女の喧嘩を仲裁する男性」というように、上記の人間／自然（土地）＝男／女という関係図式と整合性をもつ。さらに、こうした人間／自然（土地）＝男／女という関係図式にみられる対立関係は、さらに「手を挙げる動作」の強調性という身ぶりにも派生した。

「何が描かれているか」という点以外に、描かれている人物などの「動作」に共通性がみられることは重要である。すなわち、鳥と魚の関係のような「捕食関係」と人間と鹿の関係のような「衝突関係」を強調するために、「手を挙げる動作」という過剰な表現で演出し、またその動作をも各絵画で共通にもたせることでより対立関係を強調することに成功している。さらに、こうした「手を挙げる動作」は、鳥と魚の関係のような「捕食関係」を表現するときにも、勝者側の動物の手足を大きく広げる、挙げる動作を表現し、強者／弱者の関係を暗示している。

以上、ここで絵画群の相互関係のまとめをしておく。まず、先に絵画群のマトリックスとして整理した絵画A・B・C群との関係については、第5章で検討した「戈と盾をもつ人」の登場する絵画D群は、絵画のなで消し例によって、絵画A・B・C群とは共伴しない関係にあり、絵画E・F群の場面へと展開すると考えた。これによって、A↓B↓C↓E↓F↓Dという祭祀全体のストーリーの構築が可能となった（Dを起点とすればD↓A↓B↓C↓E↓Fとなる）。すなわち、まず鹿の霊と鳥の霊（神）が無事に神殿に到達し、翌年のための種籾に宿る。この後に、祭場での役割を終えた鹿と鳥（の霊）が自然界に帰り、収穫の後に田を荒らしたりする（自然災害の象徴）鹿を懲らしめ、戈と盾をもつ人が祭殿を守護する祭祀があった、というストーリーである。そして、銅鐸を中心に絵画E・F群で表現されているのは、人間／自然（土地）＝男／女という対立関係であり、さらにこの関係は、第6章で検討した「手を挙げる動作」の強調性という身ぶりにも派生したのである。このような弥生絵画に表現された祭祀は、西日本に広域にみられ倭人の世界観にとって重要なものであったが、次章においてその起源について検討を加えていきたい。

第8章

絵画の起源と系譜

韓半島の絵画資料

以上、長々と弥生絵画についてみてきたが、次に弥生絵画の起源についても少し触れておこう。弥生時代の絵画は、弥生時代前期後半から中期初頭ごろ（紀元前四世紀はじめごろ）に北部九州において出現し、福岡市の吉武高木遺跡一一二号甕棺など数遺跡が知られている〔図67－1・2〕。これまでに土器や甕棺墓に描いた鹿の線刻絵画が発見されている。なぜ、この段階に突如、日本列島に絵画資料が出現したのであろうか。まず、これについては韓半島との関係が考えられる。

隣の韓半島では、青銅器時代に数は少ないが絵画資料が発見されている。いずれも青銅器であるが、異形青銅器と呼ばれる特殊な青銅器に絵画を描いている。年代は紀元前六世紀ごろから前四世紀ごろのものと考えられる。特徴的なのは、鹿や鳥などの動物意匠が中心であることだ。

簡単にそれらを説明すると、韓半島で動物意匠が明確にわかる資料は、青銅器では三例ある。第一例は、慶尚南道慶州市付近出土の旧小倉コレクションで、肩甲形飾り板に鹿の絵画がある〔図67－3〕。鹿は二頭表現されており、いずれも立派な角を生やしている。このうち後ろの鹿の背中には矢が刺さっており、弥生文化の矢負いの鹿を彷彿とさせる。この飾り板には、他に長い尻尾を有する四足獣の表現がある。春成秀爾は、この動物をネコ科の獣、おそらく豹とする。第二例は、忠清南道牙山郡の南城里遺跡出土の青銅器の絵画である〔図67－4〕。角のない鹿の子斑をもつ鹿と、鹿の子斑を有する人の手の表現を有する。本資料は、遊環付双鈕脛当て形飾り板と呼ばれるもので、時期は遅くとも紀元前五世紀ごろと考えられる。第三例は、伝大田出土の遊環付の異形青銅器である〔図67－5〕。青銅器の両面に絵画があり、一面には壺に手を挙げる人物と畑を鋤で耕す人物、そしてもう一面には木にとまる鳥の絵画がある。

以上の韓半島における絵画資料について春成は、南城里遺跡と伝慶州出土の鹿の絵画をもつ青銅器は、日本列島の弥生時代の銅鐸や土器の絵画の鹿を連想させるとし、また韓半島では、肩甲骨に灼をあててひび割れで占う卜占に鹿を選び、また鹿角製の脛骨などに刻み目をつけた楽器のような刻骨の存在は、鹿を神聖視する観念が存在したことを示すと考えた。

その他、青銅器時代の初期に支石墓や岩壁に動物が描かれている。しかし、そこで描かれている絵画の時期は不明なものが多い。

このように韓半島の絵画資料はきわめて少ないが、動物意匠の種類は、鹿、鳥、豹（猛獣）の三者となる。したがって、韓半島を経由して弥生文化に大陸系の動物意匠が伝播したとすれば、弥生文化には鹿と鳥のみが伝播し、豹は欠落したことになる。これは単純に考えて、日本列島に豹のような肉食の猛

1 天神ノ元遺跡出土 20 号甕棺（佐賀）

2 吉武高木遺跡出土 112 号甕棺（福岡）

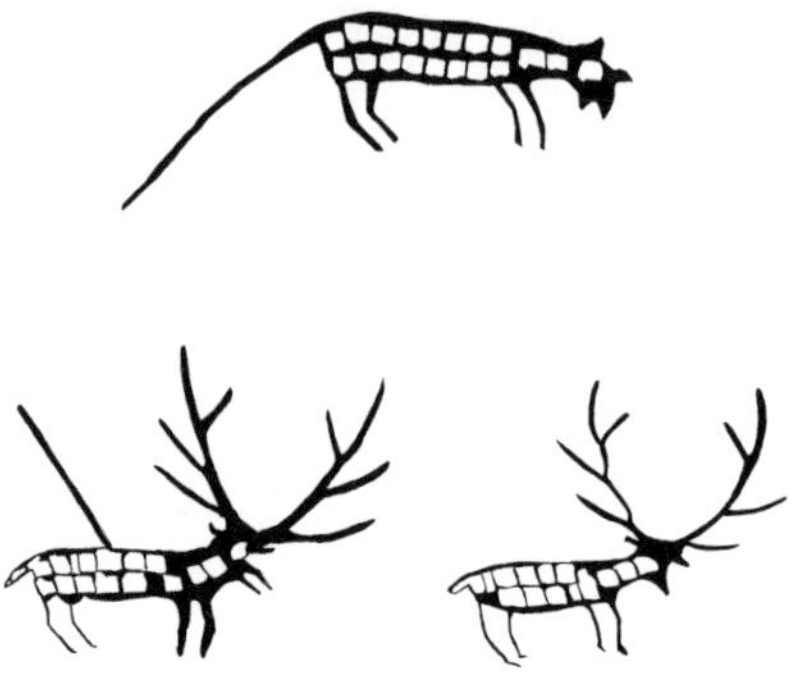

3 伝慶州付近出土青銅器（旧小倉コレクション、韓国）

4 南城里遺跡出土青銅器（韓国）

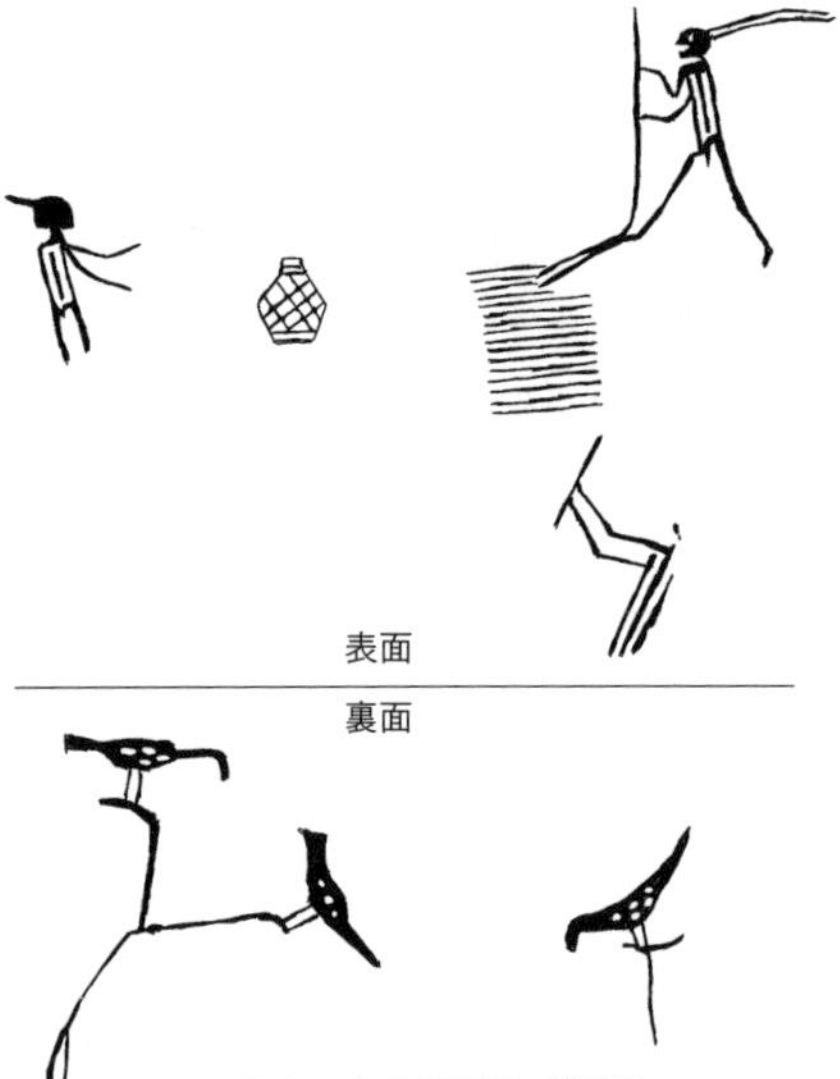

5 伝大田出土青銅器（韓国）

（縮尺不同）

図 67　日韓の初期絵画

獣がもともと存在しなかったことを示している。ここで、これらの絵画が何を意味するかは述べないが、鹿と鳥、そして矢負いの鹿や鹿の子斑を有する鹿など、ここまでみてきた弥生絵画と非常に類似している。

中国北方の動物意匠

こうした韓半島の絵画における動物意匠の起源と系譜は、さらに北方遊牧民地域にまでたどることができる。

中央ユーラシアから東部ユーラシアにかけて、紀元前一千年紀には、北方遊牧民社会には鹿石と呼ばれる線刻画がみられる。鹿といっても日本列島の鹿と同じ鹿を描いているわけではないが、その他にも北方遊牧民社会では鹿をかたどった青銅製の動物意匠を数多く作出している。

ここで検討すべきは絵画として表現された動物意匠についてであるが、ここで視点を変えて、絵画の問題を考える上でも、動物意匠自体についてみておこう。対象とする地域は、北方遊牧民社会でも弥生文化に影響を与えた可能性のある中国北方地域である。中国の北方地域とは、西域の新疆から東方のオルドス地域、甘寧地域、燕山長城以北地域、夏家店上層文化地域、凌河文化地域といった地域のことを指す［地図3参照］。また、中原の覇者の一つである燕国も、北方地域に含めて考える。

こうした中国北方諸地域において、主に青銅器に表現された動物意匠は次のように整理できる。

①オルドス地域は、虎類、鹿類、鳥類、羊類主体の構成となる。

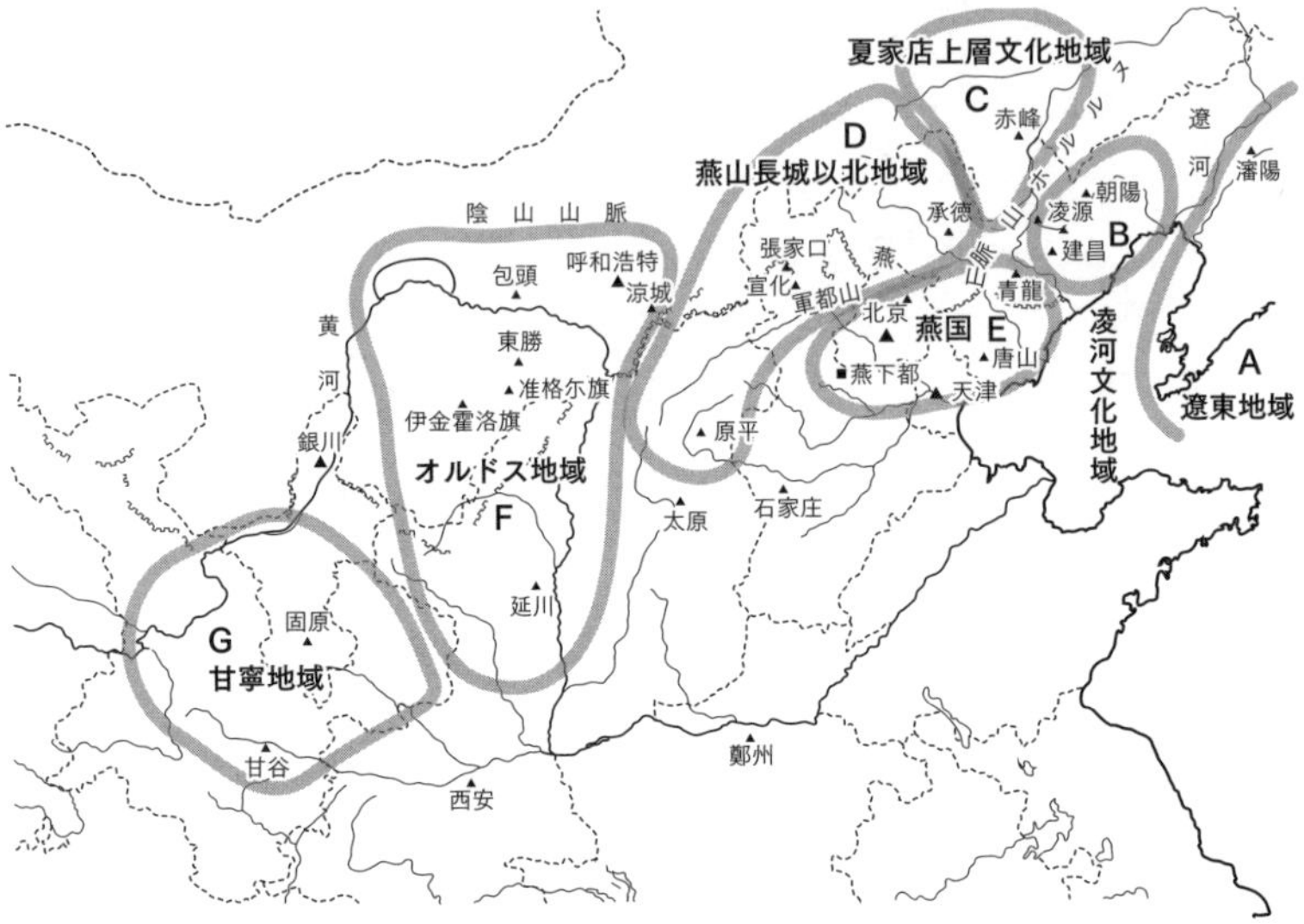

地図3　中国の北方地域

②甘寧地域は、虎類、鹿類、鳥類、羊類主体の構成となる。
③燕山長城以北地域は、鳥類・馬類・鹿類・虎が多く、野猪、蛇、蛙、羊類が少数ある。
④夏家店上層文化地域は、虎・豹、馬類、鳥類、鹿類、羊類が主体で、その他少数の犬、猪、牛類、蛇、蛙がある。
⑤凌河文化地域は、馬・鹿・虎・鳥・蛇・羊・蛙が存在し、海鴒魚《えい》が新たに加わる。
⑥燕国は、虎、鹿、馬、鳥、蛇という構成となる。

以上のように、中国北方諸地域に共通する基本構成は、鹿、鳥、虎（豹）、羊である。中国北方諸地域では、これに馬、蛇、蛙、海鴒魚が組み合いながら地域色を形成している。一方の韓半島における動物意匠の構成は、鹿、鳥、豹（猛獣）の三者であり、中国北方諸地域に共通する基本構成のうち羊が欠落し、地理的に近い遼寧青銅器文化の範囲にみられる馬、蛇、蛙、海鴒魚も欠落している。韓半島で羊が欠落するのは、牧畜農耕が行われなかったことが最大の要因であろう。

また、動物意匠が表現されている器物からみると、中国北方地域では容器、武器類、工具類、車馬具、装飾（垂飾、飾板）などがあり、このうち韓半島に伝播するのは武器と工具である。こうした種類の減少の背景には、韓半島に近い遼寧省では、すでにこの種の器物に動物意匠が表現されることがほとんどないことが影響しているのであろう。同じように、動物意匠をもつ装飾（垂飾、飾板など）は、衣服文化の違いや腰帯に装飾をつけるかどうかの有無とも大きく関係しているであろう。また、北方遊牧民が数多く分布する長城地帯を境に、遼寧省などの東方の地域では、北方遊牧民自体の存在が希薄でその影響の割合も低く、これがこの種の動物意匠が少ない理由であろう。

いずれにしても、中国北方の動物意匠の構成は、遼寧青銅器文化の範囲内で要素が欠落し、さらに数的に減少傾向が顕著となり、その影響が韓半島に及んだ。そして、もっとも数的に多い鹿・鳥・虎（もしくは豹）という構成が残り、その後、弥生文化では虎（もしくは豹）も欠落し、鹿・鳥という構成になったと整理できる。

燕国と弥生文化

それでは、こうした中国北方の動物意匠の影響がどのように弥生文化に流入したのであろうか。単純に考えれば、遼寧省から韓半島を経て、北部九州に流入したと考えることができるが、最近のこの時期の考古学研究では、戦国時代の燕国の動向が関係していると考えられるようになった。

燕国の考古学を研究する石川岳彦によれば、春秋戦国時代の燕国は、紀元前六世紀ごろから遼寧地域への領域拡大をはじめ、前四世紀代には韓半島北部にまでその領域を拡大した。弥生文化には、こうした燕国とその周辺地域の資料が散見するのである。もっとも数が多いのは、鉄鉱石を溶かして鋳型に流し込んでつくる鋳造鉄器である。東北アジアで最初に鋳造鉄器生産をはじめた燕国には、斧の装着部付近に二条の突帯をもつものがあり、その破片が弥生文化の約四〇遺跡以上で出土している。

こうしたあり方については、倭人が韓半島経由で破片のみを手に入れたという意見がある。しかし、韓半島では戦国時代に併行する時期の二条の突帯をもつ鉄斧はほとんどなく、弥生文化では多数出土する。こうした状況から、弥生鉄器を研究する野島永は、弥生文化における二条の突帯をもつ鉄斧などが燕国から直接伝わったと考えた。また、石川県小松市の八日市地方遺跡で、弥生時代中期中葉（紀元前三世紀中ごろ）の燕国産の鋳造鉄斧の破片と鋳造鉄斧を実際に装着して使用した木製の柄が数本出土した。これにより燕国から鋳造鉄器の破片だけが流入したのではなく、完品も手に入れていたことが明らかとなった。その他、佐賀県吉野ヶ里町・神埼町の吉野ヶ里遺跡からは、弥生時代中期前半（紀元前四世紀ごろ）の青銅器工房跡から、環状の銅柄をもつ燕国産の刀子が出土している。この刀子は竹簡を削るのに用いた書刀で、燕国の階層的に上位の墓から出土する。さらに、弥生文化の範囲を越えるが、驚くべきことに、燕国で鋳造された貨幣である明刀銭が沖縄県那覇市の城岳貝塚などで出土している。沖縄ではこの他に、燕国の影響を受けてつくられた粘土中に滑石を含有する土器が数カ所から出土しており、燕国とその領域の及んだ地域から文物がもたらされていたことが判明している。

弥生祭祀における北方遊牧文化の影響

こうした動向とともに、燕国の周辺地域である中国北方地域の遺物が弥生文化から出土している。まず注目されるのは、佐賀県唐津市の鶴崎遺跡出土の銅剣［図68－1］で、石川によって前五、六世紀ごろの燕山長城以北地域のものと判明した。こうした燕山周辺は、山戎と呼ばれる遊牧民集団の地域とされ、燕国地域とは区別される。文化的には、寧夏からオルドス地域や燕山長城以北地域にかけての北方草原系文化を巧みに在地文化に取り入れた地域で、こうした地域の文物が北部九州にもたらされたことになる。

この鶴崎の銅剣と大きくかかわる剣の鋳型が最近、滋賀県高島市の上御殿遺跡で出土した［図68－2］。その剣とは、驚くべきことに内蒙古自治区西部を中心に分布する、オルドス青銅器文化の短剣の石製鋳型であった。本資料は二枚合わせの鋳型であるが、出土状態が不明確で時期が不確定である。その祖型となるのは典型的なオルドス地域の青銅短剣で、有柄銅剣と呼ばれているものがその候補である。剣首は二つの輪がメガネ状をなす双環頭をなし、柄と身の境に左右に出っ張る格という鍔状の部分を有する。

上御殿例は、この格が左右に出っ張らないのが特徴で、柄には綾杉文をもつ。この綾杉文については、弥生文化にみられるものがつけられたという意見もあるようだが、オルドス地域にも似たような文様は存在する。こうしたことから上御殿例は、格がないなど日本的な改良がなされているが、戦国時代後期の特徴をもつオルドス地域の北方草原文化の影響を受けているとみてよいだろう。本例の出土によって、先にみた鶴崎遺跡例と合わせて、内蒙古から長城地帯にかけての北方遊牧民系の青銅器文化の影響が日

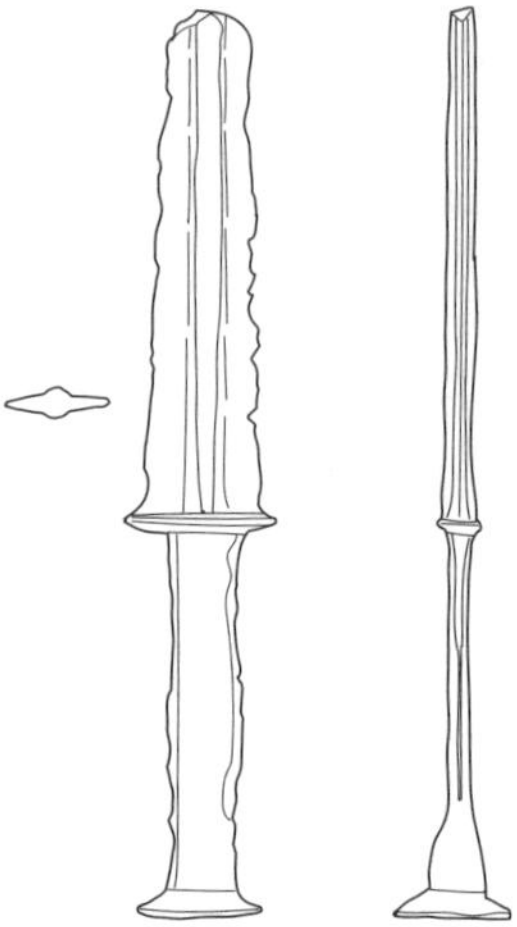

1 鶴崎遺跡出土長城地帯系銅剣（佐賀）
（長さ 19.1cm）

2 上御殿遺跡出土オルドス系銅剣鋳型
（滋賀、左：長さ 29.5cm）

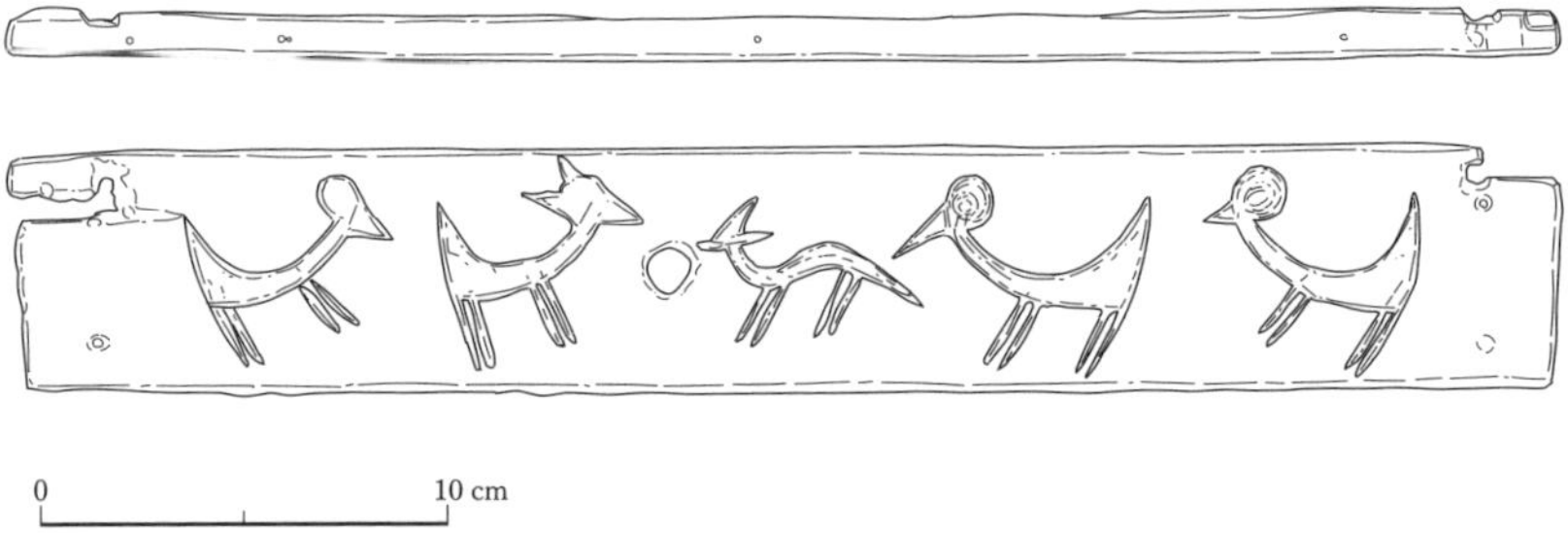

3 青谷上寺地遺跡出土木製琴の羊の線刻絵画（鳥取）

図 68　中国北方地域関連資料

本列島に及んでいたことがより鮮明になった。

なお、北方遊牧民系の要素はこれだけではない。鳥取市の青谷上寺地遺跡から出土した、弥生時代中期の木製琴の側板の表面には、羊の線刻絵画が描かれていた〔図68－3〕。この木製琴には鹿も描かれているが、問題の羊とするものは、巻き角を有し鹿とは異なるのは明らかである。こうした巻き角をもつ羊は、中央アジアの岩場などに生息するアルガリと考えるが、ユーラシア各地の羊形の動物意匠の多くは、このアルガリを模しているものが多い。当時の日本列島にはこうした羊は存在していないので、この木製琴の絵画は北方遊牧民系の人間によって刻まれた可能性が高い。

琴は音を奏でる楽器であり、祭祀に欠かせないものである。弥生時代の祭祀具のうち、音を奏でることができるのは、この琴以外には銅鐸や小銅鐸しかない。また、手持ちできる木製琴は、弥生時代中期以降に日本列島に流入するので、ここで問題とする中期における燕国や北方遊牧民社会との関係のなかで流入したと考えるべきであろう。

さて、こうした内蒙古から長城地帯にかけての社会と弥生文化の交流を示す資料が出土した背景には、やはり内蒙古から長城地帯の南に位置する燕国の東方への領域拡大が関係しているであろう。おそらく、紀元前六世紀以降の燕国の領域拡大の過程で、韓半島北部にその影響が到達し、日本列島にまで到達する交流のネットワークが開拓され、このネットワークにのって内蒙古から長城地帯の集団が日本列島にアクセスできたのではないかと推測する。

弥生祭祀における燕国の影響

これだけ弥生文化に影響を与えた可能性のある燕国であるが、鋳造鉄斧などの利器のほか、祭祀ではどのような影響を弥生文化に与えたのであろうか。ここで筆者が注目するのは、戦国時代の祭祀で献じる青銅容器などに刻まれた画像紋である［図69－1］。図は山東省の王溝墓例であり、燕国のものではないが、燕国でも同種のものが出土している。

こうした画像紋は、林巳奈夫によれば、殷の時代ごろにはじまる祈年祭の伝統を継承した古代中国の最高神である天帝（上帝）の祭祀で、天の永命を願う祭儀であり、それが表現されたものが画像紋であるとした。燕国は、殷の祭祀儀礼をつかさどる召氏一族の系譜にあり、西周期をへて殷系祭祀の伝統を継承した可能性が高い。また、画像紋の多くは華南でも発見されているが、そこに描かれている絵画のうち、車馬と鹿（矢負いの鹿もある）、虎が登場する場面はきわめて北方的色彩が強い。特に鹿の表現は、これまでみてきた中国北方地域の鹿の表現を彷彿とさせる。

こうした北方系の絵画の影響を考える上で、西周後期の夏家店上層文化段階のころ（紀元前九世紀ごろ）、内蒙古自治区赤峰市の南山根遺跡出土の骨板に描かれた絵画資料は重要である［図69－2］。本資料は二頭立ての車馬が二台描かれ、その前に二頭の角をもつ鹿がいる。その脇で弓を引き矢で鹿を射ろうとしている頭髪のない当地域の人面表現によく似た人物が立っている。鹿と人物の体には鋸歯文がつけられ、さらにこの骨板の両端にも鋸歯文がある。こうした鹿を弓矢で射るような光景の絵画は、西方の中央ユーラシア地域にも散見されるものであり、それがこの遺跡の地域には存在した。画像紋の光景と南山

1　王溝墓遺跡出土の中国戦国時代の画像紋（山東）

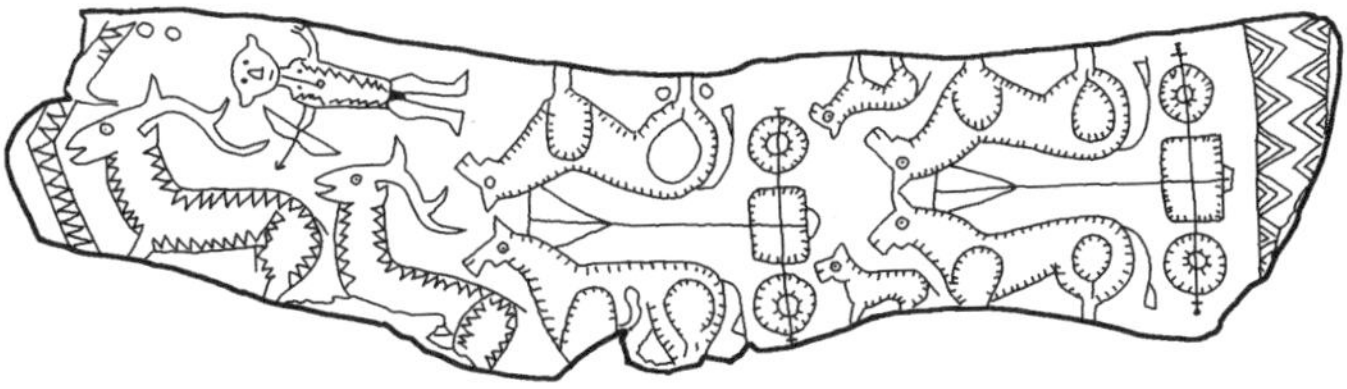

2　南山根遺跡の骨製飾りの線刻絵画（内蒙古）

（縮尺不同）

図69　中国戦国時代の画像紋と中国北方の絵画

根遺跡の絵画の類似性は果たして偶然であろうか。

現在のところ両者をつなぐ資料はないが、先に述べたように画像紋の資料は燕国の領域でも発見されはじめており、推測の域をでないが、両者に何らかの関係があってもおかしくはない。また画像紋をめぐっては、第5章で「戈と盾をもつ人」の絵画を考えるなかでも触れた「矢負いの鹿」も描かれており、弥生絵画の「矢負いの鹿」の画像との関連性が問題となろう。「矢負いの鹿」については、先に慶州市付近出土の旧小倉コレクションの肩甲形飾り板に類例があることを述べた。遼寧地域で現在までのところ類例を探せない以上、可能性として「矢負いの鹿」絵画の起源の一つに、燕国の青銅容器の画像紋、そしてそれに影響を与えた可能性の高い夏家店上層文化地域も候補にすべきであろう。

また、南山根遺跡の骨板に描かれた人物は、手を挙げている点も注目される。これは第6章で「杵で臼をつく人」の絵画を考えるなかで述べたが、弥生時代中期に顕著となった「手を挙げる」動作の問題と関連することであろう。さらに、弓を引き矢で鹿を射ろうとしている人の絵画は、第7章で触れた鹿狩りをする人の絵画と類似する。そして、燕国と弥生文化の関係を考える上で重要なのは、第4章で検討した戈である。弥生青銅器の戈の起源は、燕国の中国式銅戈と遼寧青銅器文化の遼寧式銅剣の特徴が折衷して成立した遼寧式銅戈である。この戈の成立は、紀元前六世紀以降、遼寧地域に燕国の領域拡大が及んだことが契機となった。

以上のように、絵画と動物意匠に導かれながら、弥生祭祀のなかに、北方遊牧民の文化と春秋戦国時代の燕国の影響があったことがさまざまな資料から知ることができたと思う。

なお、最近筆者は中国山東省の調査において、戦国時代の斉国の鋳造鉄器の資料を多数みる機会をえた。そのなかには、弥生文化で出土しているものと非常によく似ているものがあり、燕国以外に斉国の影響も考えなければならなくなったことをつけ加えておきたい。

第9章

銅鐸文様と祭祀

銅鐸文様の起源をめぐって

銅鐸の起源は、韓半島の銅鈴である。そして韓半島の銅鈴は、中国北方地域の銅鈴にまでたどることができる。中国中原の銅鈴の起源はさらに古く、春成秀爾によれば、新石器時代の仰韶文化段階（紀元前四〇〇〇年ごろ）に銅鈴の起源である土鈴が生まれ、新石器時代末期の龍山文化期（紀元前一九〇〇年ごろ）に銅鈴が出現した。そして、夏代（考古学的には二里頭文化期、紀元前一八〇〇年ごろ）に、紐をかける鈕と音を鳴らす棒である舌をもつ銅鈴が形成された。この段階の銅鈴は、身の上の頂上部分の舞と呼ばれる部分の中央に小さな鈕もち、身の片側に鰭をもつ［図70－1］。これが、次の殷代（紀元前一二世紀ごろ）になると、前段階の特徴を引き継ぎつつ、舞の縁に鈕がつくタイプの銅鈴が出現する［図70－2］。この殷代の銅鈴は、一〇センチ以下のものが多く、身の下辺はほとんどが凹み、この特徴は西周代から春秋時代

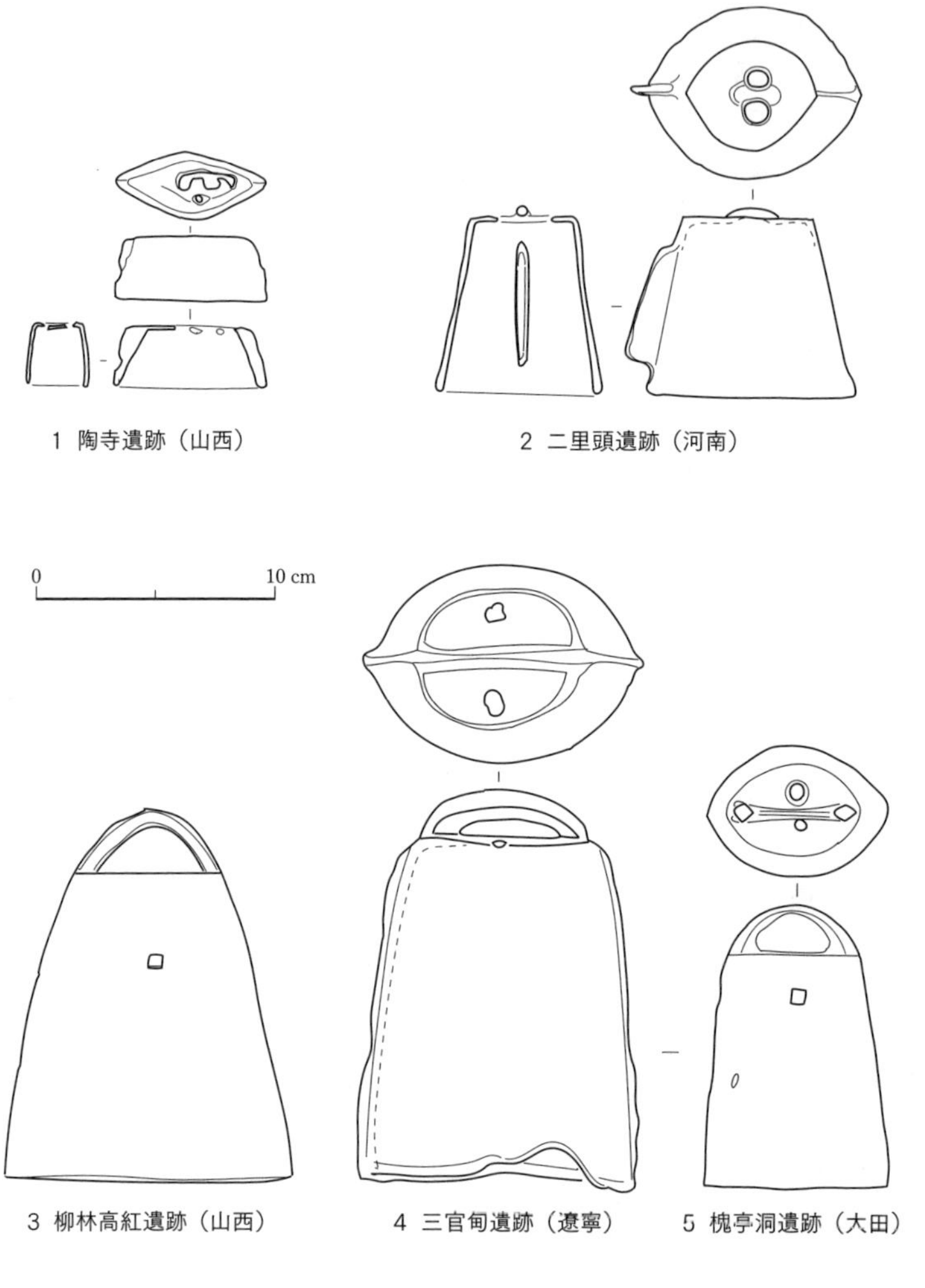

図70　中国と韓国の銅鈴

まで続き、中原では小形で有文のものが主流になる。

さて、韓半島の銅鈴の出現は、春秋時代ごろの紀元前七世紀から六世紀ごろの大田市槐亭洞遺跡例〔図70－5〕であり、これまでの資料からみるかぎり、同時期の中原の銅鈴が祖型とは考えられない。韓半島の銅鈴の祖型となりうるものは、青銅武器の系譜関係からみて遼寧青銅器文化にあるはずである。しかし、今のところ春秋時代にさかのぼる資料はほとんどない。現在知られているものでは、遼寧省中西部の大・小凌河の地域、紀元前四世紀前半ごろの遼寧省凌源市の三官甸遺跡例〔図70－4〕のように内面突帯をもつものくらいである。春成は、こうした状況から遼寧青銅器文化では銅鈴が少ない地域であると考えている。しかし、銅鈴が韓半島で自生したとは考えられない。可能性としては、まず中原の春秋時代以前の銅鈴が周辺地域に拡散し、未発見であるが遼寧付近で細々と独自の変化を遂げ、それが韓半島に到達したかもしれない。あるいは、北方から中原のものとは別の系譜の銅鈴が流入し、やはり未発見であるが遼寧付近で細々と独自の変化を遂げ、それが韓半島に到達した可能性がある。

ここで筆者が注目するのは、紀元前一一世紀ごろの殷代後期から末期ごろの山西省柳林県の高紅遺跡例〔図70－3〕である。初期の弥生文化や韓半島の銅鈴とよく似た形状で、大きさは一四センチである。戦車の部品や飾りである車馬具に用いたと考えられる銅鈴である。先にみた中原の銅鈴よりもやや大形で、無文であることが重要である。本例の出自については、同じ墓から北方系の銅製ヘルメットや武器などが出土しており、中原のものではない。北方系のなかでも、どこの系譜に連なるものかはまだわからないが、おそらくこれらが遼寧青銅器文化、そして韓半島の銅鈴の祖型と考えられ、遼寧地域に影響を与えたと考える。

内蒙古南部を含めた遼寧青銅器文化地域は、車馬具が少ない地域であり、銅鈴も発見例が少なく、車馬具が大形化して儀器となると同時に、小形の銅鈴についてはは多鈕鏡とともにシャーマンのような特別な人物が身に着けた可能性がある。車馬具が在地の集団によって実際に用いられた地域は遼西地域までのようであり、遼東から東は山がちで車馬にはむかない地理的特性も合わさって、車馬具は本来の用途から離れて儀器化することになった。

それでは、銅鐸には、いったいどのような祭祀的な意味があったのか。銅鐸の埋納について、第4章でも述べたように三品彰英は、ある世界と別の世界との境界として認識されていた場に埋めることで、危険な境界を鎮め邪悪なものの侵入を防ぐ辟邪のような意味があるとしたが、筆者もこの考え方に賛同する。筆者は、こうした銅鐸の意味を考える上で銅鐸の文様が重要であると考える。

銅鐸の文様にはいくつかの種類があるが、筆者は、鋸歯文に注目する。鋸歯文は、銅鐸型式のほぼすべてにつけられた文様であり、銅鐸を代表する文様といってよいであろう。この鋸歯文は、遼寧青銅器文化における多鈕鏡の文様に系譜をたどることができ、それが日本列島に渡来して銅鐸の文様となったのである。なぜ、この文様を考えることが銅鐸の意味に迫ることになるのか。まず多鈕鏡の起源からたどって考えてみよう。

多鈕鏡の起源

多鈕鏡の起源は、北方遊牧民が用いていたボタン状の銅製品にある。それがやや大きくなり、紐を取り付ける輪の部分が鈕となり、その鈕を一つもつ単鈕無文鏡が生まれた。そして、鈕を複数取り付けたものを多鈕鏡と呼ぶ。北方遊牧民文化のなかで誕生した鏡は、本来、身体に取り付け、太陽光を反射する装飾品であった。こうした多鈕鏡は、その後日本列島に伝わる漢鏡などの中原系の鏡とは別系統の鏡である。中原系の鏡が顔を映す化粧用具へと変化していくのに対して、北方地域の多鈕鏡は身体に装着して光を反射する祭祀具として用いられた。なお、ユーラシア中央部から東部では多鈕鏡が出現し、新疆ウイグル自治区などでは、紀元前二千年紀以前にすでに単鈕無文鏡で凹面の鏡と柄を有する鏡の二種が出現している。おそらく柄がつくタイプの銅鏡は、ユーラシアを西に拡散してオリエント地域へ伝わり、一方は中国西部をまわって東南アジアにまで伝播したのであろう。

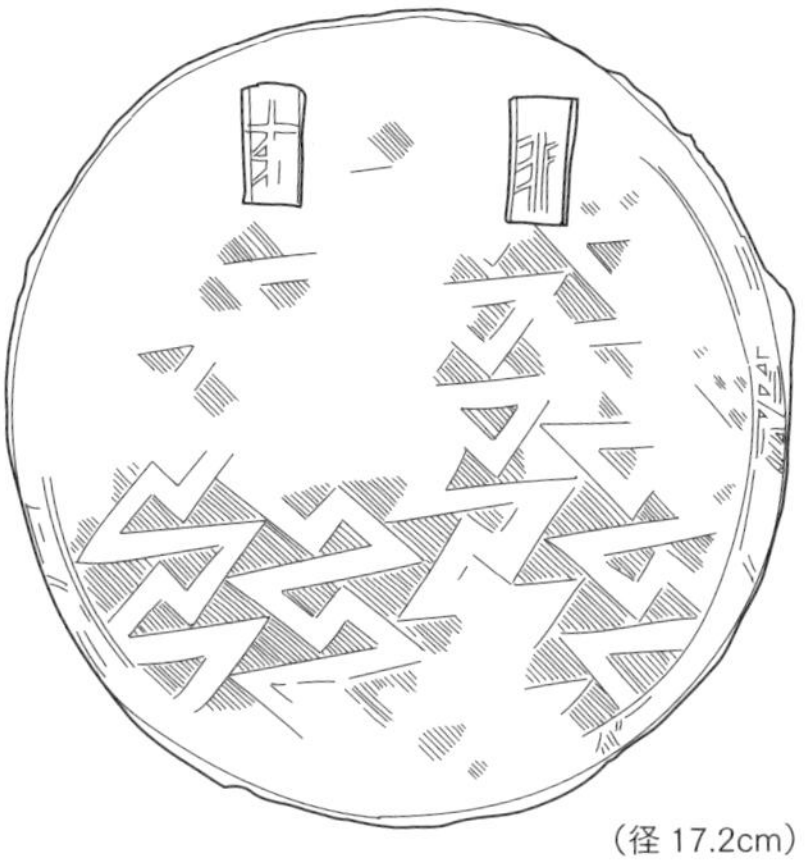

（径 17.2cm）

図 71　小黒石溝出土の多鈕鏡

今のところ、最古の多鈕鏡は内蒙古自治区南部のヌルルホ山以西、赤峰市の小黒石溝遺跡の九八M五墓から出土した西周時代（紀元前九世紀）ごろの鏡である［図71］。この鏡については、幸いなことに内蒙古文物考古研究所で実見することができた。その出土状態からみるかぎり、非常に厚い大形鏡であり、鏡面側が被葬者の頭部を照らすように石室に立てかけられていた。この墓の内部から出土している青銅容器は在地の土器を模倣したものを含み、剣は北方系のものがある。伴出した剣からみるかぎり、西周後半ごろのものである。

甲元眞之は、東北アジアの単鈕鏡を検討するなかで、多鈕鏡の来歴について、シャーマンの持ち物であったと考えられる河南省安陽市の殷墟出土の単鈕素文鏡と夏家店上層文化の凹面の単鈕鏡の系譜を引く可能性を指摘した。遼西側の内蒙古や河北省などからは、実際に殷墟出土のものと同種の単鈕素文鏡が出土しており、当地域で凹面の単鈕鏡と融合して形成された可能性は高い。しかし、その後多鈕鏡が誕生するまでのあいだをつなぐ資料が不明である。

なお、多鈕鏡の出土状態をみると、服に取り付ける（身に着ける）小形の単鈕無文鏡のような銅製品は、中下流階層集団の器物であるが、小黒石溝遺跡例などの多鈕鏡出土墓は中より上位階層の集団の墓であり、この種の多鈕鏡が創出される段階から、特殊な鏡として出発した可能性があると考える。

光と音のシャーマニズム

多鈕鏡は、鈕が複数存在することからそのように呼ばれる。それでは、なぜ多鈕化する必要があったのか。もともと多鈕鏡の祖型は、服に取り付ける（身に着ける）装飾品であり、こうした特徴がまず注目される。甲元は、中国東北地方の満州族などのシャーマンの民族例のなかに、大形の鏡を服に縫いつけて使い、小形の鏡は木や枝につり下げて使う事例を紹介し、多鈕鏡の場合もそうした使用法の違いがあった可能性を指摘した。このようにシャーマンが鏡を用いるのは、鏡に反射する光が人々を惑わす霊力をもつからであり、同時にシャーマンは金属音を奏でる銅鈴を振るわせ、その音によっても人々を幻惑したのである。こうした幻惑作用は悪霊などを寄せつけず、また追い払う機能があり、先述のように絵画に表現された祭場において銅鐸を木に吊るしていたことに通じるであろう。

遼寧青銅器文化においては、遼寧省瀋陽市の鄭家窪子遺跡で、小形の箱入りの多鈕鏡と、死体の上部を覆うように六面の大形鏡形飾りが出土している〔図72〕。しかし、この事例だけでは、まだ多鈕化の成因の証拠にはならない。

筆者が注目するのは、遼寧省博物館が所蔵する朝陽市の十二台営子遺跡出土の多鈕鏡のうち、凹面の鏡面側の縁に文様帯をもつ、直径二〇センチの大形の四鈕鏡である。この鏡の鏡背側を詳細に観察したところ、太めの紐状繊維の付着痕跡を確認した。四つの鈕に紐を通しながら、方形に縛り上げ、さらに上部に二本の紐をもってつり下げるようにしている。この痕跡のあり方からすると、服に縫い付けて使うというよりは、紐によって首からかけおろしていたと考えることができる。このときに単鈕では鏡本体がまわってしまうか、重みで前かがみとなってしまうなどの不都合が生じてしまう。そこで、鏡をできるかぎり動かないようにするため、複数の鈕に紐を通すことで胸元から腰までのあたりに鏡をつり下げることができるようにしたのであろう。

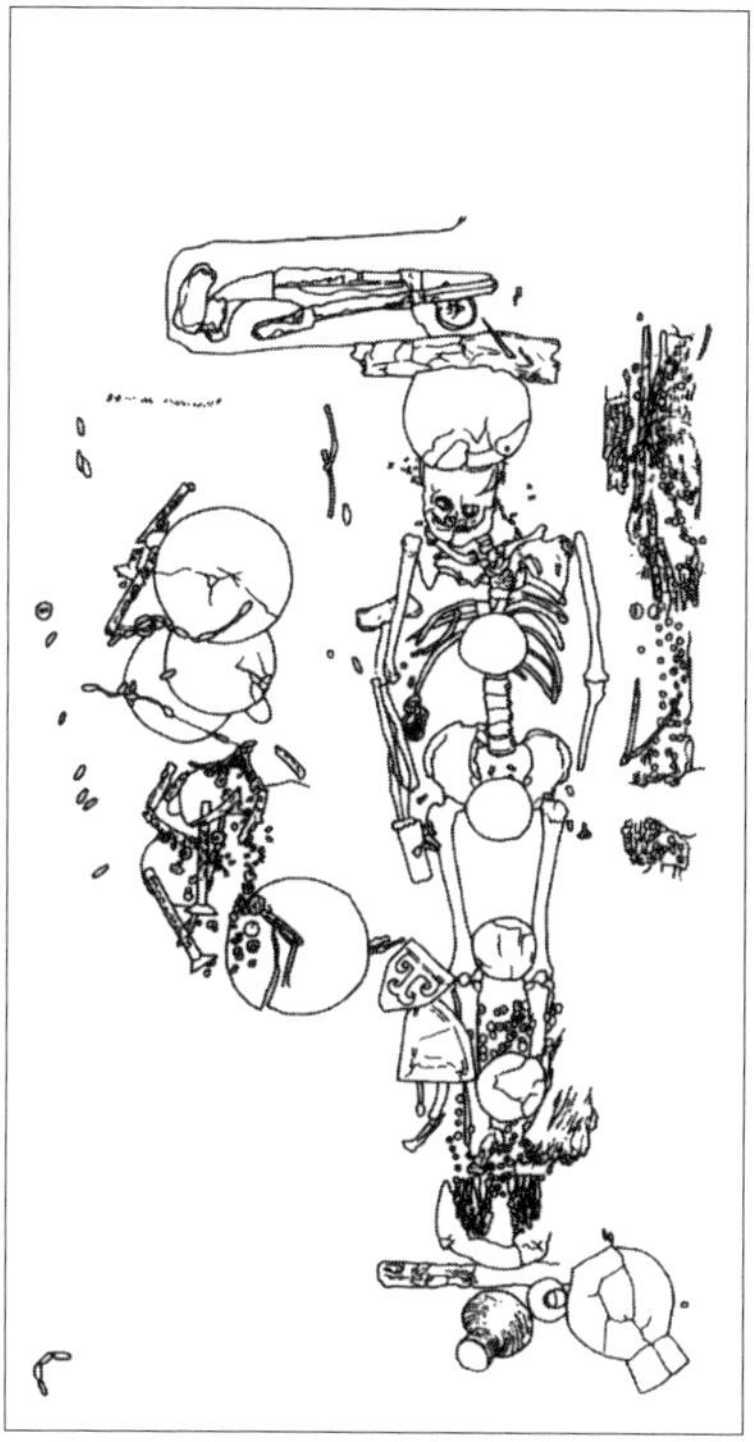

鄭家窪子遺跡

図72　シャーマンの身体装着鏡

初期の多鈕鏡では、二鈕と三鈕のいずれも、鈕の位置は鏡背の縁側に近い位置にある。鈕が鏡の中央付近にあると、大形鏡の場合、鏡本体が重みで身体とは反対方向に倒れかかる。これを防ぐために、鈕の位置を上側に移したのであろう。

多鈕鏡はこのように大形化するが、その後、大形品は無文の多鈕鏡となり、鏡背に文様を有する多鈕鏡は小形化していくことになる。そして、十二台営子遺跡出土の多鈕鏡は古相の鏡であり、この段階から大形化と多鈕化がほぼ同時に出現していることは注目される。先に筆者は、この種の多鈕鏡が創出される段階から、特殊な鏡として出発した可能性を指摘した。その契機となったのは、おそらくシャーマンが小形の鏡を服に縫い付けるか手に持つ小規模な祭祀であったものが、この段階に階層化の進行とともに祭祀の規模が拡大し、より派手な演出を必要としたことによるのであろう。

多鈕鏡文様の変遷

それでは、多鈕鏡の文様の起源と変遷についてみてみよう。鏡の形はどれも円形が基本で、微妙な変化の指標にはむかないが、文様であれば細かい変化をたどることができる。

最初に要点を説明しておくと、最初に三角形を組み合わせてZ字状の文様を作り出したが、その後、Z字状の文様が独立してくずれて展開するようになり、最後はZ字状の文様が変形して星形の図形へと変化する。今のところ最古の多鈕鏡は、さきほど触れた小黒石溝遺跡例〔図73－1〕であり、この鏡を出発として、多鈕鏡の文様の変遷は三段階に分けられる。図73をみながら説明しよう。

①第一段階

この段階を代表する小黒石溝遺跡例の特徴は、次のように整理できる。時代は西周後半ごろ（紀元前九世紀ごろ）である。

〈三角文系連続Z字文〉　小黒石溝遺跡例の文様は、内部に細線を充塡した三角形を上下左右に規則的に反転させながら交互に配置し、これによってZ字状にみえる空白部分を生み出している。筆者は、この文様を「三角文系連続Z字文」と呼ぶ。細線を充塡した三角形こそ、鋸歯文の原型である。

縄文土器文様の研究では、規則的に配置された三角形の文様のように、自己主張の強い主体的な文様をポジティヴな文様と呼び、副次的にできたZ字状の余白のような文様をネガティヴな文様と呼ぶ。今のところ、ネガティヴな三角文系連続Z字文は、この小黒石溝遺跡例のみで、これ以降の鏡の文様は、三角形の規則的な配置がおざなりになり、すべてポジティヴな三角文系連続Z字文である。

〈文様の列と列数〉　三角文系連続Z字文の列は、展開する方向によって、縦走・横走・斜走の三種類がある。小黒石溝遺跡例は縦走するタイプで、その後、この縦走の系列に加え、横走系列・斜走系列が登場する。文様の列は、変遷とともに数を減らしていく。また文様の列をよくみると、列ごとにZ字文はむきを違えており、反転（図中の白ヌキ）したものと正位（図中の黒ベタ）のものがある。このZ字文の向きは、新しくなると後者のみになってしまう。

〈三角形内部の細線の充塡〉　三角形の内部には、細線が充塡される。充塡の仕方は、最古の小黒石溝遺跡例では、同一方向に精緻に施文しているが、その後、異方向の細線が混在し施文が雑になっていく。

〈文様の精緻・粗雑〉　そのほか小黒石溝遺跡例の文様の施文の特徴で注目されるのは、鏡の枠内の文様が隅から隅まで精緻に施されていることである。おそらく鏡に文様を転写する際に、鏡よりも大きい文様の原画を転写しているのであろう。その後、この特徴も次第に崩れていき、鏡の枠内に無理やり文様を押し込むようになってしまう。

②第二段階

この段階は、西周末から春秋時代前半（紀元前八世紀から七世紀ごろ）である。前段階は三角形を規則的に配置して余白としていた部分がZ字状をなしていたが、最初からZ字文状に線を引いて描く文様（ポジティブな文様）となってしまった。その結果、三角文系連続Z字文は次第に崩れた。

この段階には、新たに文様の展開方向において、縦走系列と横走系列が登場した。まず縦走系列は、遼寧省建平県の炮手営子遺跡例［図73－2］があり、正位と逆位からなるZ字文の列はいずれも崩れてしまった。その後、横走系列は、三列に展開する遼寧省建平県の大拉カ溝遺跡例［図73－6］から二列が展開する鄭家窪子遺跡例［図73－7］に変化し、正位のZ字文の列のみとなった。このように文様の列は多段から単段へ、という変化の方向性がみてとれる。斜走系列は、遼寧省本渓市の梁家村遺跡例［図73－4］と十二台営子遺跡例［図73－5］があり、三角文系連続Z字文の連結部は伸張している。この斜走系列は、この二例のみである。また、この段階には鏡の円形枠内に文様を押し込めるレイアウトとなり、円形枠内に接する三角文系連続Z字文は変形している。

③第三段階

遼東でZ字文が二列となった鄭家窪子遺跡段階の直後、韓半島において三角文系連続Z字文は一列で横走系列のみとなった。鄭家窪子遺跡例における三角形内部の細線充塡は、斜め方向主体で、やや雑になってしまい退化傾向が顕著である。鄭家窪子遺跡の多鈕鏡の年代は紀元前六世紀ごろであり、韓半島北部には前六世紀から五世紀初頭ごろに伝播した可能性が高い。この段階で重要なのは、北朝鮮成川郡

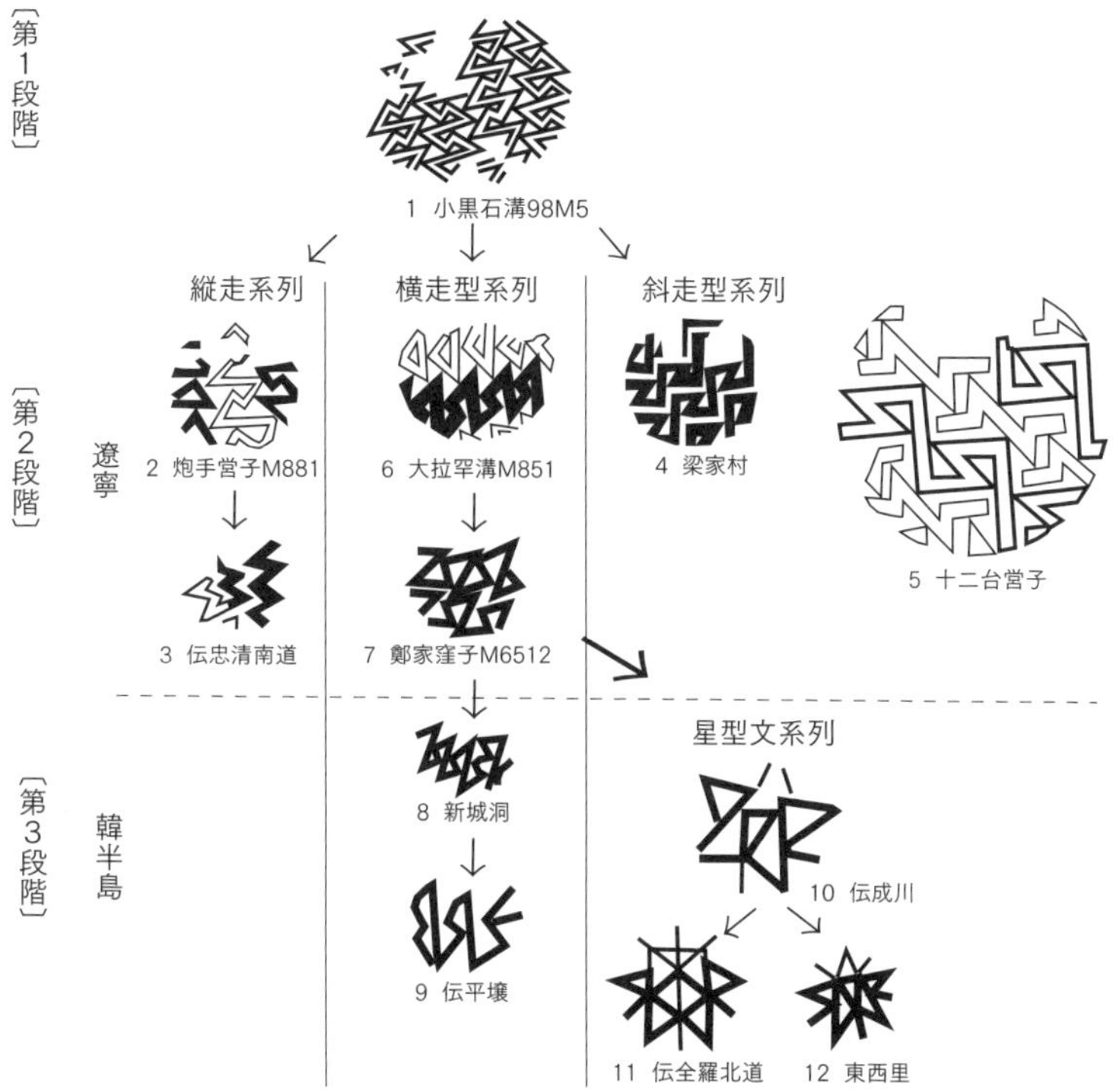

図73　多鈕鏡文様の変遷

の伝成川例〔図73－10〕のような星形の図形が生まれたことである。筆者は、この系列を星形文系列とする。

伝成川例〔図74〕の星形図形は、一見するとたんなる「星形」にみえるが、この鏡の図形を描いた人物はそのようには描いていない。この鏡が保管されている韓国国立中央博物館において詳細な観察を行った結果、中央の図形を引いたあと、上部に「八」の字に二本線を追加して全体を星形的にしたものであることがわかった。通常、紙に星の図形を描く場合、ほとんどが一筆書きで描くことができるが、伝成川例はそのように描いていないのである。明らかに、何か別の図形を描いた結果、「星形」のようになったことを示している。いったい、何の図形であろうか。

図74をよくみてほしい。星形的図形のなかに「連続Z字文」が隠れているではないか。伝成川例の鏡を実測していた筆者は、この事実に驚き、三角文系連続Z字文が多鈕鏡の文様として生き残っていることを確信した。同時に、この伝成川例の星形図形は、まだ綺麗な星形図形となっていないが、内部に細線を充塡した三角形を鏡面の内部と周囲にくまなく配置している。これが銅鐸の鋸歯文の祖型である。その後の多鈕鏡の鋸歯文の誕生の瞬間である。

図74　伝成川出土の多鈕鏡

このように伝成川例は、韓半島北部において、製作にあたった工人が遼東の多鈕鏡を手本にしつつ、三角形を規則的に配置する三角文系連続Z字文の基本原則を取り戻し、また創意工夫によって星形図形を生み出した画期的な鏡である。

その後、星形文系列は精緻な文様となり、多鈕細文鏡へと変化した。この間の変化の過程についての説明は省略するが、この多鈕細文鏡の文様が銅鐸へ引き継がれたのである。

三角文系連続Z字文の起源と行方

それでは、三角文系連続Z字文の起源はどこにあるのか。これまで多鈕鏡の文様の起源についての研究はほとんどない。この問題を考えるために、多鈕鏡が存在する遼寧青銅器文化の文様の起源について

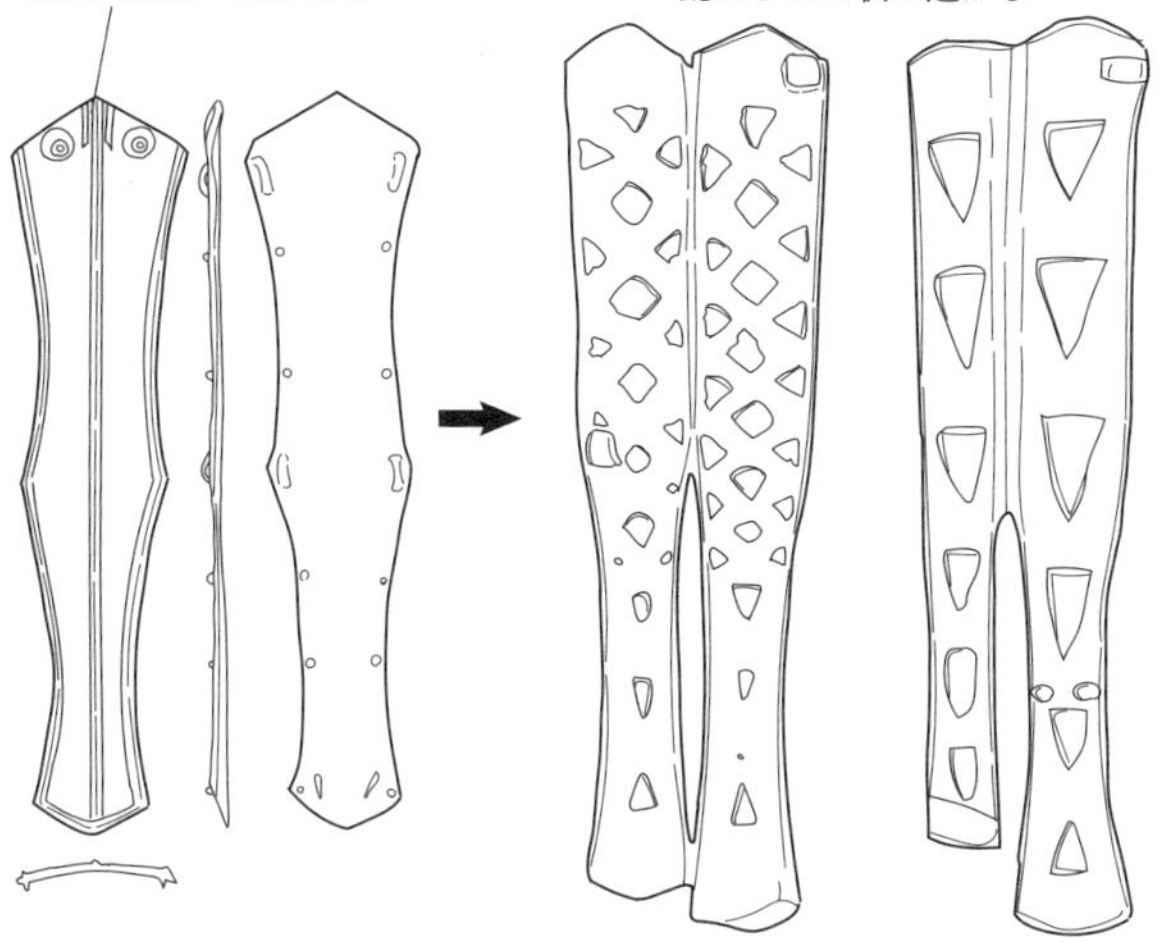

図75 三角文系連続Z字文の変遷

みていくことにする。

最古の多鈕鏡が出土した小黒石溝遺跡のある内蒙古自治区南部と遼寧省を分けるヌルルホ山脈の西側には〔地図1参照〕、西周後期（紀元前九世紀ごろ）、長短の剣鞘を連ねて鋳造した連鋳式剣鞘〔図75－1〕がある。こうした連鋳式剣鞘の多くは、第3章でみたように、形状が蛇（マムシ）形であるのと同時に、表面に三角形透かし文様をもつ〔図75－2〕。当初は三角形と菱形からなる網の目のような構成をなし〔図75－2〕、その後、菱形部はなくなり、底辺を上にした三角形が下方に連続配置される〔図75－3〕。剣鞘がもともと蛇の形状を模して作られている以上、それに施された三角形透かしと菱形透かしは、蛇のウロコやマムシの頭部三角形の形状が連想されて文様の要素となったと考えられる。

この剣鞘にはじまる蛇の象徴である三角形状の文様が、規則的に配置され、幾何学的となり、多鈕鏡の三角文系連続Z字文となった。この文様は、その後、遼寧省から内蒙古自治区南部一帯の遼寧青銅器文化の剣や車馬具など、さまざまな器物に施される文様の起源となった。

先述のように、蛇は毒で敵を倒すということが、邪悪なもの、厄災を打ち払うという辟邪の象徴となったと考えた。特に遼寧青銅器文化では、戦士が所有する剣自体が蛇の象徴となり、その剣をおさめる鞘も蛇の象徴となったわけである。さらに、剣鞘に施された蛇のウロコの文様が三角文系連続Z字文となり、武器や武具にとどまらず、邪悪なもの、厄災を打ち払うという辟邪の機能を与えるべきものにつけられていった。

多鈕鏡は、現在の鏡のように顔を写すものではなく、先述のように、自然の神々と交感するシャーマンが、光を反射して邪悪なもの、厄災を打ち払う辟邪の機能をもち、あるいは光によって人々を幻惑させるものであった。ここでの検討のように、同時に多鈕鏡の文様自体にも同じような意味が重ねられていたのである。

このような辟邪の象徴的な意味を付与された三角文系連続Z字文は、先の変遷で明らかにしたように形を変えながら、最終的に鋸歯文となって日本列島の弥生文化に伝わった。

多鈕鏡は、弥生時代前期末から中期初頭（紀元前四世紀はじめごろ）に、銅剣、銅戈、銅矛とともに日本列島に伝わった。今のところ多鈕鏡は、弥生文化では数面しかみつかっておらず、弥生文化では存分に用いられなかった。これは中国北方地域、韓半島でも同じで、多鈕鏡の系統の鏡はやがて姿を消し、その後に漢の鏡のように、中国中原の化粧用の鏡が用いられることになる。このような状況のなか、銅鐸が出現するのである。

銅鐸は、光り輝き、音が鳴るという二つの重要な特徴をもつ祭祀具である。こうした銅鐸が出現するころに多鈕鏡が姿を消し、銅鐸に入れ替わる。おそらく銅鐸も光り輝く金属器であり、多鈕鏡がもっていた光を反射するという特徴が銅鐸に引き継がれたのであろう。多鈕鏡に施されていた三角文系連続Z字文の流れにある鋸歯文が、銅鐸の主たる文様として引き継がれたのは、そうした可能性を示すと筆者は考える。先述のように銅鐸は、それ自体が辟邪として機能し祭祀で使用されたが、辟邪の文様である鋸歯文も、銅鐸の身のまわりに取り付く鰭に施文された〔図79－1など〕。銅鐸の辟邪としての機能を、より高める効果が期待されたのであろう。

弥生文化に受容された縄文系文様

ところで、銅鐸に取り入れられた文様は、大陸系の鋸歯文だけではない。縄文系譜の文様も取り入れている。すなわち、銅鐸には、大陸系と縄文系の文様が共存していたのである。これまでその可能性が考えられていたものの不確定であった。ここでは、まず弥生文化に縄文系文様が取り入れられていた事実の確認をしていこう。

弥生時代早期（紀元前一〇世紀ごろ）に、北部九州で水田稲作がはじまり、その後、本格的な弥生文化の形が完成した紀元前九世紀ごろに、東北地方から北陸地方の土器がいっせいに西方へと伝播した。これは縄文系の人々の稲作開始への反応と考えられる。そして、これらの土器のなかには、在地（西日本）の粘土で作られた土器があるので、縄文系の人々がわざわざやって来たのである。彼らは、土器だけでなく、漆器や樹皮製容器、飾り弓、腕輪なども持ち込み、また彼の地で製作したことも判明している。

こうした動向のなか、注目されるのは、最初の弥生土器の文様が誕生するときに、縄文系の人々のな

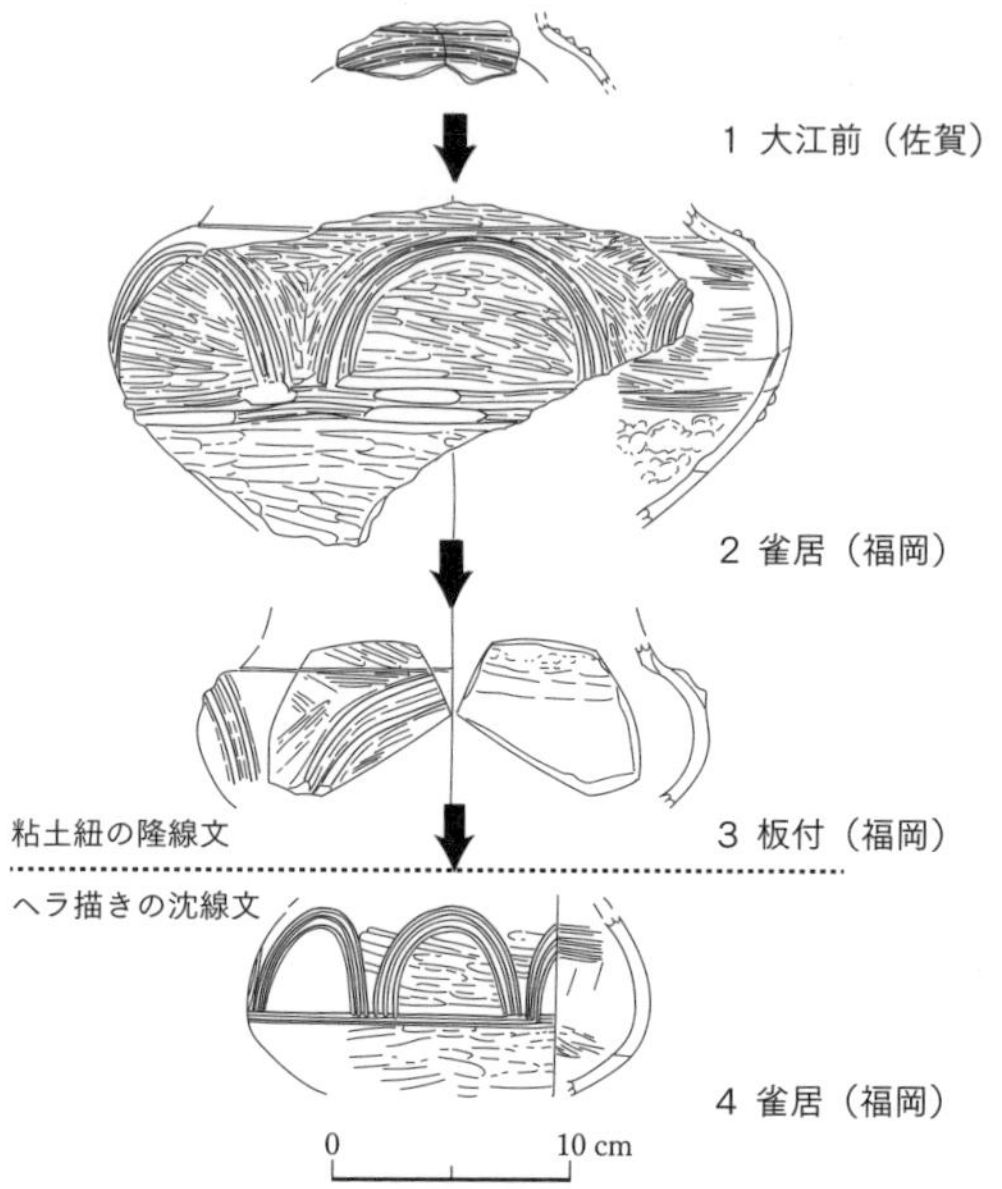

図 76　隆線連子文の変遷

かでも東北北部の亀ヶ岡系文化の人々が強く関与している事実が明らかとなったことである。亀ヶ岡式土器の文化は、東北地方中北部を中心に広く分布したもので、遮光器土偶や精緻な漆器をもつ縄文時代晩期の東日本を代表する文化である。弥生土器の起源としてよくいわれるのが渡来人の土器（松菊里遺跡の土器）であるが、それは粗雑で、無文で文様はない。また、九州の稲作がはじまるころの縄文文化の土器はほぼ無文であった。そうしたなか、佐賀県唐津市の大江前遺跡で、粘土の細かい紐を貼り付けた亀ヶ岡系の「隆線重弧文」土器が出土した［図76－1］。表面には赤漆を塗布しており、特殊な壺であった。

このほか、弥生文化の起源の地である福岡県福岡市の雀居遺跡、さらに最初の弥生土器が作られた遺跡であるとされる同市の板付遺跡でも、同じような隆線重弧文の土器が出土した。

以上の土器の存在から、筆者と共同研究者の設楽博己は、東北の亀ヶ岡式土器の文様である「隆線重弧文」［図76－1］が北部九州で受容されて、北部九州独自の「隆線重弧文」［図76－2・3］を生み出し、それをヘラによって沈線で描いた結果、「沈線重弧文」［図76－4］が誕生したと考えた。この文様は、弥生時代前期の土器の典型的な文様で、その文様が縄文系であることが明らかになったのである。

雀居遺跡の出土土器のなかには、そのほかに北陸地方でみられる矢羽根状文をもつ土器や流水文をもつ土器があり、これらも亀ヶ岡式土器の工字文が祖型である。このように、弥生時代前期前半ごろにおいて広域交流を背景に亀ヶ岡系土器の文様を弥生土器の文様として受容する伝統がまずあり、この動向がその後、銅鐸に縄文系文様が受容される現象につながったのであろう。このように東日本の縄文土器文様が盛んに西日本の初期の弥生土器に取り込まれた理由は、文様自体に祭祀的意味があったからである。次にこの点を銅鐸をもとに考えてみよう。

最古の銅鐸文様をめぐって

今のところ、日本列島で最古の銅鐸は、大阪府茨木市の東奈良遺跡出土例であるとされる〔図77〕。この銅鐸をめぐっては、形態と文様から、弥生時代前期のものであるとする説と中期以降のものであるとする説があった。この銅鐸の再検討を行った設楽博己は、文様について東北地方の亀ヶ岡式土器や北陸地方の土器、さらに東北地方南部から中部高地にかけて分布する浮線文土器などの縄文土器文様を起源とする文様がつけられていることを指摘し、この銅鐸が弥生時代前期にさかのぼると考えた。筆者も設楽説を支持する。

そのほか、銅鐸に取り入れられた縄文系の文様で重要なのは流水文である。先述のように、流水文は、亀ヶ岡式土器や浮線文土器の文様が祖型である。こうした亀ヶ岡式土器や浮線文土器の影響によって、中四国から近畿地方の前期弥生土器の文様として流水文が積極的に受容された。

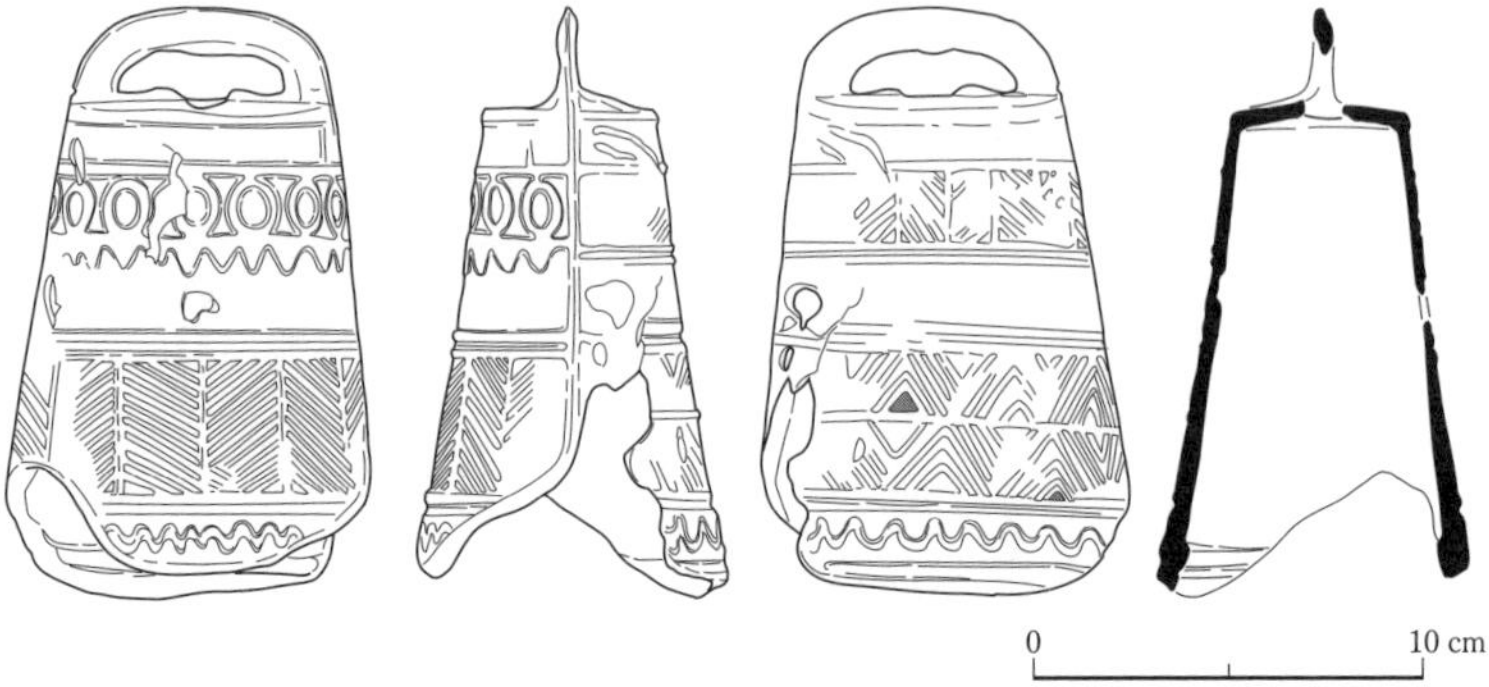

図 77　最古の銅鐸（東奈良、大阪）

近畿地方の流水文は、前期のうちから土器のほかに骨角器や木器にまでつけられた［図78］。その後、中期をへて、後期の流水文をもつ木器などの例も多数あり、長く土器以外の器物に施されていた。銅鐸には、こうした亀ヶ岡系文化の文様の系譜につながる流水文が取り入れられているのである。

以上のように、銅鐸の祖型である銅鈴は大陸で誕生し、弥生時代前期終わりごろに日本列島に伝来するが、鋸歯文も大陸で誕生し、多鈕細文鏡とともに日本列島に伝播した。一方、北部九州で本格的な弥生文化が誕生するときに東北地方の亀ヶ岡系文化の影響を受け、土器やさまざまな工芸品の装飾は縄文系が採用され、やがて銅鐸にも縄文系の文様がつけられたのである。

銅鐸の祭祀的な意味については、先述のように、ある世界から別の世界の境界にあって、邪悪なものの侵入を防ぐ辟邪としての機能を考え、同時に鋸歯文も毒で敵を倒す蛇に起源する辟邪の意味をもつと考えた。辟邪についてもう少しわかりやすくいえば、魔除けのようなものである。このように、銅鐸自体とそこにつけられた鋸歯文が魔除けとして機能したとすれば、同じように銅鐸につけられた流水文などの文様も同じ意味をもつと筆者は考える。縄文土器の文様の意味など知る術がないと思われるかもしれない

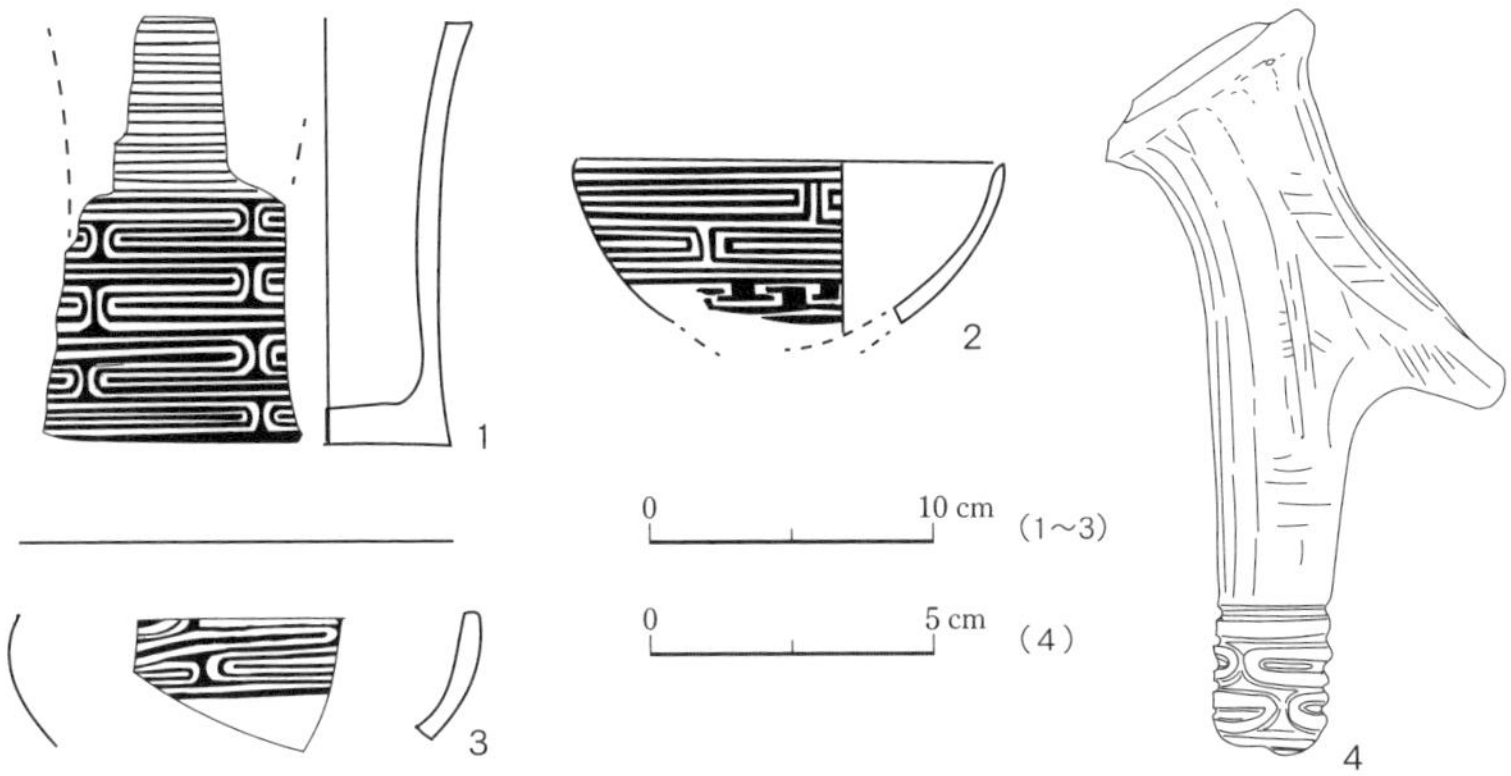

図 78　近畿の工字文と流水文（唐古、奈良）

が、このような鋸歯文と流水文の共存関係から類推して、銅鐸に取り入れられた縄文系の文様はいずれも魔除けのような意味を元からもっていたと考える。

縄文時代晩期ごろには、鹿角製の叉状骨器とよばれる死者の腰のあたりに装着されていた飾りにも工字文や流水文がつけられており、この種の骨角器は西日本の弥生時代前期の遺跡からも出土する［図78－4］。叉状骨器は、魔除けとして機能したと考えられており、先述のような筆者の仮説と関連しよう。弥生時代前期になって、縄文系文様が盛んにさまざまな器物に取り入れられた背景には、たんに目新しいであるとか華麗であるといった理由で受容したのではなく、やはりその文様をつけることで魔除けのような機能が期待されたからであろう。

以上のように、祭祀具において同一個体内で共存関係にある要素が同じ意味を有するはずである、という仮説について、銅鐸の文様と絵画の関係についてさらに検討を進めることにする。

銅鐸文様と絵画の連鎖

　銅鐸の絵画については、第7章で述べたように、たとえば昆虫とこれを捕食する両生類、さらにこれを捕食する鳥やスッポン、といった自然界の弱肉強食が描かれ、この延長線上にあって、鹿をしとめる人間を描くことで自然と人間の対立関係を暗示していると考えた。こうした対立関係は、男女の対立などにおよび、基本的に弱者と強者の対立関係として象徴化されている。第6章では、農作業のなかで、脱穀のみが絵画となったのも、脱穀の行為自体が発芽可能な種籾の状態を発芽不可能な状態にする、いわば稲に再生のできない死をもたらす行為であると筆者は考えた。結果として、豊穣を期待する意味をもつが、それと同時に稲を自然にみたて、人間が自然をコントロールするような意識が象徴化されていると考えた。

　筆者は、こうした関係性のなかで、第6章において、弱者／強者の対立関係の象徴化作用は、さらに絵画に描かれた人物の「手を挙げる動作」にみられるように、身体動作にも連動していることを指摘した。こうした対立関係は、その根本において、翌年の豊作祈願を念頭に起こるかどうかが予測不能な自然災害のような不確実性に対する不安の解消を図る儀礼行為であり、そうした不確実性に対する辟邪の観念が象徴化され、それを絵画として表現したものであろう。このような観点からみれば、絵画と同時に、銅鐸に施された文様も同じような意味をもつことが予想される。

　銅鐸の文様は、鋸歯文・渦巻（蕨手）文・袈裟襷文（斜格子文）である。銅鐸の埋納や絵画の意味が、「守護」「鎮魂」・「豊穣」という意味をもつ一方、辟邪としての意味も両義的にもつと考える以上、同じ

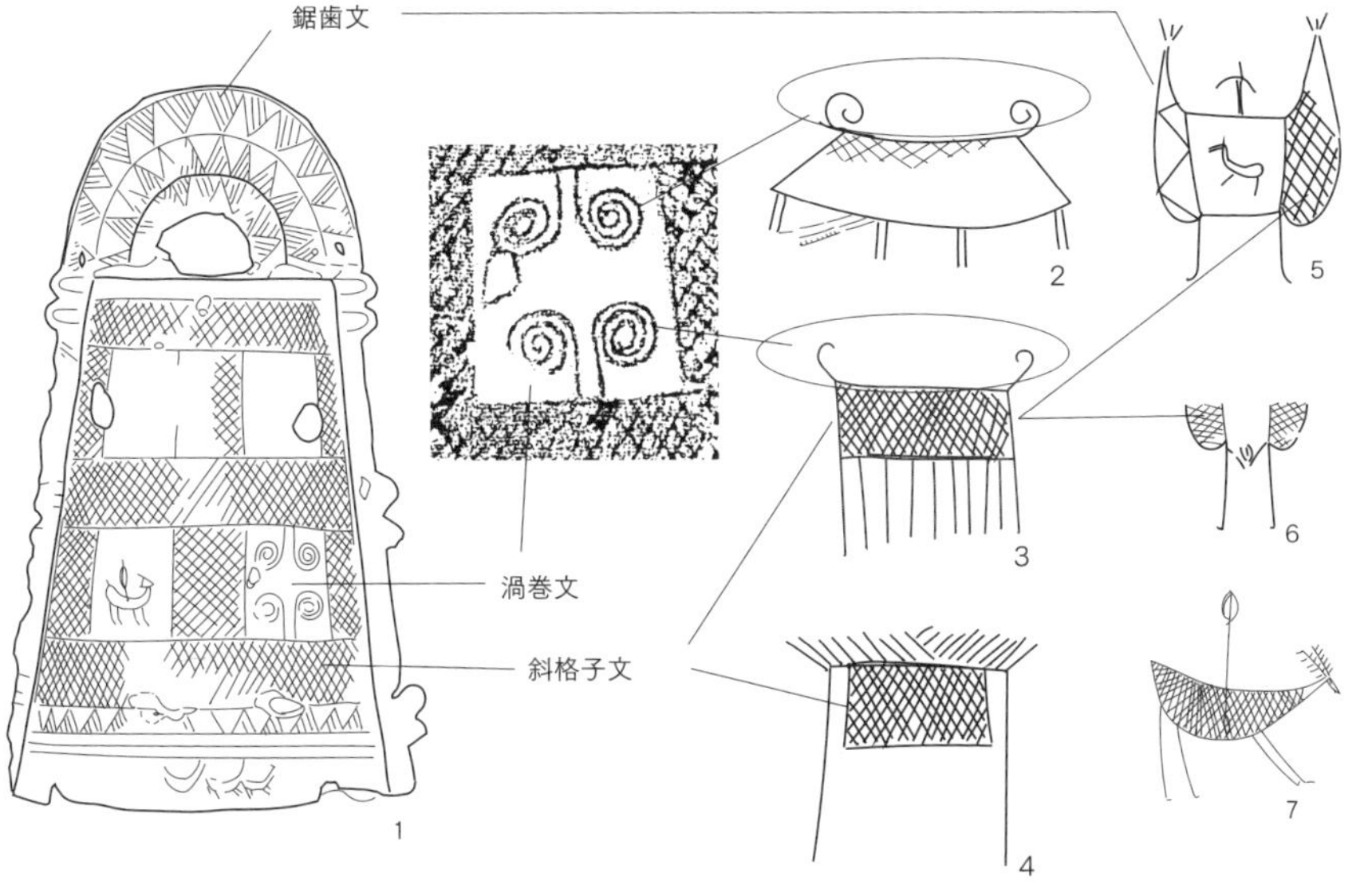

1 辰馬 418 号（不明）　2・6 唐古・鍵 22 次（奈良）　3・7 清水風 2 次（奈良）
4 稲吉角田（鳥取）　5 清水風 1 次（奈良）　（縮尺不同）

図 79　銅鐸文様と祭殿・鳥装の人物

く銅鐸の表面につけられた文様も同様な意味を有する可能性は高い。これらの文様のうち、鋸歯文については前述のとおりである。

渦巻文は、韓半島において、鋸歯文をもつ多鈕鏡や異形青銅器などに施文されるようになり、鋸歯文同様に銅鐸に引き継がれた文様である。多鈕鏡の段階で両者が共伴することから、同じ意味を有することは十分に考えられることである。この渦巻文［図79－1など］は、弥生絵画に描かれたA2・A3建物の屋根飾りとしても使用されており［図79－2］、この文様が建物の内部空間の「守護」「鎮魂」として機能する一方、外部からのよくないことの侵入を防ぐ、辟邪の意味をもつと考える。

次に袈裟襷文を構成する斜格子文についても、同様な意味を想定する。袈裟襷文は、銅鐸文様のうち重要な文様であるが、袈裟襷文と同様に斜格子文を密に充填するものは、絵画における建物の屋根や壁に採用されている［図79－3・6］。このように銅鐸の文様は、鋸歯文を除いて景観形成において重要な役割をもった祭殿の表現にかかわり、そしていずれもが同様な意味と機能をもっていたことが予想される。

また斜格子文については、鳥装のシャーマンの衣装の文様にも注目したい。清水風一次例の鳥装のシャーマンの衣装では、腕から肘にかけて垂れ下がるマント状の部分に、左側には三角文を施し、右側には斜格子文を充填している［図79－5］。この人物が魂を鎮め再生させる儀礼である「タマフリ」の儀式を行っているという辰巳和弘の指摘があるが、衣装に銅鐸文様と同じものを表現し、同様な意味を込めていたのであろう。また三角文は、鋸歯文のうち直線文の充填がないものであり、鋸歯文系の文様で辟邪の意味をもつと考えられ、右側の斜格子文も同じく辟邪の文様であると考えてよいであろう。清水風遺跡第一次調査でも、鳥装のシャーマンで斜格子文の装飾をもつ絵画が出土している。こうした関係性について、斜格子文ついては、筆者は前述のように鹿の体に斜格子文があることから［図79－7］、「鹿の子斑」をあらわしていると考えた。鹿の子斑を採用した理由は、鹿の子斑が浮き出ては消えるという繰り返すサイクルに、死と再生のサイクルを意味の上で重ね合わせたのであろう。

また、鹿は季節的に生え変わる角が稲の象徴となり、土地や自然のカミであるとされる。これは、稲が生えては刈られて死を迎えても、収穫した種籾を再度蒔けば稲が実るという、稲の一生との意味の類似関係にもとづくもので、人の一生のサイクルとも意味の上で相同関係をもつ。このような再生の象徴としての鹿の生態を理解した上で、倭人はそこに祭祀的な意味をみいだして衣装のデザインとしたのであろう。以上の連鎖からみて、銅鐸の袈裟襷文は鹿の子斑を象徴的に表現していると考える。

また、前述のように、鹿は時として災害をもたらす自然の象徴としても表現されたようであり、絵画では鹿の子斑模様の鹿に矢を射掛けて退治することで厄をはらうがごとき光景が描かれている。鹿は土地や自然のカミであるが、人間社会に対しては逆にマイナスな存在にもなることを表現したのであろう。衣服にみられる斜格子文にも、再生の象徴と境界状態の象徴性といった弥生時代の鹿の祭祀的な意味が込められていたと考える。『記紀』や『万葉集』などには、鹿の角や皮をまとう記事が散見され、現在でも鹿踊りなど各地に鹿に扮する祭祀があり、鹿の子斑の衣はそれらにつながる祭祀世界をあらわしたものであろう。

鋸歯文の行方

多鈕鏡に起源する三角文系連続Z字文の流れにある鋸歯文は、銅鐸だけでなくさまざまな器物に取り入れられた。まず武具では、盾の普遍的な文様として施文された。その行方は、古墳時代、そして古代の隼人の盾にまでたどることができる。また、小形の壺などをのせる土器である器台の文様としても採用された。器台は、供献土器と呼ばれるように、神に供え奉納する祭祀で用いられたものである。大事な器に邪悪なものが取り付かないようにするため、鋸歯文を施文したのであろう。この器台は、弥生時代の終わり（三世紀ごろ）に巨大化して特殊器台となり、円筒埴輪の起源となった。

また、古墳祭祀における鋸歯文については、古墳時代の柵形埴輪が注目される［図80］。柵形埴輪に注目する理由は、屋根飾りが三角形をなす点にあり、同時期の盾形埴輪の三角文との類似性などから考えて、この三角形の飾りは明らかに鋸歯文の系譜にある。柵形埴輪は、今城塚古墳の内堤の埴輪群におい

図80　柵形埴輪（今城塚古墳、大阪）

て明確にその機能を知ることができる。今城塚古墳の柵形埴輪は、縦長の埴輪群を横方向に区切る。おそらく実際の祭場をもつ空間構造のなかで「壁」として機能していたものを象徴的に埴輪で表現したものであろう。そして、埴輪群は、それぞれこの柵形埴輪を境として機能の異なる埴輪群を区別化しているのである。すなわち柵形埴輪は、祭場の内部と外部を区別化する「境界・結界」としての機能をもっているわけである。

こうした柵形埴輪の研究においても、三角形の飾り文様が辟邪の意味をもつと考えられており、これは辟邪の文様としての鋸歯文が三角文になり、その意味がモノを変えながら継承されていったことを示している。また、装飾古墳の壁画や家形埴輪の壁などに鋸歯文や三角文が施文されており、祭殿と考えられる重要な建物の表面に辟邪の文様を飾る点は、弥生時代の祭殿のあり方とまったく同じである。しかも、そこで象徴的な役割を演じた文様がいずれも弥生時代の銅鐸文様に系譜を求めることができる点は重要であろう。そして、こうした文様が境界・結界の象徴にもなっている点は、辟邪の意味が時代を越えて意味が連想されながら異なる象徴媒体に引き継がれていったことを示している。その結果、類似した祭祀機能を軸とした景観形成が弥生時代から古墳時代にまで継続したのであろう。こうした時代を越えた長期的な意味の連鎖は、倭人の心性世界の特性と考えることができるかもしれない。

以上、本章では、銅鐸の文様である鋸歯文に導かれながら、その起源にさかのぼって意味を探り、さらにその後の行方をたどった。鋸歯文は、西周時代（紀元前九世紀）ごろの遼寧青銅器文化の三角文系連続Z字文に系譜がたどれ、辟邪の象徴である蛇のウロコが文様の起源であった。遼寧青銅器文化では、第3章で検討したように、剣の起源にも蛇がかかわっており、鋸歯文の起源となった三角文系連続Z字文も剣の鞘や柄の文様となるなど、両者は蛇の象徴としてもつながっていた。

この辟邪の文様は、その後、紀元前五世紀ごろの韓半島北部で鋸歯文に変化し、紀元前四世紀はじめごろに日本列島に伝わってさまざまな器物などを飾ることになった。

古代の祭祀を研究する金子裕之は、お化けが頭に三角形の布を巻く習俗も、三角形が蛇のウロコを示し、辟邪の象徴であることから発しているとし、三角形、三角文の古代における祭祀的意味に言及している。また、柵形埴輪でみた境界・結界としての三角形状の壁の先端部分の飾りも、奈良市の春日大社の若宮で同じようなものが現存する。このように、三角文系連続Z字文から出発し、鋸歯文となった辟邪の文様は、倭人の祭祀において非常に長い期間にわたって祭祀のために用いられ、なかには現在にまで伝わったのである。

第10章 異形の身体

異形の考古学

①異形な顔相

先史時代において、人物をかたどった立像や土器に描かれた顔のなかには、普通ではない異様な顔や表情などが多くみられる〔図81〕。こうした異様なものは「異形」と呼ばれる。特に異様な顔つきを「異形な顔相」、そして異様な表情を「異形な表情」と呼ぶ。先史時代の人物をかたどったものには、この「異形性」がいかんなく発揮されたものが多いのである。

第2章で論じたように、複雑な顔面装飾を施した土偶の顔相は、実在の縄文人を忠実に表現しているとはいえない。土偶が精霊や神であるとか、男女の性を超えた存在であると解釈されてきた理由は、こうした異形な顔相であることも大きな要因としてある。

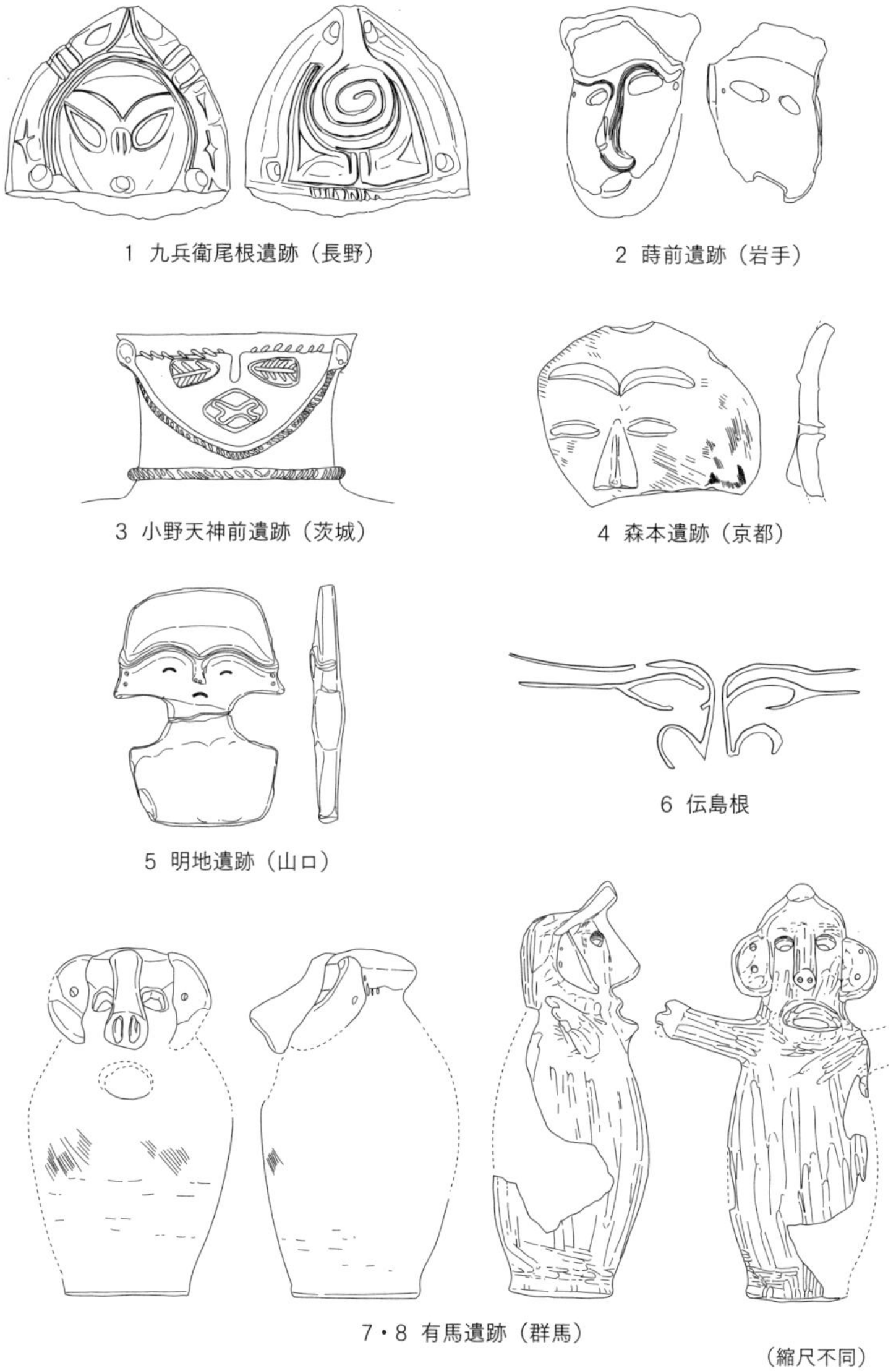
1 九兵衛尾根遺跡（長野）
2 蒔前遺跡（岩手）
3 小野天神前遺跡（茨城）
4 森本遺跡（京都）
5 明地遺跡（山口）
6 伝島根
7・8 有馬遺跡（群馬）
（縮尺不同）

図81　異形な人物像

縄文時代の異形な顔相で注目されるのは、まず中期の顔面付き土器である〔図81－1〕。眼が細くつり上がり、鼻もつり上がり気味で、異形な顔相である。中部高地の中期土器には、カエルと人間を折衷した半人半蛙像とされる立体的な図像表現があるが〔図7参照〕、顔面付き土器と類似した土偶には、頭部に蛇が絡みつき、三角形状の文様と両眼の下にいわゆるダブル・ハの字文を表現している。これは第2章で、マムシを模したと考えたように、半人半蛇像とでも表現しうるものである〔図8参照〕。このうち両眼の下のダブル・ハの字文は、顔面装飾として古墳時代にまで続く。そのほか鼻曲がりの土製仮面〔図81－2〕など、異形性を表現したものが縄文時代には多種多様に存在する。

弥生時代の異形な顔相例としては、近畿を中心に銅鐸や土器に描かれた顔〔図81－4・6〕をはじめ、中期の顔壺の顔相がある〔図81－3〕。黥面の表現があるとはいえ人間離れしており、縄文時代以来の異形性の特徴を残していると考えることもできる。また、弥生時代後期から古墳時代初頭の東日本において作られた異形な顔相を表現した人形が注目される〔図81－7・8〕。これらの人形は目鼻を過度に強調しており、大きな手を挙げているのが特徴である。そのほか後述するように、古墳時代の異形な顔相の例として、古墳時代中期の盾持ち人埴輪がある。

以上は、顔相全体からみた場合のことであるが、顔の各部位に注目してみるとさらに興味深い。たとえば眼の表現方法で、縄文時代の土偶や弥生時代の黥面を描いた顔壺、さらに銅鐸や土器に描いた眼の表現〔図81－4・6〕などには、瞳の表現が欠如している。こうした瞳のない眼の表現は邪視、辟邪の眼とも呼ばれ、辟邪の眼とされる。古墳時代の人物埴輪も、器面を眼形に切り抜いたままで瞳の表現が欠如しており、共通したあり方を示している。

鼻も異形性を表現する際の重要な要素のようである。縄文時代の顔面付き土器では、爬虫類のようなつり上がった鼻の表現が多く〔図81－1〕、弥生時代の福田型銅鐸に表現された鼻は鼻孔が大きく〔図81－6〕、鼻自体も大きく表現されている。弥生時代から古墳時代初頭の群馬県渋川市の有馬遺跡などの人形でみられる鼻の表現も異様である〔図81－7・8〕。盾持ち人埴輪でも鼻は大きく、高く表現されているものがあり、異形性を表現している。そのほか縄文の土偶には鼻のまがった仮面がある〔図81－2〕。

そのほかに異形な顔相で注目されるものに、縄文系の人類学的な特徴である「眼窩上隆起」の表現がある。眉毛あたりの隆起した部分が弥生人から現代人にくらべ、縄文人のほうが強く張り出す特徴があり、土偶や土製仮面などには、眼窩上隆起を強調して表現しているものが多い。

弥生時代の人物をかたどったもののうち、東日本の縄文系譜のものには、やはり眼窩上隆起が強調されて表現されている。一方、西日本の人形土製品のなかには眼窩上隆起の突出が弱いものが多く、渡来系弥生人を模したものであることを示している。古墳時代の人物埴輪でも、土偶の顔相にくらべると、顔がのっぺりして平坦であり、強く突出した眼窩上隆起は表現されていない。

こうしたなかで注目されるのは、中四国地域に多数みられる分銅形土製品である〔図81－5〕。これらのなかで顔を表現したものでは、眼窩上隆起を表現したものが多い。第2章では、分銅形土製品を人頭龍身の顔面部と考えた。龍の眼窩上隆起は非常に発達しており〔図20－1参照〕、その様を表現しているかのようである。

東海地域の弥生時代後期から古墳時代前期の黥面をもつ顔面線刻画〔図19参照〕も、第2章でみたように人頭龍身の顔面の文身の可能性があり、縄文時代の文身が大陸系の龍の信仰とうまく接合して表現されたのであろう。

②異形な表情

顔相のほかに、表情にも異形性が認められる。異形な表情の代表例は、「笑っている表情」「微笑んでいる表情」「驚いている表情」などがある。特に注目できるのは「微笑み」とされる表情で、眼と口によりその表情が表現されている。この種の表情をもつ人をかたどったものは、分銅形土製品［図81－5］、弥生時代から古墳時代の顔面線刻画、人物埴輪など非常に多い。

ただし注意しなければならないのは、ここで使用している「微笑み」という表現は現代人の見方であり、先史時代の人物デザインにおけるこの種の表現がすべてわれわれが知る「微笑み」といった感情表現と等しいとは限らないことである。特に眼については、先述したように瞳を表現しておらず、むしろ怪しい「笑い」「微笑み」という表現のほうがふさわしいともいえる。試みに現代人の「笑い」「微笑み」の写真の眼の部分をくりぬいてみると、確かに怪しい表情となる。すなわち、こうした「微笑み」にみえる表情は、普通ではない状態をあらわしているわけであり、これも異形性を表現している。辰巳和弘は、この笑いについて分銅形土製品を例として、邪悪なるものの眼力（邪視）を笑いによって弱らせる力があると指摘している。

口の開け方も異形な表情の一つである。縄文時代から古墳時代まで、いずれの時代の人をかたどったものにも共通して多いのは、口を「開けること」である。口を閉じきった表情はむしろ少数派である。土偶や顔面付き土器、人物埴輪などでは、たんに口を開けているだけでなく、丸く開けていたり、あるいはおちょぼ口状に表現しているものが多く、これらの表情も異形な表情の象徴的な例であろう。おそらく、これは大声を発する状態をあらわし、その大声でよくない存在を惑わし避けるのであろう。

③異形の動作

異形性には、人の身ぶりも含まれる。特に注目されるのは「手を挙げる」動作であろう［図81－8］。

ただし「手を挙げる」動作は縄文時代にはみられず、おそらく大陸系の身体動作である。「手を挙げた」動作については、第7章で検討したように、弥生時代前期後半ごろの土器の絵画が初出で、以降、銅鐸や土器に盛んにこの「手を挙げる」動作の人物が表現される。この「手を挙げる」人物は、弥生時代から古墳時代初頭にまでよく似たものが系譜的につながる。

本章では、この「手を挙げた」動作の人物デザインが、その後、古墳時代の相撲の力士像にまでつながることを検討する。

異形の鳥装の戦士

第5章において、弥生時代中期から後期にかけての「戈と盾をもつ人」について検討した。この人物は鳥装し、黥面などの顔面装飾をほどこし、あるいは仮面をかぶっていたと考えられている。ここでは、この鳥装の戦士とも呼ぶべき人物について、その異形性を示す顔面装飾と仮面にしぼってみていくことにする。まず鳥装の戦士で問題となるのは、福岡県糸島市の上鑵子遺跡出土の絵画である［図82－3］。

本資料は葉書大の板に線刻で描かれており、出土状況から弥生時代後期（一世紀ごろ）のものとされる。右頭の右側頭部からやや湾曲した細長い出っ張りがあるが、これが鳥の羽をつけたものとみなされる。右手側は板が破損していてよくわからないが、わずかに先端が尖るおそらく戈らしきものがみえ、右手に戈を持っていることがわかる。残念ながら左手側は途中で線刻が切れてしまっている。裏面にはジグザグのような文様が刻まれている。

1 清水風２次（奈良）

2 川寄吉原（佐賀）

3 上鑵子（福岡）

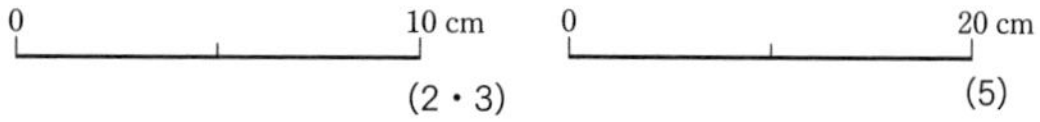

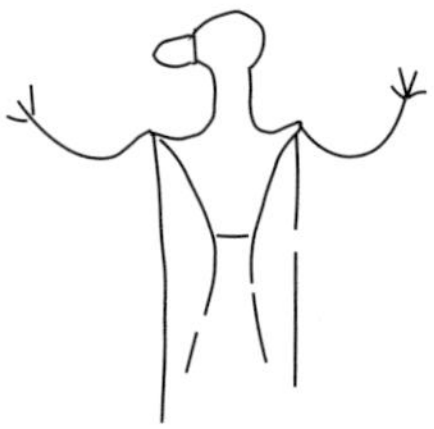

4 新庄尾上（岡山）

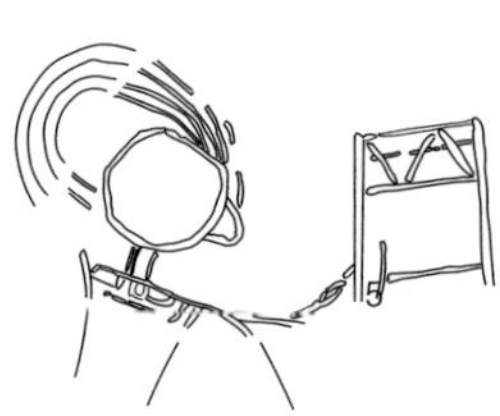

5 瀬ノ尾（佐賀）

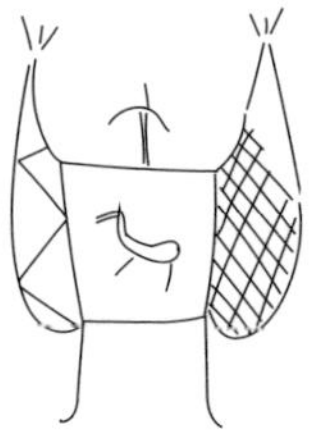

6 清水風１次（奈良）

（1・4・6 縮尺不同）

図82 鳥装の戈と盾をもつ人

上鑵子例で注目されるのは、この人物が顔面装飾をもつことである。眉の下から目のわきに弧線が入り、この弧線が頬を斜めに横切っている。デザインは左右対称に描かれている。眉と目の下にはこの弧線と接続する縦の短線が二、三条ある。口の下には三条の縦線が入り、さらにそこから斜め横に二、三条の線が垂下する。

しかし、このように鳥装の戦士の絵画例が多数発見されているにもかかわらず、多くの弥生土器の絵画では戦士の顔面表現が省略されている。こうした意味で上鑵子例は貴重であり、最初に注目した設楽博己は、佐賀県神埼市の川寄吉原遺跡出土例〔図82－2〕との類似性を指摘しつつ、これまでみつかっていた鳥装の戦士像の不明であった顔面表現を埋めるものと評価した。

また、この顔面装飾については、設楽によって縄文系土偶の黥面の系譜にあり、前後の時期の類似する顔面装飾の系譜をつなぐ重要な資料とされる〔図9参照〕。この上鑵子例をもとにして設楽は、「倭人伝」の「文身」が、戦士としての印であるとする古代史学者の吉田晶の説を受け、入れ墨に辟邪の機能を想定し、入れ墨は男子が成人になるための通過儀礼であり、戦士の表象であるとした。前述のように、縄文系の顔面装飾の祖型であるダブル・ハの字文の起源はマムシにあり、筆者はマムシが毒で敵を倒すことからダブル・ハの字文が辟邪・魔除けの機能をはたしたと考えた。そうした意味をもつことが、戦いで敵を倒す戦士にとって重要であったと考える。

次に、こうした戈と盾をもつ人の仮面についてみてみよう。瀬ノ尾遺跡出土例〔図82－5〕の嘴状の突起は、岡山市の新庄尾上遺跡出土絵画の突起〔図82－4〕に類似している。これに似たものは、清水風一次例の鳥装のシャーマンの頭部表現〔図82－6〕があり、春成秀爾はこれについて、鳥形の仮面をかぶっている可能性を考えた。また辰巳は、清水風一次例や新庄尾上例のような鳥装の人物の顔面表現について、「鳥形の仮面や頭巾をかぶったシャーマン」の表現と共通したものであろうとした。

瀬ノ尾例は古墳時代初頭の資料であるが、その特徴は近畿地方の「戈と盾をもつ人」絵画例に非常に類似するので、「戈と盾をもつ人」は例外なく仮面をかぶっていた可能性があり、先にみた上鑵子例も仮面をかぶっている可能性がある。このように仮面をかぶった「戈と盾をもつ人」の絵画は、弥生時代中期から古墳時代にまで継続していたことを示している。そして後述するように、こうした仮面をかぶった異形な「戈と盾をもつ人」は、その後、盾持ち人埴輪へ引き継がれた。

盾持ち人埴輪の異形性

古墳時代の異形な顔相の例としては、古墳時代中期の盾持ち人埴輪がある。盾持ち人埴輪は黥面をもつものや「微笑み」の表情など異形な顔相に作り込んであり、異形性を発揮している。古墳の前方部隅側に立てられることが多く、この方向から古墳へ侵入する者を霊的に拒む辟邪の役割をもつと考えられている。その顔面の異様さの特徴にはいくつかあり、顔面装飾を施しているものや耳の形状や髪形などが特異であり、さらに「微笑み」の表情もあるなど異形の典型例である。

まず、盾持ち人埴輪の顔面装飾の種類は豊富である。たとえば、一つの古墳で盾持ち人埴輪が多数出土している群馬県高崎市の井出二子山古墳に隣接する保渡田Ⅶ遺跡例〔図83〕でみると、何種類かあることがわかる。これらの顔面装飾には一定の特徴がある。第一に顔全面を赤く塗るものが多い。真っ赤な顔の表情は相当に異様である。第二に眉（眼窩上隆起）と鼻は必ず塗る。T字状に塗っているものもあ

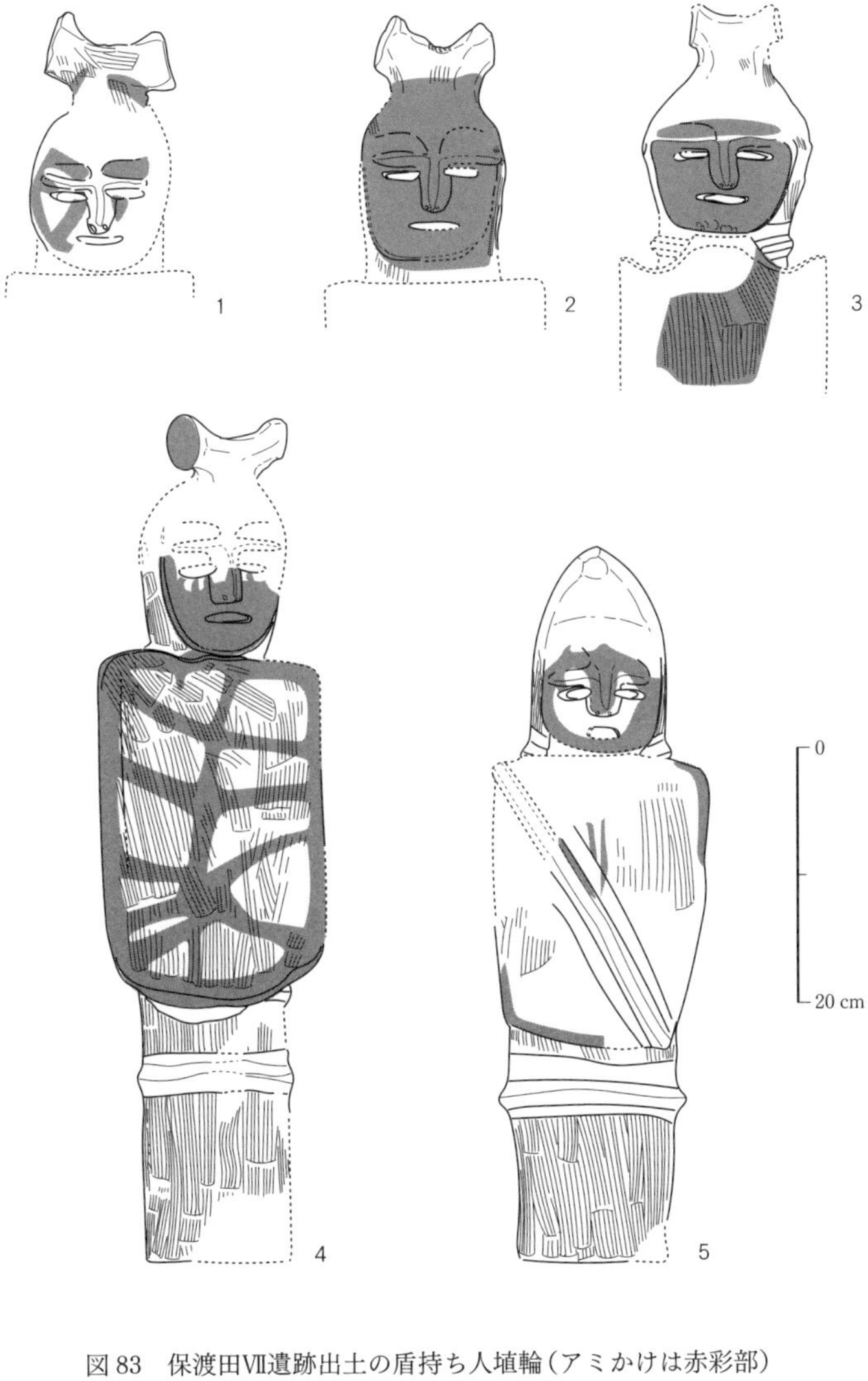

図83　保渡田Ⅶ遺跡出土の盾持ち人埴輪（アミかけは赤彩部）

図 84　茅原大墓古墳（奈良）出土の盾持ち人埴輪

図 85　神領 10 号墳（鹿児島）出土の盾持ち人埴輪

るほどである。第三に目の付近を塗り込み、または目に接続するように塗るものが多い。この典型は、ダブル・ハの字文である。そして、第四は顎を塗るものである。

こうした盾持ち人埴輪の顔面装飾で問題となるのは、近年発見された最古の人物埴輪である奈良県桜井市の茅原大墓古墳出土の盾持ち人埴輪である［図84］。本例は、鋸歯文と綾杉文を有する大ぶりの盾と円柱形の胴体を作出し、この頭に衝角付冑をかぶせ、顔面部は断面形態からみて仮面をつけている。

本例の仮面と思われる部分の装飾は、残念ながら眉と鼻の部分が剥離しており不明だが、眼窩上隆起が突出していたことがわかる。目の付近は赤彩を塗り込み、または目に接続するように塗っている。さらに、眉から頬を通り顎にかけて顔面を半周する半月状のモチーフを線刻しており、これは五世紀以降の近畿でみられる武人や盾持ち人の顔面装飾の特徴である先端が尖るか丸みをもつ内部に細かい線を充塡したモチーフに系譜がたどれるであろう。ただし、五世紀以降のものにくらべて四世紀後半の本例は、細線を充填した半月状モチーフが口まわりに収まっている点が異なる。おそらく、時代とともにこの半月状モチーフが頰の上まで伸びるのであろう。

この茅原大墓例の顔面装飾の特徴は、その後の盾持ち人埴輪にみられる諸特徴を合わせもっており、まさに祖型にふさわしい内容で、眼窩上隆起や目の下の装飾など縄文系の要素の影響がみられる。こうした、茅原大墓例を考える上で同じく出現期の盾持ち人埴輪である鹿児島県大崎町の神領一〇号墳出土例［図85］も興味深い。本例は、顔面の特徴は阿修羅を彷彿とさせるような厳しい異形な顔面をなし、眼窩上隆起の突出度の強さが特徴である。このように出現期の人物埴輪である盾持ち人埴輪の顔面部の特徴は、茅原大墓例のように、おそらく仮面の表現もあった。したがって、出現期の盾持ち人埴輪については仮面の系譜のなかでもみていく必要があろう。

纒向の仮面

近年、奈良県桜井市の纒向遺跡から、三世紀前半ごろの木製の鍬を再加工したと考えられる仮面が出土した［図86］。この仮面は目がくりぬかれ、また口が丸く表現され、さらに眉のあたりには朱の痕跡がみられることが注目される。纒向仮面が弥生時代から古墳時代の移行期のものであるとすれば、興味深い事象がもうひとつある。それは先にみた、四世紀後半ごろの同市の茅原大墓古墳から出土している仮面をかぶった盾持ち人埴輪の顔面表現と纒向仮面がよく似ていることである。纒向仮面が実際に祭祀において人物がかぶって使用していたとしたら、茅原大墓古墳のものは、それを土製品で模したことにな

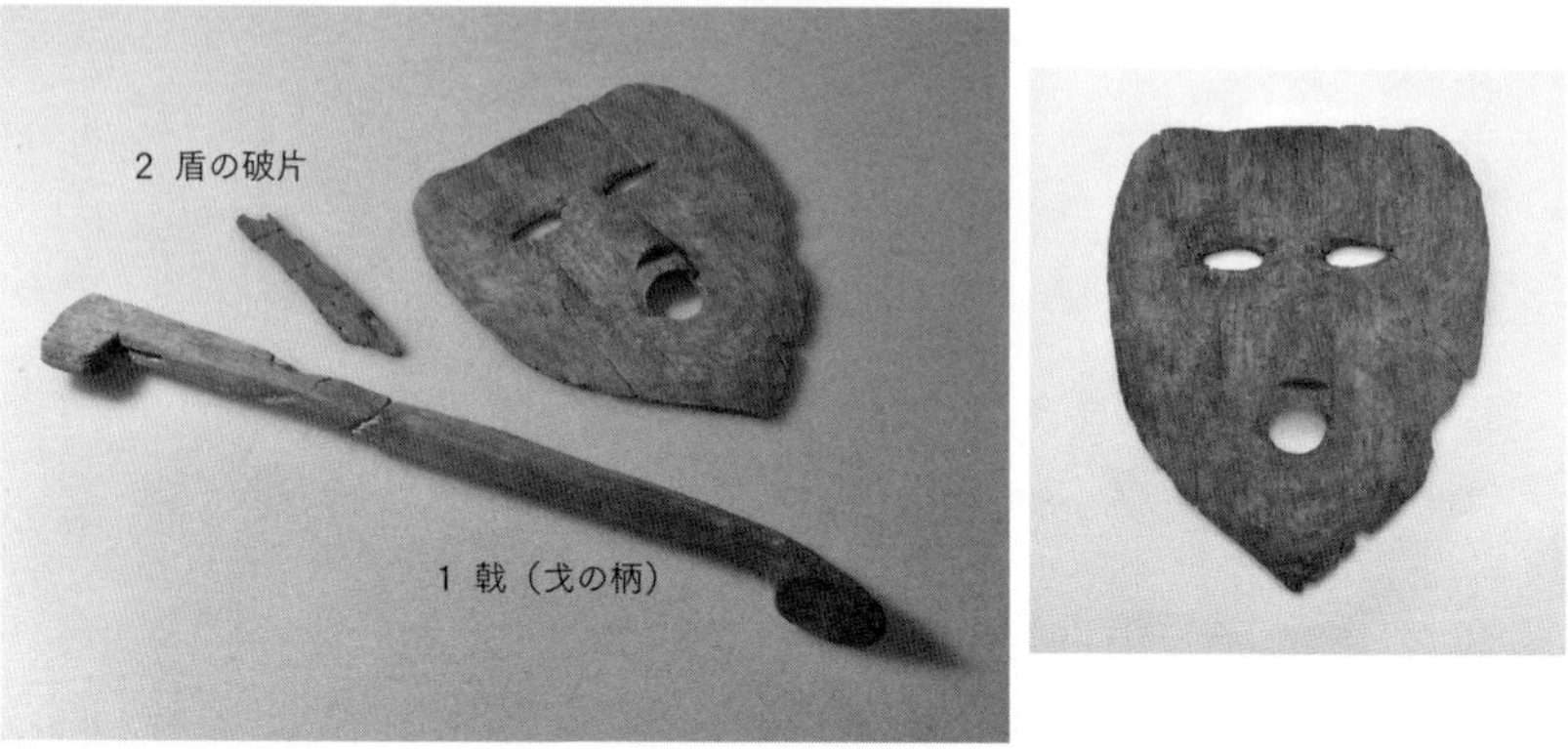

図86　纒向遺跡出土の仮面・盾・戟の柄

る。特に纒向仮面は、井戸からの出土であるが、同じ場所から鎌の柄とされる木製品と盾が出土しており、鎌の柄が鎌ではなく戟のような細長い鉄器の柄の可能性もあることから、その出で立ちは、まさに茅原大墓古墳の盾持ち人埴輪を彷彿とさせる。

　ここで問題となるのは、こうした纒向仮面をかぶった盾持ち人が何を意味し、何が起源であるかである。纒向仮面は弥生時代末期から古墳出現期ごろのものであり、この仮面を用いた人物の系譜は、弥生時代中期の「戈と盾をもつ人」に容姿がよく似ており、この時期までさかのぼって考えることができるであろう。こうした「戈と盾をもつ人」は、もともと大陸に起源する。いったい、その起源とは何であろうか。筆者が考える起源の候補となるのは古代中国の方相氏であり、春成や設楽も同様な考えをもつ。この考え方のヒントになったのは、古墳時代の盾持ち人埴輪の起源を方相氏と考えた古墳時代研究者の塩谷修の考えである。塩谷は、盾持ち人埴輪を『周礼』夏官方相氏記載の、方相氏とみたてる説を考えた。方相氏は、儺《おにやらい》や大喪における柩を先導し、墓壙に入って戈で四隅を打ち、方良を敺つ役割をはたし、戦国時代の湖北省の曾侯乙墓〔図87－1〕、『後漢書』など各王朝期において編纂された史書などに登場する〔図

1 曾侯乙墓（湖北、戦国時代）

2 『三教源流捜神大全』（明代）

図87 中国の方相氏

87－2」。

古代において方相氏は邪鬼をはらう役割をもち、『続日本紀』『養老喪葬令』にも記載され、さらに大儺《たいな》の方相として『内裏式』や『延喜式』などにも記載が認められる。大儺とは、当初宮殿における大晦日の儀式であったが、その後節分の儀式となった。この方相氏は、その役割も重要であるが、顔に四つ目の仮面をかぶっていることがさらに重要である。纒向仮面は四つ目ではないが、仮面をかぶるという点は共通している。設楽も同様に纒向仮面を方相氏のものとみている。また、古代の年中行事を研究する大日方克己によれば、古代の方相氏は身長一九〇センチ以上の巨大な体格の者が選ばれた記録があり、体格の異形性によって疫鬼に脅威を与えることが重要であった。

古代中国では、儺は殷周代から甲骨文字などにその存在が記されており、先にふれた『周礼』のほかに『論語』『礼記』などにも記載されていることから、遅くとも春秋戦国時代には儺の儀式があったことは間違いない。『論語』からは、儺が地方の村で行われていたことがわかる。

また漢代以前には、『礼記』月例によれば、一二月の季冬の大儺のほか、三月季春と八月仲秋に儺が行われており、季節の節目に邪気をはらう儀式として弥生時代の日本列島に流入したのであろう。そして同時に『周礼』に記載されたように、墓室の邪気・厄鬼を追い払う役割も伝わったと考える。第4章で検討したように、最初の流入時期はおそらく銅戈の出現した弥生時代前期末から中期はじめ(紀元前四世紀中ごろ)までさかのぼり、中原の文化を継承する燕国を経由して流入したと考えたい。その後、中国と弥生文化の交流はどの時期にも行われ、中期後半の絵画から前漢の時代に併行する時期、そして纒向仮面から後漢以降にも方相氏にかかわる祭祀が流入した可能性がある。なお、設楽は福岡県北九州市の城野遺跡の方相氏と思われる絵画をもとに、二世紀後半から三世紀にかけて方相氏の流入を考えている。

ここで纒向仮面をよくみてみよう。そこには、本章の冒頭で述べた普通ではない異形表現として、瞳のない眼、丸く開けられた口、「微笑み」にかかわる表情がみられる。瞳のない眼は、仮面であるから当たり前である。しかし、ここであえて筆者が取り上げたのは、この仮面から人物埴輪にみられる瞳のない眼の表現が派生していくと考えるからである。纒向仮面を装着した状態である茅原大墓古墳では、眼が切り抜かれたままであり、その後、人物埴輪では瞳は表現されない。したがって、瞳のない眼に何らかの意味があり、これは弥生時代における邪視をあらわす眼の表現が引き継がれていると考える。

丸く開けられた口の表現は、縄文時代の土製仮面に多く認められた辟邪や魔除けの意味をもつ特徴とよく似ている。この口で悪霊などよくないものを吸い込んでしまう、あるいは何者も寄せ付けないほどに大声を発している状態を表現しているのであろうか。大日方によれば、古代の方相氏は戈で盾を打って音を出し、辟邪の大声である儺声をあげ、群臣が唱和したという。

「微笑み」にみえる表情は、前述のように、普通ではない状態を意味し、「辟邪の微笑み」と表現しておく。これら異形の三つの要素は、いずれもこの後の人物埴輪でみられる特徴であり注目される。

ここまでみてきたように纒向仮面にはさまざまな系譜の要素が結実している。そこで興味深いのは、方相氏のような外来の祭祀・儀礼の要素を認めることができるが、同時に縄文時代以来の異形と深くかかわる要素が関係していることである。

前述のように、纒向仮面を装着した状態を埴輪にしたと考えられる四世紀後半ごろの茅原大墓例は、最初の人物埴輪である。纒向仮面が実際に方相氏のように葬送儀礼などを行う役割をもっていたとすれば、たとえば首長が亡くなった後の葬儀において『周礼』に記されているように柩を先導し、墓壙に入り邪鬼をはらう役割をもっていた可能性がある。茅原大墓例の前段階までは、木製の盾を古墳のくびれ部に立てていたことが明らかとなっており、これに仮面と冑を取り付けて盾持ち人埴輪が生まれた可能性が高いとされる。このような変化については、方相氏である盾持ち人が実際に古墳の葬送儀礼に従事しており、さらに死後もまた被葬者を守護する役割をもたせるために、葬送儀礼の先頭に立つ方相氏から土製人形化した、と考えることができる。

なお、纒向仮面に続く茅原大墓例の顔面表現も注意が必要である。本例の仮面には、赤彩で装飾が施してある。この目の下に赤彩を入れるあり方から、本例は縄文系の顔面装飾に関係する可能性が高い。そして、茅原大墓古墳の盾持ち人埴輪が人物埴輪の起源であることから、日本列島の人物埴輪にみられる顔面装飾も基本的に縄文系であると考えられる。剝落しているが、眼窩上隆起の表現を有していたことは、さらに縄文系の特徴を合わせもつことを補強する。合わせて、瞳のない邪視表現の目、そして丸口表現など、縄文仮面の要素が纒向仮面を経由して古墳時代にまでたどることが可能になった。

このように仮面のデザインは縄文系でも、仮面を装着して行われた儀礼は大陸系の方相氏によるものであろう。方相氏の執り行う儀礼は、古代中国に系譜がたどれる儀礼であり、それが当時の倭人社会に実際に流入した。

なお、方相氏が手に持っていた武器は、第5章で論じたように、古代中国では最初は戈であり、その後、戟に変化した。戟は、戈の柄の先端に矛を取り付けたもので、戈と矛が一体となったものもある。弥生の戈はすでに二世紀までにはなくなっているので、古墳時代に方相氏が手に持つ武器は戟であった。盾持ち人物埴輪のなかには戟をもつ例があるが、実際に古墳から戟も出土しており、さらに戟形埴輪もみられるなど、古墳時代には戟をもつ方相氏の思想は定着している。このように『周礼』記載の内容を想起させるようなものが、時代を越えて継承されている状況をみると、すでに弥生時代に戈の文化が伝来し、方相氏に関する習俗も合わせて伝来している可能性が高いことがあらためてわかる。

また、第5章で検討した中部高地などで石戈を用いた祭祀行為については、『周礼』に記載された戈をもつ人物である方相氏が、盾を戈で叩くが、墓葬の場面で墓室の四隅を戈で叩き、あるいは大灘で盾を戈で叩き邪気をはらう儀式を行っていたように、盾を戈で打ち付ける儀式が行われていた可能性を示す。

以上のように、方相氏は、すでに弥生時代前期末から中期はじめごろに古代中国の中原の文化を引き継ぐ戦国時代の燕国から流入した可能性を考え、そして、纒向の仮面などから類推して、その当時から実際に戈と盾をもつ人が祭祀にあたっていた可能性を考える。そして、弥生時代中期後半の「戈と盾をもつ人」の線画から纒向の仮面、そして盾持ち人埴輪へ、各時代に大陸からの影響を受けながら方相氏は変化していったと考える。

異形な力士埴輪

古墳の上には、盾持ち人埴輪や武具などの形をした埴輪と並んで、相撲の力士埴輪が立てられていた。それらの多くは古墳の外側をむいており、古墳に葬られた被葬者に疫鬼が近づかないように立てたと考えられている。また、大日方によれば、『日本書紀』天武天皇記に二人の隼人が朝廷で相撲をとり、その後、天武天皇の殯で誄《しのびごと》をたてまつったという記録があり、力士埴輪にもこうした役割があり、古墳に立てられた可能性もある。

日本の相撲に関する歴史的研究では、まずこの古墳時代の力士埴輪の記述からはじまり、その起源を韓半島の高句麗などに求めることが多い。なぜならば、古墳時代に併行する韓半島には高句麗・百済・新羅の三国が割拠していたが、このうち高句麗の古墳のなかに相撲を描いた壁画が存在するからである。今のところ、これらの壁画のなかで四世紀ごろのものが一番古く、力士埴輪にみられる相撲は、高句麗の影響の下に韓半島から五世紀ごろに流入したとされる。なお三国のうち、当然ながら百済と新羅から日本列島に相撲が流入した可能性もあるが、現在は高句麗の壁画が日本の相撲の系譜を考える上での重要な資料となっている。なお、古墳時代の力士の姿を伝える資料は、力士埴輪以外に石人や装飾古墳壁画、装飾付き須恵器などにわずかにみられる。

力士埴輪はこれまでに日本列島の各地から出土しており、北は福島、南は鹿児島にまで分布は広がっている。力士埴輪の特徴は、他の人物埴輪と比較して裸体であることが最大の特徴である。下半身に褌かまわしをしめており、外見は力士そのものである〔図88〕。体格がよく、しかもふくよかで力士らしい。

図88　力士埴輪（原山１号墳、福島）

先ほど盾持ち人埴輪で取り上げた保渡田Ⅶ遺跡で出土した力士埴輪のなかには、同じ場所で発見された人物埴輪のなかでも大柄に作られていたものがある。おそらく普通ではない大形の体格であることも力士にとって必要なことであり、その異形性が儀式での厄ばらいなどにおいて重要であったのだろう。

そのほか動作をみると、地面を踏みしめるように足を開き、そして手を大きく挙げている。この様は、土俵入りした力士の所作をみごとに写し取ったかのようである。しかし、古墳時代にはまだ土俵がなく、さらに相撲の中身も現在とは大きく異なっており、今の感覚でこうした力士埴輪を解釈するのは危険である。

力士埴輪の特徴はほかにもある。まず、顔面装飾がなされているものが多いことであろう。力士埴輪を多く出土している保渡田Ⅶ遺跡では、鼻のあたりを中心に丸く赤色で塗りつぶした装飾や［図89－1］、和歌山市にある井辺八幡山古墳では、鼻を中心に線刻により黥面を施している［図89－3］。さらに、顔面だけでなく身体にも装飾がなされていた。井出二子山古墳例では首や腕に赤彩が施されており、また京都市の黄金塚二号墳では手を挙げた動作をしている力士と思われる絵画が盾形埴輪の側面に描かれており、この人物の首より下の身体には細かい装飾がほどこされている［図89－2］。

また、頭部の形状もほかの人物埴輪とは異なっていた。保渡田Ⅶ遺跡では、頭部に横一文字をなす扁平髷とされる髪型をもつ。そのほか力士は頭部を剃髪しているものが多い。

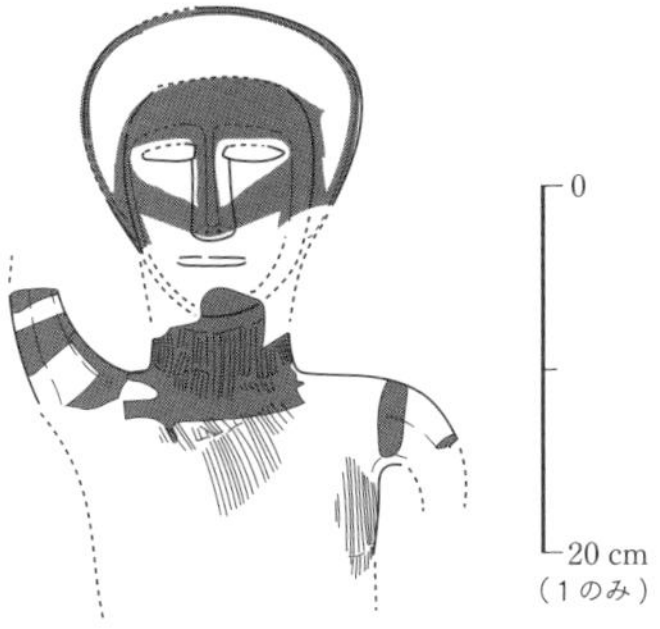

1　保渡田Ⅶ（群馬）

2　黄金塚2号墳（京都）

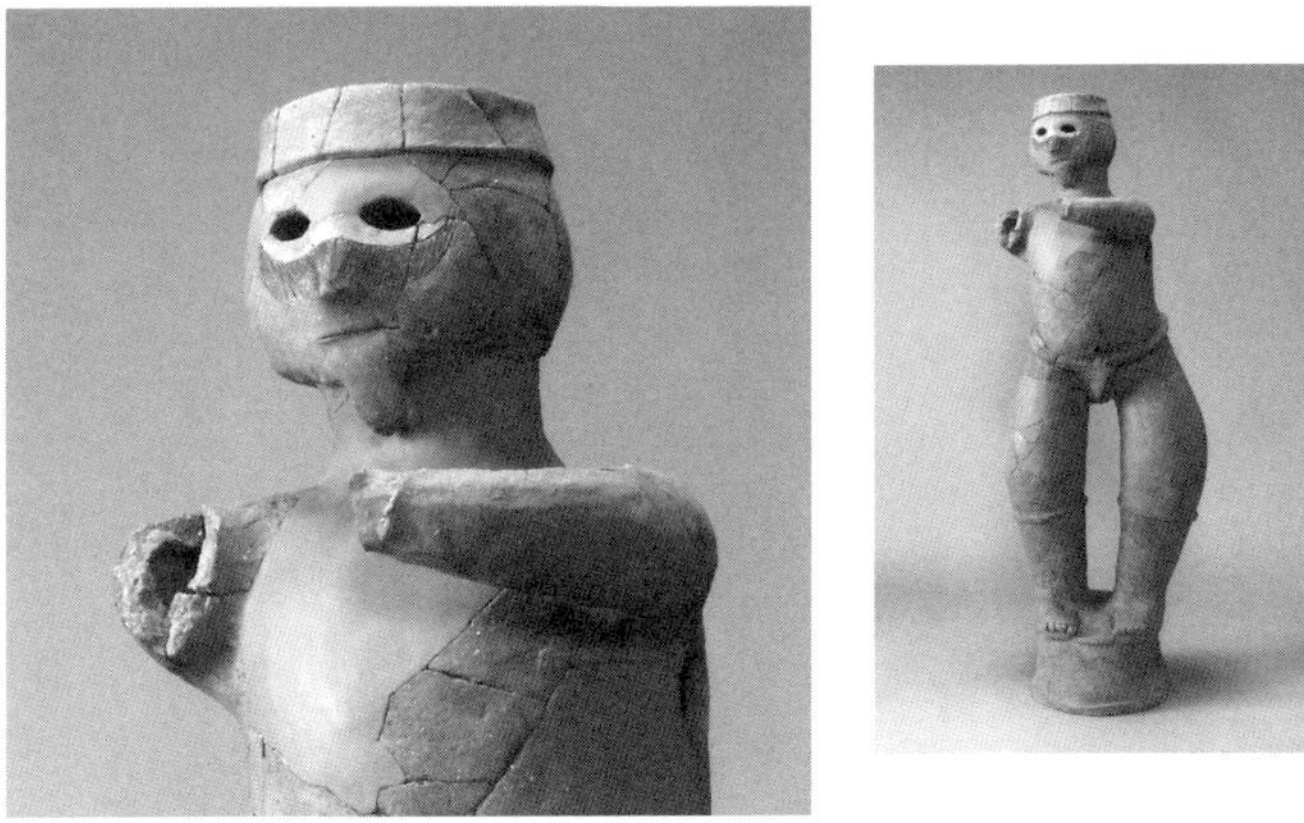

3　井辺八幡山古墳（和歌山）

図89　力士埴輪の身体装飾

図90　飯山登山１号墳（神奈川）出土の力士埴輪

そのほかに注目される特徴として、力士の足の指の上から背部にかけて、何やらトゲのようなものがついている点が挙げられる〔図90〕。筆者は、これを「スパイク状打撃具」と名づけた。足に取り付けている以上、それを使ったに違いない。そして、熟考の上、相撲の考古学に関心をもつ設楽・山田康弘とともに、蹴り合いで用いた可能性を考えた。ここで興味深いのは、こうした蹴り合いがあった可能性が文献に記載されていることである。

『日本書紀』垂仁天皇記に、野見宿禰と当麻蹶速の相撲の場面の記述があるが、そこに蹴り合いの記述がみられるのである。簡単に概要を述べると、両者はともに蹴り合い、宿禰は蹶速の脇骨を蹴り折り、さらに蹶速を踏みつけ腰骨をも折り殺したとされる。スパイク状打撃具の存在は、こうした光景が現実のものであった可能性を想起させる。そして、スパイク状打撃具による攻撃は、「而不期死生」という記述からみて、凄惨な戦いをイメージさせる。

相撲の伝統を継承する吉田司家の伝承では、奈良時代に突く・殴る・蹴るという三手が禁じ手となったとされ、これが事実であるとすれば、古墳時代の相撲の実態は現在の総合格闘技を彷彿とさせるものであったことになる。筆者は、こうした問題を考えながら、スパイク状打撃具の実例、すなわち本当に力士が足に装着した製品があると考え、国内外の出土資料を探索した。その結果、朝鮮考古学を研究す

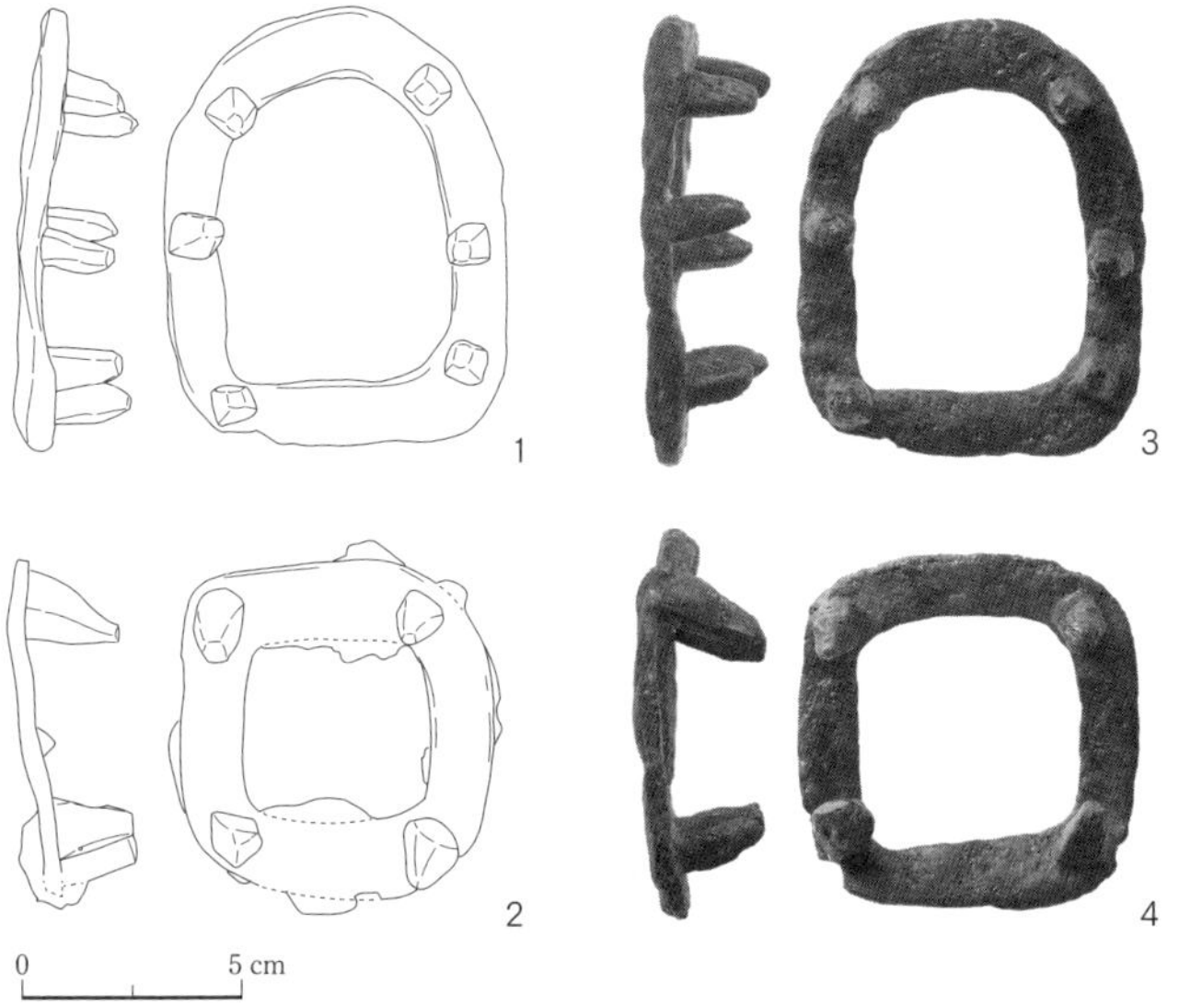

図91　高木古墳（兵庫）出土のスパイク状鉄製品

る早乙女雅博の教示により、中国遼寧省や吉林省の高句麗時代の遺跡において候補となる鉄製品が出土している事実を知るにいたった。いまのところ類例は、紀元前一、二世紀ごろの中国吉林省の老河深遺跡例までさかのぼるようである。そして、古墳時代研究者の内山敏行の教示により韓半島でも多数出土していることを知り、さらに古墳時代研究者の豊島直博の教示によって似ているものが兵庫県三木市の高木古墳から出土していることを知り、確認の結果同じものであった［図91］。国内では、はじめての確認例である。なお、この器具で注意しておかなければならないのは、この鉄製品は中韓では靴底につけており、日本で独自にこの鉄製品を背面にくくりつけたか、あるいは足の裏側に装着していた可能性もある。埴輪では本来、足の裏側に装着されていた器具を、装着していることを暗示させるためにあえて足の表側からトゲが生えているように表現した可能性もある。

　こうしたスパイク状打撃具は、本来、高句麗では武具の一つであり、戦いのための道具である。相撲に関する『古事記』の記述のなかには、「軍勢のなかの力士」という記述があり、古代日本においても、相撲は戦に勝ち抜くための格闘技の一つであった可能性が高い。つまり、力士埴輪にかたどられた相撲は、現在のようなスポーツとしての競技ではなく、生死のかかった戦いで勝ち抜いていく格闘技であったわけである。こうした強者である力士埴輪を古墳に立てることによって、亡くなって古墳に葬られた被葬者に疫鬼が近づかないようにできると考えたのであろう。

同時に、相撲の力士は、地を踏みしめ、手を大きく挙げる所作が広く認められるように、祭祀にかかわる人物であった。こうした「手を挙げる」動作については、縄文時代にはみられず、大陸系の系譜にある身体動作である。第6章でみたように、「手を挙げる」動作の人物をかたどったものは、弥生時代前期の土器の絵画が初出で、弥生時代から古墳時代初頭にまでよく似たものが系譜的につながる。特に注目されるのは、弥生時代から古墳時代初頭の東日本において、群馬県渋川市の有馬遺跡などでみられるような異形な人形で〔図81－8参照〕、「手を挙げる」動作だけでなく、顔相でも鼻の表現は異様である。この「手を挙げる」人形の土器（挙手人面土器）は、東日本では古墳時代にもみられるので、少なくとも東日本には「手を挙げる」人形の伝統が根づいている。有馬遺跡の人形は力士を表現したのかもしれない。こうした「手を挙げる」動作については、絵画の分析では辟邪の身ぶりであるというのが筆者の解釈であり、力士埴輪の「手を挙げる」動作も同様な意味をもつであろう。

第6章では、「手を挙げる」動作の系譜を遼寧青銅器文化に求めたが、古墳時代の相撲の姿は、前述のように戦いのための鍛錬の一環としての格闘技であり、さらに戦争のはじまった弥生時代のはじまりのころから相撲のような格闘技が存在した可能性を考えるべきであろう。格闘技という勝負の世界の行き着くところ、そこには戦いという根源的な問題が横たわっているようである。

方相氏と相撲力士

方相氏は、古代中国で誕生した疫鬼をはらう役職についた人々で、古代の日本では、主に大晦日の宮中の年中行事である追儺で主役を演じた。追儺とは、年の節目である大晦日に行われた儀式である。そこで方相氏は、黄金四つ目の仮面をかぶり黒い上衣と赤いスカートのような裳をまとい、右手に戈、左手に盾を持ち、童を率いて庭に参入し、陰陽師が祭文を読んだ後、大声を発して桙で楯を三度打ち、群臣はこれに呼応して東西南北に別れて、桃の弓を射、疫鬼を駆逐する。このように方相氏は、赤と黒のツートンカラーの服に、黄金四つ目の仮面をかぶるという異様な出で立ちであった。

じつは、この古代の方相氏は、その後、その風貌の異様さや恐ろしさと、平安時代に広がった穢れの観念があわさって、討ち払われる存在である鬼とみなされるようになったらしい。そして、大晦日の追儺は中世ごろには今の節分行事へと変容したのである。現在、われわれが節分で、豆をまいて討ち払う鬼の起源が方相氏であったのである［図92］。

また、節分といえば、豆をまく力士の姿をよく目にする。なぜ、相撲の力士が豆まきをするかといえば、前述のように方相氏と同様に疫鬼をはらってもらうためである。相撲は、宮中では年中行事で疫鬼をはらうことが役目であった。本章で取り上げた相撲の力士と方相氏の両者は、ともに邪気や疫鬼、すなわち人々の生活を脅かすよくないもの、よくないことを取り除く効果を期待された特別な人々であった。

両者はともに弥生時代以来、形を変えながらも生き続けた祭祀の伝統をもつ人々であった。そして、かれらには共通して顔面装飾が施されているが、この要素は第2章で検討した縄文時代以来の顔面装飾の伝統であり、よくないことを取り除くことを期待された。相撲の力士と方相氏の両者は、ともに大陸から伝わった習俗の一つであるが、そこには縄文時代以来の伝統も融合していたのである。

本書におけるここまでの検討によって、倭人の祭祀は、縄文時代以来の祭祀の伝統と弥生時代に大陸から伝わった祭祀の伝統が融合して誕生したことが明らかになった。方相氏と力士は、ともに、そのように形成された倭人の祭祀の代表である。そして、古墳時代の倭人社会では、方相氏と力士は人形となって古墳に立てられ、亡き首長の霊を守護する役目を担ったが、纒向遺跡出土の仮面が物語るように、生身の人間としても実際に祭祀を行っていたのであろう。古代になり、方相氏と力士は宮中の年中行事で重要な役割をもつにいたった。そして、この二つの祭祀は形を変えながら現在にも継承されている。われわれの生活は、過去から連綿とつながっている事実を、「方相氏」と「相撲」は物語っている。倭人の祭祀は、途方もなく古い縄文時代の精神世界と、古代以降の日本人の精神世界の間をつなぐ重要な研究対象であることがあらためて認識された。

図92　亀戸天神（東京）の鬼

倭人の祭祀と社会――形成と変容

筆者は、数年前に亀戸天神の節分追儺祭で相撲の力士とともに豆をまく貴重な体験をした。豆まきは鬼に対してまかれるが、その鬼はかつての方相氏である。邪気や厄気をはらっていた人物がいまや相撲の力士にはらわれる光景は、縄文からの長い歴史の到達点を示しているようで感慨深い。

この話のように、本書で検討してきた倭人の祭祀とは、私たち日本人にとっては身近な存在である。神社で行われる神事のなかにも、二千年以上さかのぼるものがあるだろう。それでは、さらに古い時代にはどこに淵源があるのだろうか。そうした問いかけを繰り返した結果が本書である。

こうして本書の最大の課題は、倭人の祭祀を東アジアのなかで見直す、ということになった。本書では、この課題をめぐって、倭人の祭祀は縄文系・北方遊牧民系・中国中原系の大きく三つの系統の祭祀が融合し成立したという仮説を提示した。この仮説を検証するため、本書では東アジア各地の祭祀についてみてきたわけである。以下、この仮説に関して補足しておきたいことを述べて終わりとしたい。

倭人の祭祀を形づくったと考える三つの系統のうち、縄文文化の祭祀は弥生文化の基盤でもあり倭人の祭祀に強い影響を与えた。問題となるのは、大陸系の祭祀である。本書では、大陸系祭祀について、北方遊牧民系と中国中原系の二つの系統の存在を述べたが、実際にはこれらの系統関係は複雑である。

二〇〇七年九月、筆者は内蒙古自治区の赤峰市を訪問し、本書にも登場する南山根遺跡と小黒石溝遺跡を踏査した。これらの遺跡は、ところどころに緩やかな小丘陵があり決して草原と呼べるような景観ではなく、遺跡にはアワやトウモロコシ畑が広がっていた。特に南山根遺跡では、土器などが多数散布しており、遊牧生活を送るような集団の遺跡ではなかった。すなわち南山根遺跡は、牧畜農耕を主とする遊牧民族ではなく、北方遊牧民系文化の影響を受けながらも農耕を行う社会の遺跡であった。赤峰市周辺の遺跡の南側にある山脈を越えると、そこには遼西の大河川によって形成された遼寧青銅器文化の中心である平野地帯が広がり、南山根遺跡でみたよりも定着性の高い農耕民が広がっていた。

これらの遺跡では、殷に併行する時代の墓からユーラシア東部地域や中原に由来する遺物が一緒に出土する。北方遊牧民系と中原系の祭祀の融合は、遼寧青銅器文化において早い段階に起きていた。したがって、北方遊牧民系としたものは、すでに遼寧青銅器文化の地で蓄積した複数の系統が融合して複合化した「遼寧複合系祭祀」と呼ぶべきものである。そのほか内蒙古のオルドス地域や燕山地域の集団が直接的に日本列島に影響を与えた証拠を述べたが、それらは弥生青銅器文化などへの影響の強さからみて、「遼寧複合系祭祀」を越えるような大きな流れではなかっただろう。こうして、北方遊牧民系の祭祀である「遼寧複合系祭祀」は、何度も韓半島経由で倭の地に到達した。

このように系統を整理すると、筆者の構想における倭人の祭祀における北方遊牧民系の影響という考え方には問題があるという指摘があろう。しかし、遼寧青銅器文化の地で融合し変容したとはいえ、系統的にたどれば倭人の祭祀の多くの要素は北方遊牧民系にかかわるのは明らかである。実際に、遼寧青銅器文化の地には、遠く黒海周辺の遺物と同じものが出土しており、広大なユーラシアを通じた交流をみることができ、その影響が倭人の祭祀に認められるのである。

こうして、大陸系祭祀の倭への流入は、大きく二つの波として捉えられる。本書で取り上げた剣崇拝は第一の波であり、紀元前一〇世紀以前、「遼寧複合系祭祀」の最初期の青銅器文化段階に遼寧式銅剣が出現して以降、それが韓半島北部に広がり磨製石剣を生み出し、弥生時代早期の倭の地に流入した。

そして、第二の波は、戦国時代の燕国の影響である。燕国は、紀元前四世紀ごろには遼東から韓半島北部にまで進出し、このころから倭との交流が本格化し、燕国の祭祀と「遼寧複合系祭祀」が一気に流入した。この段階には、戈をはじめとする青銅器、方相氏の祭祀など多くの大陸系の祭祀が流入した。

その後、燕国が統一秦によって滅ぼされ、漢帝国が東アジア周辺地域に強い影響を与え、何度も倭の地に大陸系の祭祀が流入したであろう。しかし、本書で検討した課題に関しては、流入時期をみるかぎり燕国との交流の開始時期である弥生時代前期末から中期初頭（紀元前四世紀はじめ）にほぼすべてが一度流入していると考える。その後、前漢や後漢、さらに魏晋南北朝期などに同じような祭祀が流入し倭人の祭祀を更新していったと考えるが、この流れを具体的にたどることは今後の課題である。

以上のような複雑な経緯をへて、三つの系統が融合して倭人の祭祀は誕生した。剣崇拝の流入後、縄文系の石棒などの性象徴の祭祀は社会統合の象徴としての役割を終え、装身などの異形の祭祀が倭人の祭祀に残存していった。そして、燕国と「遼寧複合系祭祀」の影響を受けた戈の祭祀は中期中葉（紀元前三世紀ごろ）には中部高地付近にまで広がりをみせ、本書で検討したように実際に戈をもちいた祭祀を含め倭人の祭祀が行われていただろう。東日本の再葬墓にかかわる顔壺をもつ社会は、こうした祭祀を受容し、それまでの祭祀をやめ稲作社会へと変容していったが、その一方で戈に起源する有角石器は非稲作地帯にも広がり、東日本の縄文系の弥生社会は西方の祭祀を変容させつつ見事に受容している。稲作や金属器の有無などだけで弥生文化か否かを論ずることは再考すべきであろう。

そしてこうした祭祀は、中期後半（紀元前一世紀ごろ）には、近畿を中心に絵画として描かれ、九州から近畿までの西日本一帯には、祭祀における祭式や所作といった約束事が共通するような祭祀の体系が広まっていたと考えられる。弥生絵画の体系で分析した祭祀の内容は、簡単にいえば「豊作祈願」のための祭祀であり、現在各地で行われている収穫や予祝とそれにかかわる祭祀の起源であろう。

こうしたなか近畿を中心とする中期社会では、銅鐸に大陸系と縄文系の文様を融合させた。縄文系文様は、東北・北陸・中部など縄文晩期前半から続く広域な交流を背景として形成し、それによって社会統合の象徴とした。この前段階には、粗製大型石棒が近畿一円に分布していたが、その分布範囲は初期の銅鐸分布圏と一致する。粗製大型石棒を生産する徳島市の三谷遺跡では多数の東日本系土器が出土しており、広域な交流を背景に石棒祭祀圏を形成するという点は銅鐸の形成と同じである。

こうした動向はすでに弥生時代前期初頭の北部九州の弥生社会でもみられ、韓半島の技術を基盤にしつつも東日本の縄文系文様を受容して壺を生み出し、それを社会統合の象徴としていたことにはじまる。近畿の中期弥生社会は、北部九州に代わって大陸だけでなく東日本一帯との広域な交流関係を基盤に銅鐸を生み出し、それによって社会統合をはかっていたのである。

弥生時代中期社会は、紀元前後を過ぎて後期になると大雨や洪水などが続く異常な環境変動の影響で瓦解し、大集落は消え中期にみられた絵画は描かれなくなった。こうした転換は、それまでの東日本を中心とする縄文系社会との交流にもとづく祭祀圏の形成にも影響を与えた。後期の近畿を中心とする弥生社会では、銅鐸に加えて新たに漢や韓半島に接近し交流を深めるようになった。その結果、龍の絵画が増加するが、それは龍が首長権力の象徴であるとともに水の神であることからみて、大雨や洪水などを克服し水を灌漑などの土木事業で制御する象徴となったからであろう。近畿の弥生社会は、つねに広域な交流を基盤に祭祀的な象徴媒体を生み出してそれまでの象徴媒体を更新し社会統合をはかる伝統があり、おそらくこの伝統が前方後円墳とその祭祀の形成に繋がったのであろう。

そして、古墳時代になると、祭祀は国家形成とより深い関係をもつにいたる。方相氏や相撲の力士は、いずれも異形性が重要であり、古代の記録では諸国から集められたとされる。古墳時代でも東日本のような周辺社会において、縄文系の祭祀を続ける異界の地域から倭の中枢に集められたのであろう。また、相撲の力士については、隼人や蝦夷といった異形にみえる周辺民を政治的に支配し、外交の場で機能させるなど国家の象徴として相撲を実施していたという指摘がある。一方で黥面は龍の化身のごとく崇められてもいたので、単純な支配の象徴ではない。うまく大陸の新しい象徴的なものと置き換わって存在したのである。

以上のような異形の民を支配の象徴とする考え方は、弥生時代以降の近畿を中心とする国家形成にむかう社会を先進地とし、東方などの非稲作民社会を後進地とみなすことに通じる。しかし、祭祀からみると両者は広域交流を背景に相互補完的関係をもっており、たんなる優劣や支配・被支配の関係ではないであろう。

このように社会統合にかかわる祭祀が変貌を遂げているなか、中期の絵画でみられた祭祀は社会の底流として脈々と引き継がれていた。方相氏である「戈と盾をもつ人」の絵画は後期から古墳時代初頭に散見され、手を挙げる人の絵画も同様であり、古墳時代が幕をあけてもこれらの祭祀は引き継がれていった。その断片は、本書のなかでみた古代の『風土記』などにも同じような祭祀が継承された。

以上、触れることができなかったことが多々あるが、倭人の祭祀について筆者が構想したアウトラインを示すことができたと考える。東アジアを舞台とした倭人の祭祀をめぐる冒険の旅も、ここでいったん終わりにしたい。

おわりに

本書の基本的な内容は、過去一〇年の研究成果をもとに、筆者が國學院大學と奈良大学における学部と大学院の講義において話したものにもとづく。

筆者が祭祀の研究をはじめたのは、國學院大學に所属していたことが大きく影響している。学生時代には、小林達雄先生、乙益重隆先生、永峯光一先生、吉田恵二先生、谷口康浩先生といった研究室の諸先生の指導を受け、祭祀考古学会を主導する椙山林継先生にも教示を受けた。

その後、大学院時代、大林太良先生の特殊講義において、先生から東アジア、さらにはユーラシアのなかで弥生時代の祭祀を見直しなさい、という教示を受けたことが本書の出発点となった。その後、甲元眞之先生からも同様の指針をいただいた。

こうした見直し作業が可能となったのは、國學院大學栃木短期大学に異動して後、新田栄治先生の研究チームで東南アジア各地の青銅器の研究を行ったことがきっかけとなった。本書のかなりの部分を占める戈の問題は、この東南アジアでの経験から生み出されたものであった。

そして、二〇〇三年にはじまった国立歴史民俗博物館による新しい弥生年代の研究は、筆者の東北アジアでの研究を飛躍的に加速させた。この研究グループの一員であった筆者は、遼寧青銅器文化や燕国といった北方の金属器文化を現地調査できる好機に恵まれ、一〇年にわたる中韓の調査では、春成秀爾先生、宮本一夫先生、古瀬清秀先生、野島永先生、新里貴之氏、宮里修氏、村松洋介氏、石川岳彦氏とともに毎回新発見の刺激的で充実した期間をともにできた。特に宮本先生には、本書とも少し関係する博士論文の審査を引き受けていただいた。感謝申し上げる。この一連の研究のなかで、春成秀爾先生と設楽博己先生、そして筆者は、ほぼ同じような研究内容を進めることになった。弥生絵画、方相氏、相撲などに関する研究がそれで、両先生の考え方を参考に、独自に発展させた。

なお、倭人の祭祀と銘打っておきながら、古墳時代の祭祀については、触れることがほとんどできなかった。この問題については、幸いヤマトの地にてじっくりと研究する機会をえることができたので、少しずつその成果を発表していくつもりである。

本書は、これまでに筆者が発表してきた祭祀に関する諸論をもとにしているが、実際には大幅に改稿したためほとんど原形をとどめていない。関係する文献や初出文献については、参考文献にあげるにとどめる。また、本文で引用した図版類は、すべて筆者が引用先を再トレースしており、筆者の遺物の観察結果によって一部改変している箇所がある。本書の作成にあたりご協力いただき、また写真をはじめ資料を提供していただいた諸氏・諸機関に感謝申し上げる。

何年も前に、辰巳和弘先生から、論文ではなく本で自説を述べるよう勧められていたが、筆力がなく、なかなか約束を果たせず相当に時間がかかってしまった。新泉社の竹内将彦氏の強い勧めと、そして家族の叱咤がなければ刊行されることはなかったにちがいない。多くの方々の援助に感謝しつつ、筆を擱くことにしたい。

二〇一七年七月　　奈良市朱雀にて

小林青樹

参考文献（複数の章で引用した文献は初出のみ掲載した）

■プロローグ

折口信夫　一九九五『折口信夫全集』三　中央公論社
小林青樹　二〇一一「東日本の縄文祭祀」『中四国地方縄文時代の精神文化』中四国縄文研究会第二二回大会資料集
小林青樹　二〇一三「縄文の思想、大陸の思想、弥生の思想」『季刊考古学』一二二号　雄山閣
小林達雄　一九七七「縄文世界のなかの土偶―第二の道具―」『日本陶磁全集三　土偶・埴輪』中央公論社
坂井信三　一九八九「第七章　宗教と世界観」合田濤編『現代社会人類学』弘文堂
ヴィクター・W・ターナー（冨倉光雄訳）一九七六『儀礼の過程』思索社

■第1章　性と身体

阿部昭典　二〇〇八『縄文時代の社会変動論』未完成考古学叢書六　アム・プロモーション
伊藤正人　二〇〇七「省略形土偶」小杉康ほか編『縄文時代の考古学一一　心と信仰』同成社
梅原猛・渡辺誠　一九八九『人間の美術一　縄文の神秘』学習研究社
小林青樹　二〇〇六「縄文から弥生へ」『縄文のムラ弥生のムラ』茨城県立歴史館
小林行雄　一九五一『日本考古学概説』創元社
谷口康浩　二〇〇五「石棒の象徴的意味―縄文時代の親族構造と祖先祭祀―」『國學院大學考古学資料館紀要』二一　國學院大學考古学資料館
谷口康浩　二〇〇六「石棒と石皿―象徴的生殖行為のコンテクスト―」『考古学』Ⅳ　安斉正人
谷口康浩　二〇一一「総論　大形石棒の重要性と研究課題」『縄文時代の大形石棒』國學院大學学術資料館
中島将太　二〇一一「大形石棒に加えられた行為」『縄文時代の大形石棒』國學院大學学術資料館
中村耕作　二〇一三『縄文土器の儀礼利用と象徴操作』未完成考古学叢書一〇　アム・プロモーション
春成秀爾　一九九六「性象徴の考古学」『国立歴史民俗博物館研究報告』第六六集　国立歴史民俗博物館

■第2章　装身と仮面

石井眞夫　一九八九「第八章　政治と社会」合田濤編『現代社会人類学』弘文堂
石川日出志　二〇〇八「関東・東北における弥生時代中期の顔面画土器」『駿台史學』一三三号　駿台史学会
石黒立人　二〇〇六「伊勢湾周辺地域の人（黥）面線刻をめぐる二、三の問題」設楽博己編『原始絵画の研究　論考編』六一書房
石原道博編訳　一九八五『新訂　魏志倭人伝・後漢書倭伝・宋書倭国伝・隋書倭国伝』岩波文庫　岩波書店
茨城県立歴史館　一九七七『茨城県大宮町小野天神前遺跡』資料編
江原英　一九九七『寺野東遺跡V　縄紋時代環状盛土遺構・水場の遺構編一』栃木県教育委員会・財団法人栃木県文化振興事業団
大塚和義　一九八八「縄文人の観念と儀礼的世界」鈴木公雄編『古代史復元二　縄文人の生活と文化』講談社
クロード・レヴィ＝ストロース（荒川幾男ほか訳）　一九七二『構造人類学』みすず書房
クロード・レヴィ＝ストロース（山口昌男・渡辺守章訳）　一九七七『仮面の道　創造の小径』新潮社
小林青樹　二〇〇一「弥生中期の文様化した顔面表現」『ツンドラから熱帯まで　加藤晋平先生古稀記念考古学論集一』博望二号　東北アジア古文化研究所
小林青樹　二〇一二「顔面付土器の身体と象徴性」『人物形象の考古学』考古学研究会東京例会第三一回例会資料集　考古学研究会東京例会
小林青樹　二〇一五「巳」設楽博己編『十二支になった動物たちの考古学』新泉社
設楽博己　一九九三「縄文人の通過儀礼はどのようなものだったか」鈴木公雄・石川日出志編『新視点日本の歴史一　原始編』新人物往来社
設楽博己　一九九九「黥面土偶から黥面絵画へ」『国立歴史民俗博物館研究報告』第八〇集　国立歴史民俗博物館
鈴木素行編　二〇一一『泉坂下遺跡の研究　人面付土器を伴う弥生時代中期の再葬墓群について』
田中國男　一九四三『縄文式弥生式接触文化の研究』
長沼孝　一九八七「北海道千歳市ママチ遺跡出土の土製仮面」『考古学雑誌』七二巻三号　日本考古学会
春成秀爾　二〇〇二『縄文社会論究』塙書房
春成秀爾　二〇一一『祭りと呪術の考古学』塙書房
ファン・ヘネップ（綾部恒雄・綾部裕子訳）　二〇一二『通過儀礼』（岩波文庫）岩波書店
藤岡町史編さん委員会　二〇〇四『藤岡町史　通史編前編』

ボリス・ワイズマン（椋田直子訳）　一九九八　『レヴィ－ストロース』現代書館
松本直子　二〇〇五　『先史日本を復元する二　縄文のムラと社会』岩波書店
三重県埋蔵文化財センター　二〇〇二　『六大A遺跡発掘調査報告』　三重県文化財調査報告一一五－一六
柳田敏司ほか　一九八〇　『調査研究報告　埼玉稲荷山古墳』埼玉県教育委員会

■第3章　剣崇拝

石橋茂登　二〇一一　「銅鐸・武器形青銅器の埋納状態に関する一考察」『人文社会科学研究』第二二号　千葉大学
岩永省三　一九九七　『歴史発掘七　金属器登場』講談社
蔚山岩刻画博物館　二〇一五　「高霊鳳坪里岩刻画」『韓国の岩刻画』
大林太良・吉田敦彦　一九八一　『剣の神・剣の英雄―タケミカヅチ神話の比較研究―』法政大学出版局
大林太良　一九七五　『神話と神話学』大和書房
小林青樹　二〇〇六　「韓国の原始絵画―支石墓の磨製石剣岩刻画例―」設楽博己編『原始絵画の研究　論考編』六一書房
小林青樹　二〇〇八　「遼寧式銅剣の起源に関する諸問題」『中国考古学』八号　日本中国考古学会
小林青樹　二〇〇九　「蛇剣信仰の起源」『東アジアの古代文化』一三七号（最終号）　大和書房
小林青樹　二〇一四　「ユーラシア東部における青銅器文化」『国立歴史民俗博物館研究報告』第一八五集　国立歴史民俗博物館
申相孝ほか　二〇〇一　『光州新昌洞低湿地遺跡Ⅲ』国立光州博物館学術叢書四一冊　国立光州博物館
宋華燮　一九九四　「先史時代岩刻画に表れた石剣・石鏃の様式と象徴」『韓国考古学報』三一輯　韓国考古学研究会
寺前直人　二〇〇五　「弥生時代における石棒の継続と変質」『待兼山考古学論集』大阪大学考古学研究室　真陽社
中村慎一　一九九九　「農耕の祭り」金関恕ほか編『古代史の論点五　神と祭り』小学館
中村友博　一九八〇　「弥生時代の武器形木製品」『東大阪市遺跡保護調査会年報』財団法人東大阪市遺跡保護調査会
中村豊　二〇〇四　「結晶片岩製石棒と有柄式磨製石剣」『季刊考古学』八六号　雄山閣
春成秀爾　一九九九　「三　武器から祭器へ」福井勝義ほか編『人類にとって戦いとは一　戦いの進化と国家の生成』東洋書林
春成秀爾　二〇〇六　「弥生時代の新年代」西本豊弘編『新弥生時代のはじまり第一巻　弥生時代の新年代』雄山閣
松木武彦　二〇〇一　『人はなぜ戦うのか―考古学からみた戦争―』（講談社選書メチエ）講談社
宮里修　二〇一一　『韓半島青銅器の起源と発展』社会評論

森貞次郎編　一九八五『稲と青銅と鉄』日本書籍
楊泓　二〇〇五『古代兵器通論』紫禁城出版社
吉田広　二〇〇九「青銅器の形態と技術」設楽博己ほか編『弥生時代の考古学六　弥生社会のハードウェア』同成社
吉留秀敏ほか　一九九一『比恵遺跡群（十）』福岡市教育委員会
リーアン・アイスラー（野島秀勝訳）一九九一『聖杯と剣―われらの歴史、われらの未来―』法政大学出版局

■第4章　戈の祭祀

石川日出志　二〇〇五「東日本弥生文化研究の諸問題」『法政考古学会資料』
扇崎由　二〇〇四『南方（済生会）遺跡　木器編』岡山市埋蔵文化財センター
郭宝鈞　一九五九『山彪鎮与琉璃河』中国社会科学院考古研究所考古学専刊乙種第一一号
金関恕　二〇〇四『弥生の習俗と宗教』学生社
桑原久男　一九九五「青銅器の副葬と埋納―ヨーロッパ青銅器時代と弥生時代―」『考古学研究』四七巻三号　考古学研究会
桑原久男　一九九九「銅鐸と武器の祭り」金関恕・佐原真編『古代史の論点五　神と祭り』小学館
小林青樹　二〇〇六「弥生祭祀における戈とその源流」『栃木史学』二〇号　栃木史学会
小林青樹　二〇〇六「中国外郭圏の銅戈」『古代アジアの青銅器文化と社会―起源・年代・系譜・流通・儀礼―』国立歴史民俗博物館
小林青樹　二〇〇八「東アジアにおける銅戈の起源と年代」春成秀爾ほか編『新弥生時代のはじまり第三巻　東アジア青銅器の系譜』雄山閣
小林青樹　二〇一三「戈形の象徴」『栃木史学』二七号　栃木史学会
近藤喬一　一九八六「東アジアと青銅器」松本清張編『銅剣・銅鐸・銅矛と出雲王国の時代』日本放送出版協会
酒井龍一　一九八〇「銅鐸（邪気と封じ込めのオブジェ論）」『摂河泉文化資料』一〇
下條信行　一九七六「石戈論」『史淵』一一三輯　九州大学
白川静　二〇〇四『新訂　字統』平凡社
田中琢編　一九七七『日本原始美術大系四　鐸・剣・鏡』講談社
田原本町教育委員会　二〇〇六『弥生の絵画―唐古・鍵遺跡と清水風遺跡の土器絵画―』田原本の遺跡四　田原本町教育委員会
張鳴雪・刻心建　一九六五「蒼山層山出土青銅器」『文物』一九六五年七期　文物出版

林巳奈夫　一九七二『中国殷周時代の武器』京都大学人文科学研究所
橋口達也　二〇〇五「明器銅戈考」『九州歴史資料館研究論集』三〇　九州歴史資料館
馬場伸一郎　二〇〇八「武器形石製品と弥生中期栗林文化」川崎保編『「赤い土器のクニ」の考古学』雄山閣
春成秀爾　一九八二「銅鐸の時代」『国立歴史民俗博物館研究報告』第一集　国立歴史民俗博物館
福海貴子・宮田明　二〇〇三『八日市地方遺跡』小松市教育委員会
藤田三郎　二〇〇三「絵画土器・特殊土器」『大和の弥生遺跡　基礎資料Ⅱ　奈良県の弥生土器集成』大和弥生文化の会
三品彰英　一九六八「銅鐸小考」『朝鮮学報』四九　朝鮮学会
宮本一夫・高大倫編　二〇一三『東チベットの先史社会—四川省チベット自治州における日中共同発掘調査の記録—』中国書店
柳田康雄　二〇一二『東日本の弥生時代青銅器祭祀の研究』雄山閣
吉田広　二〇〇一『弥生時代の武器形青銅器』考古学資料集二一　国立歴史民俗博物館
吉田広　二〇一四「弥生青銅器祭祀の展開と特質」『国立歴史民俗博物館研究報告』第一八五集　国立歴史民俗博物館

■第5章　戈と盾をもつ人

安藤広道　二〇〇六「弥生時代「絵画」の構造」設楽博己編『原始絵画の研究　論考編』六一書房
岡田精司　一九八八「古代伝承の鹿—大王祭祀復元の試み—」『古代史論集　上』塙書房
桑原久男　一九九七「戦士と鹿」金関恕先生の古稀をお祝いする会編『宗教と考古学』勉誠社
甲元眞之　一九九四「鳥装のシャーマン」『先史学・考古学論究　Ⅱ』龍田考古会
小林青樹　二〇〇六「「戈と盾をもつ人」の弥生絵画」『祭祀考古学』五号　祭祀考古学会
小林青樹　二〇〇八「盾と戈をもちいた儀礼」設楽博己ほか編『弥生時代の考古学七　儀礼と権力』同成社
設楽博己　一九九一「弥生時代の農耕儀礼」『季刊考古学』三七号　雄山閣出版
高倉洋彰　一九八一「描かれた銅戈」『考古学雑誌』六七巻一号　日本考古学会
高島忠平　一九八〇「佐賀県川寄吉原遺跡出土の鐸形土製品の人物絵画」『考古学雑誌』六六巻一号　日本考古学会
田原本町教育委員会　二〇〇五『たわらもと二〇〇五　発掘速報展』
常松幹雄　一九九九「弥生時代の銅戈に鋳出された絵画と記号」『福岡市博物館研究紀要』九号　福岡市博物館
常松幹雄　二〇〇六「鹿と鉤の廻廊」設楽博己編『原始絵画の研究』六一書房

豊岡卓之　二〇〇三　「清水風遺跡出土の土器絵画小考」『考古学論攷』二六冊　橿原考古学研究所紀要
中村友博　一九八七　「三武器形祭器―祭人が模擬戦をすること―」金関恕ほか編『弥生文化の研究八　祭と墓と装い』雄山閣出版
野本寛一　一九九五　「日本人の動物観の変遷―鹿をめぐる葛藤―」河合雅雄ほか編『講座文明と環境八巻　動物と文明』朝倉書店
春成秀爾　一九九一　「角のない鹿―弥生時代の農耕儀礼―」『横山浩一先生退官記念論文集二　日本における初期弥生文化の成立』横山浩一先生退官記念事業会
春成秀爾　二〇〇三　「井向一・二号銅鐸の絵画」『辰馬考古資料館考古学研究紀要』五　辰馬考古資料館
深澤芳樹　一九九八　「戈をもつ人」『みずほ』二四号　大和弥生文化の会
藤田三郎　一九九九　「唐古・鍵遺跡出土「戈と盾をもつ人物」の絵画土器」『みずほ』二九号　大和弥生文化の会
藤田三郎　二〇〇六　「絵画土器の見方小考」設楽博己編『原始絵画の研究　論考編』六一書房
山口昌男　一九七五　『文化と両義性』岩波書店
横田健一　一九六九　『日本古代の精神―神々の発展と没落―』（講談社現代新書）講談社

■第6章　杵で臼をつく人

上原真人　一九九三　『木器集成図録』近畿原始編（解説）奈良国立文化財研究所
大林太良　一九六四　「穂落神―日本の穀物起源伝承の一形式について―」『東京大学東洋文化研究所紀要』三二、東洋文化研究所
金関恕　一九八四　「神を招く鳥」『考古学論考』小林行雄博士古希記念論文集　平凡社
国立歴史民俗博物館編（佐原真構成）　一九九七　『歴博フォーラム　銅鐸の絵を読み解く』小学館
小林青樹　二〇一一　「杵で臼をつく人」『栃木史学』第二三号　栃木史学会
小林行雄　一九五九　『古墳の話』（岩波新書）岩波書店
佐原真　一九八二　「三十四のキャンパス―連作四銅鐸の絵画の文法―」『考古学論考』小林行雄博士古稀記念論文集　平凡社
辰巳和弘　一九九〇　『高殿の古代学―豪族の居館と王権祭儀―』白水社
都出比呂志　一九八九　『日本農耕社会の成立過程』岩波書店
春成秀爾　一九八七　「銅鐸のまつり」『国立歴史民俗博物館研究報告』第一二集　国立歴史民俗博物館
春成秀爾　一九九〇　「男と女の闘い―銅鐸絵画の一齣―」『国立歴史民俗博物館研究報告』第二五集　国立歴史民俗博物館
春成秀爾　一九九一　「銅鐸絵画の原作と改作」『国立歴史民俗博物館研究報告』第三一集　国立歴史民俗博物館

春成秀爾　一九九二　「鳥・鹿・人」『弥生の神四』大阪府立弥生文化博物館図録
春成秀爾　一九九七　「第三章　稲祭りの絵」佐原真ほか編『歴史発掘五　原始絵画』講談社
ピエール・ブルデュ（今村仁司・港道隆訳）　一九八八　『実践感覚』一　みすず書房。
ピエール・ブルデュ（今村仁司・港道隆訳）　一九九〇　『実践感覚』二　みすず書房。
三木文雄　一九六九　「銅鐸」『神戸市桜ヶ丘銅鐸・銅戈調査報告書』兵庫県文化財調査報告書一　兵庫県教育委員会

■第7章　弥生絵画の体系

金関恕　一九八五　「弥生土器絵画における家屋の表現」『国立歴史民俗博物館研究報告』第七集　国立歴史民俗博物館
岸本道昭　一九九五　『養久山・前地遺跡』龍野市文化財報告一五　龍野市教育委員会
クロード・レヴィ＝ストロース（渡辺公三訳）　一九九〇　『やきもち焼きの土器つくり』みすず書房
小林青樹　二〇〇七　「弥生絵画の象徴考古学」『上代文化』第四〇輯　國學院大學考古学会
佐原真　一九七三　「銅鐸の絵物語」『国文学―解釈と教材の研究―』一八巻三号
末永雅雄・小林行雄・藤岡謙二郎　一九四三　『大和唐古弥生時代遺蹟の研究』京都帝国大学文学部考古学研究報告一六
難波洋三　一九九一　「同范銅鐸二例」『辰馬考古資料館考古学研究紀要』二　辰馬考古資料館
前原市教育委員会　一九九六　『上鑵子遺跡』みえてきた伊都国人のくらし
山田康弘　二〇〇六　「山陰地方の弥生絵画」設楽博己編『原始絵画の研究』六一書房

■第8章　絵画の起源と系譜

足立克己　二〇〇四　「琴板―絵画のある箱形木製品―」『島根県考古学会誌』第二一・二二号合併号　島根県考古学会
石川岳彦　二〇〇九　「日本への金属器の渡来」西本豊弘編『新弥生時代のはじまり四　弥生農耕のはじまりとその年代』雄山閣
小林青樹　二〇一二　「中国北方の動物意匠と弥生文化」『栃木史学』第二六号　栃木史学会
小林青樹　二〇一二　「春秋戦国時代の燕国と弥生文化」『歴史のなかの人間』野州叢書二　おうふう
佐賀県教育委員会　二〇一五　『吉野ヶ里遺跡発掘調査報告書　集落編』
中村健二　二〇一四　「東北アジア系青銅剣鋳型の新資料から―滋賀県上御殿遺跡―」『季刊考古学』一二七号　雄山閣
野島永　二〇〇八　『弥生時代における初期鉄器の舶載時期とその流通構造の解明』科学研究費補助金基盤研究（C）研究成果報告書

広島大学
林巳奈夫　一九六二「戦国時代の画像紋（1）」『考古学雑誌』四八巻一号　日本考古学会
春成秀爾　二〇〇七「防牌形銅飾りの系譜と年代」西本豊弘編『新弥生時代のはじまり二　縄文時代から弥生時代』雄山閣
深澤芳樹　二〇〇六「鹿と羊」『弥生画帖―弥生人が描いた世界―』大阪府立弥生文化博物館平成一八年春季特別展図録
李健茂　一九九二「韓国の青銅器文化」『韓国の青銅器文化』汎友社
林　澐　一九九一「対南山根M一〇二出土刻紋骨板的一些看法」『内蒙古東部地区考古学文化研究文集』海洋出版社

■第9章　銅鐸文様と祭祀

石川日出志　一九九五「工字文から流水文へ」『みずほ』一五号　大和弥生文化の会
甲元眞之　一九八七「東北アジア民族の信仰と鏡」金関恕・佐原真編『弥生文化の研究八　祭と墓と装い』雄山閣
甲元眞之　二〇〇六『東北アジアの青銅器文化と社会』同成社
小林青樹　二〇〇九「弥生青銅器祭祀の起源と遼寧青銅器文化」『國學院大學伝統文化リサーチセンター研究紀要』第一号
國學院大學伝統文化リサーチセンター
小林青樹　二〇〇九「弥生集落の祭祀機能と景観形成」『国立歴史民俗博物館研究報告』第一四九集　国立歴史民俗博物館
設楽博己・小林青樹　二〇〇七「板付Ⅰ式土器成立における亀ヶ岡系土器の関与」西本豊弘編『新弥生時代のはじまり一
弥生時代の新年代』雄山閣
設楽博己　二〇一四「銅鐸文様の起源」『東京大学考古学研究室研究紀要』二八　東京大学大学院人文社会系研究科・文学部考古学研究室
瀋陽故宮博物館・瀋陽市文物管理弁公室　一九七五「瀋陽鄭家窪子的両座青銅時代墓葬」『考古学報』一九七五年第一期
中国科学院考古研究所
寺沢薫　二〇〇一「マツリの変貌―銅鐸から特殊器台へ―」『銅鐸から描く弥生社会』一宮市博物館
内蒙古文物考古学研究所・韓国東亜歴史財団　二〇〇六『夏家店上層文化的青銅器』中韓共同学術調査報告書二
春成秀爾　二〇〇八「銅鐸の系譜」春成秀爾・西本豊弘編『新弥生時代のはじまり三　東アジア青銅器の系譜』雄山閣
森田克行　二〇〇六『今城塚と三島古墳群―摂津・淀川北岸の真の継体陵―』日本の遺跡七　同成社
森田克行　二〇〇八「新・埴輪芸能論」『埴輪群像の考古学』大阪府立近つ飛鳥博物館
楊紹舜　一九八一「山西柳林県高紅発見商代銅器」『考古』一三期　考古雑誌社

■第10章　異形の身体

上田早苗　一九九八「方相氏の諸相」『橿原考古学研究所論集』第十　橿原考古学研究所

大日方克己　一九九三『古代国家と年中行事』吉川弘文館

かみつけの里博物館　二〇〇八『力士の考古学』第一七回特別展図録

金子裕之　一九九六『日本の美術三六〇　まじないの世界Ⅰ（縄文〜古代）』至文堂

群馬県埋蔵文化財調査事業団・群馬県教育委員会　一九九〇『有馬遺跡二　弥生・古墳時代編』

群馬町教育委員会　一九九〇『保渡田Ⅶ遺跡　保渡田古墳群に関連する遺構群』

湖北省博物館編　一九八九『曾侯乙墓』上下冊　文物出版社

小林青樹　二〇一六「古墳時代における力士埴輪足背部装着のスパイク状打撃具」『スポーツ史学会三〇周年記念大会発表抄録集』スポーツ史学会

塩谷修　二〇〇一「盾持人物埴輪の特質とその意義」『日本考古学基礎研究』茨城大学人文学部考古学研究室

設楽博己・石川岳彦　二〇一七『弥生時代人物造形品の研究』同成社

設楽博己　二〇一一「盾持人埴輪の溯源」川西宏幸編『東国の地域考古学』六一書房

設楽博己　二〇一四「日本列島における方相氏の起源をめぐって」飯島武次編『中華文明の考古学』同成社

辰巳和弘　一九九二『埴輪と絵画の古代学』白水社

浪貝毅ほか　一九七〇『森本遺跡発掘調査概報』長岡京発掘調査団

花園大学考古学研究室　一九九七『黄金塚二号墳の研究』黄金塚二号墳発掘調査団

福辻淳　二〇一三「纒向遺跡の木製仮面と土坑出土資料について」『纒向学研究　纒向学研究センター研究紀要』第一号　纒向学研究センター

藤森栄一　一九六五『井戸尻遺跡』中央公論美術出版

三木市教育委員会編　二〇〇〇『高木古墳群・高木多重土塁1』三木市文化研究資料第一五集

写真提供（所蔵）

図2：諏訪市教育委員会

図4：北秋田市教育委員会

図10：佐賀市教育委員会

図11－左：北海道立埋蔵文化財センター

図14：栃木市教育委員会
図20－4：岡山県古代吉備文化財センター
図36：福岡市埋蔵文化財センター
図38－左：（複製）国立歴史民俗博物館（岡山市教育委員会
　原品所蔵）
図41：伴野稀一郎氏所蔵
図44：馬場伸一郎氏（1：長野県立歴史館所蔵、
　2：佐久市教育委員会所蔵）
図60：たつの市教育委員会
図68－2：滋賀県教育委員会
図80：高槻市教育委員会
図84・86：桜井市教育委員会
図85：鹿児島大学総合研究博物館
図88：泉崎村教育委員会
図89－3：和歌山市立博物館
図90：厚木市教育委員会
図91－3・4：三木市教育委員会

上記以外は著者

図版出典（一部改変）

図1－1・9・10：春成 1996、2～8：小林行 1951
図3：中島 2011
図5・6：中村耕作氏提供
図7・8：小林 2006（第1章参考文献）
図9－1～5：設楽 1999、6：柳田ほか 1980
図11－右：長沼 1987
図12：レヴィ＝ストロース 1977をもとに小林作成
図13：小林 2012、春成 2002
図15－1：藤岡町史編さん委員会 2004、2：小林作成
図17－1：鈴木素 2011、2：田中 1943、3：茨城県 1977
図18－1～3・5：小林 2001、4：石川日 2008
図19：設楽 1999
図20－1・2：春成 2011、3：石黒 2006、
　4：岡山県古代吉備文化財センター
図21：三重県埋蔵文化財センター 2002
図22－1～4：吉田 2014、5～7・12～17：春成 1999、
　8～11：森 1985
図23・24：小林 2009（第3章参考文献）
図25－1～4：春成 2006、5：蔚山岩刻画博物館 2015
図26：1・3～5：小林 2006・宋 1994、
　2：小林撮影、6・7：蔚山岩刻画博物館 2015
図28：中村豊 2004
図29：春成 1996
図30－1～5：申ほか 2001、6：吉留ほか1991
図31：宮里修 2011
図32：張・刻 1965

図33：楊泓 2004
図34：小林 2008（第4章参考文献）
図35：小林 2014
図37：吉田 2001・小林 2006（第4章参考文献）
図38－右：扇崎 2004
図39：金関 2004（銅戈図は小林作成）
図40～42：小林 2013（第4章参考文献）
図43：福海・宮田 2003
図46－1：郭 1959、2：小林 2006（第4章参考文献）
図47：小林 2006（第4章参考文献）
図48：高島 1980
図49－1・4：藤田 2003、2：藤田 2006、
3：田原本町教育委員会 2006、5：高倉 1981
図50・51：小林 2006（第5章参考文献）
図52－1：岸本 1995、2：国立歴史民俗博物館 1997、3：常松 2006
図53：設楽 1991
図54・55：春成 2003、国立歴史民俗博物館 1997、三木 1969
図56：常松 2006、春成 2003、春成 2007・2011、小林 2014
図57：小林 2011
図58・59：小林 2007
図61：藤田 1999
図62：春成 2003
図63：藤田 2003・豊岡 2003
図64：岸本 1995
図65：藤田 2003
図66：田原本町教育委員会 2006
図67－1・2：常松 2006、3～5：李 1992をトレース
図68－3：足立 2004
図69－1：林 1962、2：林澐 1991
図70－1・2・4・5：春成 2008、3：楊 1981をトレース
図71：内蒙古文物・韓国東亜 2006をトレース
図72：瀋陽故宮・瀋陽市文物 1975
図75：小林 2009（第3章参考文献）
図76：設楽・小林 2007
図77：設楽 2014
図78：末永ほか 1942
図79－1：国立歴史民俗博物館 1997、2・3・5・6・7：藤田 2003、4：春成 2007
図81－1：藤森 1965、2：春成 2011、3：茨城県歴史館 1977、4：浪貝ほか 1970、5：設楽・石川岳 2017、6：国立歴史民俗博物館1997、7・8：群馬県埋蔵文化財調査事業団ほか 1990
図82－1：藤田 2003、2：高島 1980、3：前原市教育委員会 1996、4：辰巳 1992、5：小林 2006（第5章参考文献）
図83：群馬町教育委員会 1990
図87－1：湖北省博物館編 1989、2：上田 1998
図89－1：群馬町教育委員会 1990、
2：花園大学考古学研究室 1997
図91－1・2：三木市教育委員会編 2000
上記以外は著者作成（スケールがない場合は縮尺不同）

小林青樹（こばやし・せいじ）

一九六六年群馬県生まれ。

國學院大學大学院文学研究科博士課程後期日本史学専攻満期退学。博士（文学）。

岡山大学埋蔵文化財調査研究センター助手、國學院大學栃木短期大学教授を経て、
現在、奈良大学文学部文化財学科教授。専門は東アジア考古学・祭祀考古学。

主な著作『十二支になった動物たちの考古学』（共著、新泉社）、

『弥生時代の考古学7　儀礼と権力』『弥生時代の考古学5　食糧の獲得と生産』（共著、同成社）ほか。

倭人の祭祀考古学

（わじんのさいしこうこがく）

2017年8月15日　第1版第1刷発行

著者　小林青樹

発行　株式会社　新泉社

〒113-0033　東京都文京区本郷2-5-12

tel 03（3815）1662

fax 03（3815）1422

印刷・製本　太平印刷社

ISBN978-4-7877-1708-5　C1021

ブックデザイン／堀渕伸治© tee graphics

…